성경과 5대제국

앗수르, 바벨론, 페르시아, 헬라, 로마

성경과 5대 제국

초판 1쇄 발행 2011년 3월 7일
      79쇄 발행 2025년 2월 24일

지은이 · 조병호
펴낸곳 · 도서출판 **통독원**
디자인 · 전민영

주 소 · 서울시 강남구 선릉로 806
전 화 · 02)525-7794 / 팩 스 · 02)587-7794
홈페이지 · www.tongbooks.com
등 록 · 제22-2766호(2005.6.27)

ISBN 978-89-92247-51-1   03230

성경과 5대제국

앗수르, 바빌론, 페르시아, 헬라, 로마

조병호 지음

통독원

●● **이만열 교수** 前 국사편찬위원회 위원장

　성경은 하나님이 자기 존재와 인간과의 관계, 인간에 대한 사랑 그리고 인간이 하나님과 사람을 어떻게 섬기고 사랑해야 하는가를 밝혀놓은 책이다. 일찍이 성경통독원을 세워 성경 읽기를 지도해 온 조병호 박사는 이번에 성경의 인문학적인 배경이 되는 이집트와 앗수르, 바벨론, 페르시아, 헬라, 로마의 역사 · 지리 · 인물 · 문화 등을 밝힌 저술을 남겼다. 독자들은 역사학자이며 성경 통독 전문가인 저자의 안내로 『성경과 5대 제국』을 통으로 읽는 기쁨을 맛볼 수 있을 것이다.

●● **강사문 교수** 장로회신학대학교 명예교수

　조병호 박사의 『성경과 5대 제국』은 여호와 하나님이 세계의 여러 대제국들을 주관하셨던 역사의 주(The Lord of History)라는 사실을 증언하는 책이다. 여호와 하나님은 앗수르 왕을 그의 도구로 삼아 북이스라엘을 심판하셨고, 바벨론의 느부갓네살을 통해 유다 왕국을 심판하셨고, 페르시아의 고레스를 통해 바벨론을 제압하고 이스라엘 백성들을 고국으로 귀환시켰고, 그리스와 로마 제국을 통해 기독교 복음을 전파할 길을 개척하게 하셨던 분이시다. 이 사실을 증언한 성경을 쉽게 풀이한 책이 곧 『성경과 5대 제국』이다. 지금도 대제국들의 흥망성쇠를 주관하시는 역사의 주 하나님을 이 책을 통해서 다시 발견하기를 기대하는 마음으로 추천하는 바이다.

●● 차동엽 신부 인천가톨릭대 교수 『바보 Zone』 저자

성경이 세간의 역사책들과 다른 점은 성경 안에 역사철학이 감춰져 있다는 사실에 있다. 여기서 역사철학이라 함은 역사의 흐름 속에서 흥망성쇠의 비밀을 밝혀내려는 성찰을 아우르는 개념이다. 이런 의미에서 성경을 읽고도 국운 융성과 생사화복의 지혜를 깨닫지 못하는 이는 결국 성경을 헛 읽은 셈이라 할 수 있다.

조병호 박사의 여러 저술들은 바로 이런 성경의 요체를 간파하고 또한 관통하고 있다. 이 책 『성경과 5대 제국』은 특히 요즈음 미래학에서 중요하게 간주되고 있는 '글로벌 메가트렌드'를 읽는 예지를 과거 탐구를 통해 명쾌하게 제시하고 있다. 미래연구가 본령인 필자에게 이 책은 3,000년기 묵시록의 서장으로 읽혔다. 이 책으로 인해 성경이 흥미진진하게 읽혀질 수 있게 되었음을 함께 기뻐하며, 모든 크리스천과 관심자들에게 일독을 권한다.

●● 유현종 소설가 『대조영』, 『연개소문』 작가

성경은 통(通)으로 읽어야 한다며 모든 성도들의 멀었던 영안의 눈을 개안케 해준 지.영.성(知靈聖)의 현자 조병호 박사의 이번 역저 『성경과 5대 제국』에 감사와 찬사를 보내고 싶다. 이스라엘인들은 때가 되면 언제나 성전에서 예배 전에 '예레미야애가'를 소리 높여 다 함께 읽는다고 한다. 수난을 결코 잊지 말자는 뜻이다. 기독교의 역사는 외세와의 투쟁에서 하나님의 이름으로 이겨낸 승리의 기록이다. 조 박사는 바로 성경과 전쟁과의 대비에서 얻어지는 메시아의 모습을 그리고 있다.

  역사학을 전공한 사람으로서 그리고 지난 20년 이상 성경통독운동을 이끌면서, 언젠가 성경과 5대 제국에 관한 책을 통(通)으로 한 권 써야겠다는 생각을 여러 번 했습니다. 영국에서 유학한 8년 동안 서구 역사에 관한 인식과 지식을 접하면서 많은 생각을 정리했기 때문입니다. 한국에 돌아와 동양의 방법론과 서양의 방법론을 묶어 '통' 방법론을 세상에 내어놓았습니다. 그 결과물이 5년 전에 출간한 『21세기는 통이다』입니다.

  2년 전에 이 책의 초고를 썼지만 경기도 가평에 성경통독원 공사를 하느라, 책을 완성하지 못하고 일단 서재 책상 위에 두고 바라만 보고 있었습니다.
  다행히 성경통독원 1단계 공사가 잘 마무리되었고, 전국에서 이 산골까지 올라오시는 많은 분을 보며 지난 몇 달간 가평 성경통독원 서재에서 원고와의 씨름을 다시 시작했습니다.

  5대 제국을 정리하면서 작은 민족이 민족주의로 나가고, 제국주의를 꿈꾸며, 제국으로까지 가면 제국의 최고 통치자는 결국 교만해져 스스로 전지전능(全知全能)하고 무소부재(無所不在)하다고 생각한다는 것을 발견했습니다. 창조주 하나님의 속성을 자기의 것인 양 착각을 하는 것이지요. 결국 제국은 '제국이여 영원하라'는 구호를 외치나, 오히려 모두 하나같이 다 멸망했습니다.

  인간은 시간과 공간과 이념의 기반 위에 서 있는 존재입니다. 우리는 시간을 과거, 현재, 미래로 나눕니다. 우리가 현재를 살면서 과거나 미래를 동시에 살 수는 없기 때문이지요. 공간도 마찬가지입니다. 우리가 동으로 가면 나머지, 서와 남과 북은 갈 수 없습니다. 이념도 그렇습니다. 보수와 진보의 자리에서 상대 진영은 가보지 못합니다. 그러나 하나님은 이 모든 것을 다 포함하고 계십니다. 전지전능하시고, 무소부재하시기 때문입니다.

스마트폰과 전자기기가 대세인 시대에도, 굳이 역사를 공부하는 것은 올바른 미래로 가기 위함입니다. 최신식 스마트폰이 우리의 삶에 놀라운 변화와 발전을 가져다준 것은 사실이지만, 그것이 우리 생의 좌표를 제시해 주지 못합니다.

성경 역사와 세계 역사 이야기만 해주면 귀를 쫑긋하고 듣기를 좋아하고, 늘 더 듣고 싶어서 아쉬워했던 저의 세 아이들에게 이 책이 좋은 선물이 될 것 같아서 오랜만에 아빠로서 뿌듯한 마음을 가집니다.

이 책이 어른은 물론이고, 우리 아이의 또래인 청소년과 청년에게도 좋은 친구가 되었으면 합니다. 무엇보다도 어렵지 않게 쓰려고 최선을 다했습니다. 그 점이 여러분의 마음에 전달되었으면 하는 작은 소망을 품어봅니다.

이 책을 추천해 주신 존경하는 이만열 교수님과 강사문 교수님, 차동엽 신부님과 유현종 장로님께 진심으로 감사의 말씀을 드립니다.

끝으로 이 책이 출간되기 전에 정성껏 읽어주시고, 학자의 조언을 아끼지 않으신 강성열 교수님, 소기천 교수님, 민경진 교수님, 김철홍 교수님께 감사드립니다.

2011년 새해 가평 통독원에서

Contents

Chapter 5
BIBLE with ROMAN EMPIRE

로마 제국과 성경

BIBLE with EGYPT
선행 학습
애굽(이집트)과 성경

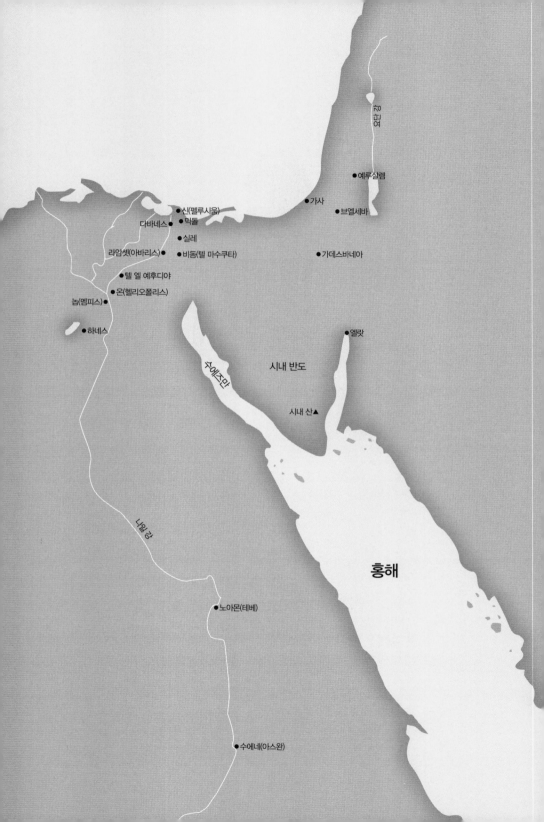

애굽
EGYPT

❧ 애굽과 관련된 성경 ☙

창세기, 출애굽기, 레위기, 민수기
신명기, 여호수아 등

Bible with Egypt

● 3,400년 전 애굽, 그리고 2011년 다시 주목받는 이집트

2011년 1월 25일부터 18일 동안 전 세계 언론은 매일 실시간으로 이집트에 관한 뉴스를 집중적으로 보도했습니다. 민주화혁명 과정을 생생하게 보도하던 중 여러 나라의 기자들이 다치기까지 하는 사태가 벌어지기도 했습니다.

여태껏 이집트의 대통령 이름이 무바라크였는지 아는 사람이 많지 않았고, 30년간의 장기 집권으로 이집트 국민들이 큰 고통 가운데 있었다는 것도 아는 사람이 사실 많지 않았습니다. 이집트의 민주혁명의 승리는 아프리카와 아랍 전체로 퍼져가는 불씨가 되고 있습니다.

이렇게 이집트가 세계적인 조명을 받은 것은 아마 3,400년 전 출애굽 사건 이후 처음일 것이라는 생각이 듭니다. 오랫동안 이집트는 그다지 주목받지 못하는 나라였었다고 할 수 있겠지요.

물론 이집트가 오늘날도 관광지로 각광을 받고 있고, 영국의 대영 박물관을 가보면 어떤 유물보다도 이집트의 미라 앞에 사람들이 가장 많이 있기는 합니다. 또한 인류의 4대 문명의 발상지라는 점과 고대 근동의 중심지였다는 점에서 이집트는 늘 많은 사람들의 관심을 끌기에 충분한 나라였습니다. 우리는 클레오파트라라는 유명한 여왕 이야기로 이집트를 조금 안다고 생각하기도 합니다.

'왕년에'라는 말이 있습니다. 왕년에 이집트는 정말 대단한 나라였습니다. 오늘날도 역사에 관심이 많은 유럽 나라들은 이집트의 보물들을 가져다가 자기 나라에서 전시하면서 아직도 부러움의 눈길을 보내고 있습니다. 이집트는 B.C. 20세기경부터 즉, 4,000년 전에 이미 최첨단 산업인 농업을 선도했고, 이후 최첨단 무기들인 병거들을 특별 병거와 일반 병거로 구분해서 보유하고 있었고(물론 출애굽 당시 홍해에 모두 수장시키긴 했지만요), 지금 보아도 입이 떡 벌어질 만한 어마어마한 건축물들을 가진 대단한 나라였습니다. 또 한때는 앗수르나 바벨론이 견제할 만큼 세력을 키웠던 적도 있고요.

피라미드와 스핑크스, 카르낙 신전, 오벨리스크 등의 건축물들도 모두 놀랍지만 '미라의 비밀'은 아직도 다 밝혀지지 않았다고 합니다. 또한 그 옛날에 요셉의 후손인 히브리 민족을 노예화해서 120만 명의 무임금 노동력을 확보해 상상초월의 경제적 효과를 창출했고, 인구 조절 정책을 펴서 히브리 혈통의 가정에 아들이 태어나면 당연히 죽어야 하는 운명이라고 받아들이게끔 만든 무서운 나라이기도 했습니다.

그런데 2011년 1월과 2월에 걸쳐 18일 동안 매일 언론을 통해 비춰진 이집트는 30%의 실업률에, 그중 도시 청년 실업률은 70%라는 심각한 경제난을 겪고 있으며, 독재 30년에 신음하는 안타까운 나라더군요.

헤로도토스는 일찍이 '이집트는 나일 강의 선물'이라고 말했습니다. 이 말은 수천 년이나 지난 지금도 이집트를 한마디로 정의한 가장 대표적인 콘셉트입니다. 한강이나 라인 강, 센 강, 템즈 강 등 오늘날의 대부분의 나라들도 강을 중심으로 수도를 삼아 나라의 중심을 이룹니다. 그런데 이집트는 고대 4대 문명의 발상지가 모두 그러하듯이 일찍이 강을 이용해 많은 경제적 이익을 창출했습니다.

특히 이집트는 일찍이 나일 강의 장점을 잘 살려 메소포타미아와 함께 고대 근동을 이끌었습니다. 앞으로 펼쳐질 5대 제국들이 모두 이집트를 차지하기 위해 하나같이 치열한 싸움을 했던 것을 보면 이집트가 얼마나 풍요롭고 매력 있는 나라였는가를 알 수 있을 것입니다.

사실 처음에 이집트를 포함해서 6대 제국을 정리할까 하는 생각도 했습니다. 그런데 이집트를 본격적인 제국으로 정리하기엔 2% 부족하다는 생각이 들었습니다. 왜냐하면 애굽이 가진 제국에 대한 야망은 어느 나라에도 뒤지지 않았으나, 이스라엘 민족의 출애굽 때에 '홍해'에 무기들과 장군들이 수장되면서 제국 수립에 대한 야망을 일단 접어야 했기 때문입니다.

그리고 남유다의 요시야 왕 때에 애굽의 바로 느고 왕이 다시 한 번 제국의 야망을 불살랐으나 오히려 바벨론에게 통째로 나라를 빼앗기고 마는 신세가 되었지요. 그 후 페르시아, 헬라, 로마 제국에 차례로 나라를 빼앗겼으니, 실제적인 제국으로 다루기에는 좀 부족하다는 생각이 들었습니다.

그럼에도 불구하고 본격적으로 5대 제국을 다루기 전에 선행 학습으로 이집트를 공부해야만 하는 이유는 2011년 이집트만큼이나, 고대의 애굽은 무시할 수 없는 중요한 나라라는 사실 때문입니다.

일단 애굽은 성경의 첫 번째 책인 '창세기'에서부터 등장하는 나라입니다. 당시 아브라함의 후손들은 민족이라는 단위도 없을 때 요셉을 의지하여 야곱의 대가족 70명이 애굽에 내려간 그저 한 족장 집안에 불과했습니다. 하지만 하나님께서는 야곱에게 애굽으로 내려갈 것을 명령하시고 큰 민족을 이룬 후에 다시 가나안으로 돌아오게 해주시겠다는 것을 약속하십니다. 그러므로 입(入)애굽과 출(出)애굽은 하나님의 계획이셨습니다.

하나님께서 입(入)애굽을 앞두고 약속의 땅 가나안을 떠나는 것을 두려워하는 야곱에게 꿈에 나타나서 다음과 같이 말씀하십니다.

"나는 하나님이라. 네 아버지의 하나님이니 애굽으로 내려가기를 두려워하지 말라. 내가 거기서 너로 큰 민족을 이루게 하리라. 내가 너와 함께 애굽으로 내려가겠고 반드시 너를 인도하여 다시 올라올 것이며 요셉이 그의 손으로 네 눈을 감기리라"(창 46:3~4).

하나님의 말씀대로 애굽으로 내려간 히브리인은 인구가 크게 증가하여 '민족'이라는 단위에 걸맞을 만큼의 숫자를 확보하게 됩니다. 그런데 이후 이것이 애굽 민족에게는 긴장을 가져오게 하지요.

"이스라엘 자손은 생육하고 불어나 번성하고 매우 강하여 온 땅에 가득하게 되었더라"(출 1:7).

바로 이때 애굽은 강력한 경제력을 가지고 제국을 꿈꾸고 있었습니다. 문제는 애굽의 야망인 '제국'에 히브리인의 기하급수적인 인구 증가가 걸림돌이 된 것입니다. 그러자 애굽은 히브리인에게 강제 노역을 시키고, 더 나아가 히브리 산파들을 회유하여 남자 아이가 태어날 경우 죽이라는 은밀한 명령을 내립니다. 히브리인의 인구가 늘어 그들의 힘이 강해진다면, 애굽 군인이 정복을 위해 자국을 비운 동안 히브리 남자들이 외부 침략 세력들과 결탁해서 쿠데타를 일으킬 수도 있으리라는 것은 얼마든지 예상할 수 있는 일이기 때문이지요.

바로가 애굽 백성에게 말합니다.
"이 백성 이스라엘 자손이 우리보다 많고 강하도다"(출 1:9).

"해산을 도울 때에 그 자리를 살펴서 아들이거든 그를 죽이고 딸이거든 살려두라"(출 1:16).

애굽의 정책은 일정 실효를 거두는 듯했습니다. 그러나 준비된 지도자 모세의 출현은 애굽이 제국의 길로 나가는 것을 근본적으로 차단하게 만들었습니다. 출애굽이라는 역사적 사건은 애굽 경제력의 추락과 군사력의 홍해 수장이라는 파탄을 가져왔기 때문이지요. 사실 모세가 애굽에 나타나 히브리 민족의 출애굽 이슈를 들고 나왔을 초기에는 고대 근동의 이목을 전혀 집중시킬 수 없었습니다. 뉴스거리가 아니었다는 것이지요.

그러나 예상을 뒤엎는 싸움 하면 생각나는 '다윗과 골리앗의 싸움' 처럼, 상상초월의 결과 덕분에 두 민족의 충돌은 고대 근동 세계를 흔들었고, 급기야 가나안 여리고 성의 라합 같은 여인의 귀에까지 그 사실이 국제 뉴스로 알려지게 됩니다. 히브리 민족의 출애굽 사건은 말 그대로 국제적인 사건이었고, 고대 근동에 하나님이 '상천하지의 하나님'으로 유명해지신 사건이었습니다. 3,400년 전의 출애굽 사건은 고대 근동의 국제 뉴스 실시간 검색 1위였을 것입니다.

라합이 지붕에 올라가서 두 정탐꾼들에게 말합니다.

"여호와께서 이 땅을 너희에게 주신 줄을 내가 아노라. 우리가 너희를 심히 두려워하고 이 땅 주민들이 다 너희 앞에서 간담이 녹나니 이는 너희가 애굽에서 나올 때에 여호와께서 너희 앞에서 홍해 물을 마르게 하신 일과 너희가 요단 저쪽에 있는 아모리 사람의 두 왕 시혼과 옥에게 행한 일 곧 그들을 전멸시킨 일을 우리가 들었음이니라. 우리가 듣자 곧 마음이 녹았고 너희로 말미암아 사람이 정신을 잃었나니 너희의 하나님 여호와는 위로는 하늘에서도 아래로는 땅에서도 하나님이시니라.

그러므로 이제 청하노니 내가 너희를 선대하였은즉 너희도 내 아버지 집을 선대하도록 여호와로 내게 맹세하고 내게 증표를 내라"(수 2:9~12).

라합의 증언에 의하면, 국제 뉴스를 통해 히브리 민족의 활약상이 고대 근동을 뒤흔들었고, 히브리인의 하나님은 상천하지의 즉, '위로는 하늘에서도 아래로는 땅에서도' 살아계신 신이라는 것입니다. 3,400년 전의 애굽에 관련한 국제 뉴스는 추락하는 애굽의 소식이었고, 2011년의 이집트의 뉴스는 국민들의 힘으로 30년 만에 민주주의가 승리하는 뉴스였다고 생각합니다.

민족, 민족주의, 제국주의, 그리고 제국

성경은 창세기부터 '민족'을 말하고 있습니다. 개인 한 사람 아브라함을 하나님께서 부르셔서 "너로 큰 민족을 이루겠다", "그리고 그 한 민족을 통해 모든 민족을 복주시겠다"(창 12:2 참고)라는 말씀을 주신 것입니다. 한 가문도 아니고, 한 민족을 이루게 하시겠다는 약속을 주신 것이지요. 온 우주만물을 창조하신 하나님이시나 하실 수 있는 약속입니다.

일반적으로 '민족'은 남들과 구별되는 몇 가지 문화적 공통사항을 지표로 하여 상호간에 전통적으로 연결되어 있다고 스스로 생각하는 사람들, 또는 다른 사람들에 의해 그렇다고 인정되는 사람들을 가리키는 용어입니다.[1] 특히 '민족'은 기본적으로 문화적 특징을 바탕으로 하여 설정된 범주입니다. 그런데 하나님께서는 아브라함 한 사람을 두고 '민족을 이루겠다'는 놀라운 계획을 세우신 것입니다.

하나님께서는 아브라함의 아들 이삭의 아내 리브가가 쌍둥이를 임신했

---

1) 브리태니커백과사전.

을 때에도 "두 국민이 네 태중에 있구나. 두 민족이 네 복중에서부터 나누이리라"(창 25:23)라고 태중에 아직 태어나지도 않은 아이들을 향해서도 나라와 민족이라고 말씀하십니다. 하나님의 말씀대로 그 쌍둥이는 야곱을 통해 이스라엘 민족을, 에서를 통해 에돔족을 이루게 됩니다.

또한 하나님께서는 출애굽기를 통해서 "세계가 다 내게 속하였다."(출 19:5)라는 스케일이 큰 말씀을 하십니다. 나라와 민족 그리고 온 세계가 모두 하나님께 속했다는 대전제가 이미 창세기, 출애굽기에서 정리되었다는 것은 놀라운 사실이 아닐 수 없습니다.

B.C. 8세기 이사야 선지자의 예언 내용의 핵심 또한 '하나님의 세계경영'입니다. 나라, 민족, 세계 이 모든 것이 성경의 중요한 화두라는 사실에 주목해야 합니다. 하나님의 아들 예수 그리스도께서 이 땅에 유언으로 남기신 말씀은 "모든 민족을 제자로 삼으라."(마 28:19)라는 말씀입니다. 결국 하나님의 관심은 개인적, 가정적은 물론이고 한 민족적 그리고 모든 민족적이라는 것입니다.

그렇다면 민족주의란 또 무엇입니까?

일반적으로 '민족주의'란 민족의 통일 · 독립 · 발전을 지향하는 이데올로기이자 그 운동을 말합니다.[2] 우리가 지금 겪고 있는 민주주의도 넓은 의미에서는 일종의 민족주의라고 할 수 있습니다. 그런데 민족을 넘은 '민족주의'의 강도가 너무 과해지면 그때부터는 부정적인 면이 드러날 수밖에 없습니다. 왜냐하면 어떤 것이든 'ism'이 단어의 어미에 붙으면 그때부터는 모든 것이 심각해지기 때문입니다.

---

2) 구종서, 『민족과 세계: 제국주의에 대한 민족주의의 항쟁』(서울: 나남신서, 1988).

예를 든다면, 애굽에서 총리인 요셉이 가나안에서 온 형들과 식사를 함께하지 않는 장면을 떠올리면 어렵지 않습니다.

총리공관에서 참으로 오랜만에 12형제의 식사자리가 마련되었습니다. 그런데 상을 차리는 장면이 어딘가 특별해 보입니다.

"그들이 요셉에게 따로 차리고 그 형제들에게 따로 차리고 그와 함께 먹는 애굽 사람에게도 따로 차리니 애굽 사람은 히브리 사람과 같이 먹으면 부정을 입음이었더라"(창 43:32).

물론 요셉이 형들을 업신여긴 것이 아니라는 것은 다 아시지요. 중요한 것은 애굽 사람들이 히브리 사람들과 식사하는 것을 부정을 입는다고 생각했다는 것입니다. 애굽 민족의 민족 우월성을 드러낸 일종의 우월 민족주의라고 할 수 있겠지요.

이렇게 민주주의, 개인주의, 물질주의, 민족주의 등 어떤 단어에 '주의'가 붙으면 그것을 가장 중요하게 여긴다는 뜻이 됩니다. 한마디로 쉽게 말하면 민주주의는 나라에서 민(民)이 주인이라는 생각이지요.

그런 면에서 어떤 한 민족이 민족주의를 내세우게 되면 주변 여타 다른 민족은 피곤하게 됩니다. 우리는 일제 36년의 강점기를 통해 일본의 민족주의가 제국주의로 나가면서 큰 고통을 겪은 민족이 된 케이스입니다. 자기 민족을 사랑하는 것은 매우 소중한 일이지만, 민족주의로 그리고 더 나아가 제국주의로 나아가게 되면 그때부터 국제 관계의 평화는 없어집니다. '제국주의'(Imperialism)란 한 국가가 다른 국가를 정치 · 경제 · 문화적으로 지배하려고 시도하거나 실제로 지배하는 상태이기 때문입니다.[3]

결국 제국은 한 나라가 다른 나라들을 점령해서 지배하는 형태를 말합니다.

'제국'은 임페리움(Imperium)의 속어적 개념입니다. 임페리움은 로마 공화정 말기와 제정 초기에 로마법의 권위가 통용되는 공간 영역을 의미했습니다. 원래는 군사적 총수가 가진 최고 권위를 의미했지만, 거기서부터 '지배'라는 보다 일반적인 의미가 파생했으며, 궁극적으로는 그러한 지배가 미치는 영역을 의미하게 됐습니다.

근대 초기 제국의 의미는 이러한 로마 시대의 선례와 거기서 파생된 유사개념으로부터 나온 것입니다. 즉, 제국은 상위 권력을 가지고 있지 않은 모든 권력을, 그리고 거기서 확대된 의미로 '자치적이고 최고의 권위를 가진 정치 공동체'를 의미하게 되었는데, 이러한 의미에 가장 가까운 것은 신성로마 제국처럼 공통된 최고 권위자에 의해 지배되는 다양한 영토와 신민들의 공동체였습니다.[4]

때문에 어떤 나라가 제국 형성을 꿈꾸고 제국주의로 나가게 되면 주변 나라들은 모두 국가적, 외교 안보적 비상사태를 맞게 되는 것이지요. 제국은 예전에는 군사적 우위를 가지고, 오늘날에는 경제적 우위를 가지고 남의 나라들을 침략하고 점령해가는 형태들을 말합니다.

성경 역사 속에서 다윗이 위대한 왕이라는 평가를 받은 데는 여러 가지 이유가 있지만, 그중 한 가지 중요한 이유는 제국주의로 나가지 않은 것입니다. 다윗은 싸움에 나갈 만한 20세 이상 남자의 숫자를 130만 명이나

---

3) 구종서, 『민족과 세계: 제국주의에 대한 민족주의의 항정』(서울: 나남신서, 1988).
4) 박지향, 『제국주의: 신화와 현실』(서울: 서울대학교출판부, 2000), p.15.

다윗 왕 니콜라 코르디에 作
〈다윗 미켈란젤로 마조레 성당〉

확보함으로 충분한 국가 경제력을 갖출 수 있었습니다. 그래서 이들의 일정 숫자를 상비군인화함으로 군사력을 통해 제국주의로 나갈 수 있었음에도 불구하고 하나님께서 모세를 통해 주신 나라의 경계를 넘지 않았습니다.

앗수르 제국이 주력부대 18만 5천 명의 군인을 데리고 예루살렘을 공격하며 제국주의를 펼쳤던 점을 상기한다면, 다윗 시대 130만 명의 상비군인화가 가능한 숫자는 앗수르식의 제국을 만들 수 있는 힘이 있었음을 충분히 보여줍니다.

"요압이 백성의 수를 왕께 보고하니 곧 이스라엘에서 칼을 빼는 담대한 자가 팔십만 명이요, 유다 사람이 오십만 명이었더라"(삼하 24:9).

우리나라를 말할 때 '백두에서 한라까지' 라고 표현하면 나라 전체가 그림으로 그려지듯이, 출애굽한 아브라함의 후손들에게 하나님께서 주신 땅, 즉 가나안의 경계는 '하맛 어귀에서 애굽 강까지'(왕상 8:65), 또 다른 말로는 '단에서 브엘세바까지' 였습니다.

그런데 다윗이 군사력과 경제력에서 큰 국력을 가지고 있었음에도 불구하고 이 땅의 경계를 넘지 않았다는 것이지요. 그것을 하나님께서 높이 평가하셨다는 것입니다. 다윗의 경우를 통해 우리는 하나님께서 제국을 기뻐하지 않으신다는 사실을 알 수 있지요. 하나님의 뜻은 제사장 나라입니다. 하나님께서 다윗을 '내 종 다윗'이라고까지 명명하시며, 다윗을 그토록 사랑하셨던 이유는 다윗이 제사장 나라의 사명을 감당하려고 했기 때문입니다.[5]

제국과 제사장 나라

제국과 제사장 나라에 대해서 살펴보려고 합니다. 일단 '제사장 나라'는 너무나도 중요한 말입니다. 제사장 나라는 어느 날 하늘에서 뚝 떨어진 말이 아닙니다. 왜냐하면 하나님께서 오랫동안 하신 말씀이기 때문입니다.

일찍이 하나님께서는 아브라함을 통해 한 민족을 만드시고, 그 민족을 통해 모든 민족이 복을 받게 하시겠다는 말씀을 주셨습니다.

"내가 너로 큰 민족을 이루고 네게 복을 주어 네 이름을 창대하게 하리니 너는 복이 될지라. 너를 축복하는 자에게는 내가 복을 내리고 너를 저주하는 자에게는 내가 저주하리니 땅의 모든 족속이 너로 말미암아 복을 얻을 것이라 하신지라"(창 12:2~3).

즉, 아브라함의 후손이 민족을 이루고, 그 민족은 모든 민족에게 복의 통로가 될 것이라는 말씀이지요. 복의 통로가 되는 이 민족이 바로 제사장 나라가 되어야 한다는 것입니다.

---

5) 조병호, 『렛츠통, 구약 천 년』(서울: 통독원, 2011), p.126.

그 후 500년이 지나서 하나님께서는 모세를 통해 다음과 같은 말씀을 다시 하십니다.

"세계가 다 내게 속하였나니 너희는 내 말을 잘 듣고 내 언약을 지키면 너희는 모든 민족 중에서 내 소유가 되겠고, 너희가 내게 대하여 제사장 나라가 되며 거룩한 백성이 되리라. 너는 이 말을 이스라엘 자손에게 전할지니라"(출 19:5~6).

본격적으로 제사장 나라에 대해서 말씀하시는 것입니다. 그렇다면 제국과 제사장 나라의 공통점은 무엇이고 차이점은 무엇일까요? 먼저 공통점은 둘 다 '민족'을 그 단위로 하고 있다는 것입니다. 제국도 제사장 나라도 모든 민족을 그 단위로 하고 있지요. 차이점은 제국은 민족을 계급화합니다.

그러나 제사장 나라는 민족 대 민족을 동등하게 하나님 앞으로 가게 합니다. 이것이 제국과 근본적으로 다른 점입니다. 바로 제국과 제사장 나라에 대한 근간이 모세 때 '레위기'를 통해서 명료하게 정리됩니다. 때문에 레위기를 놓치면 앞으로 펼쳐질 5대 제국을 제대로 이해할 수 없습니다.

레위기에 다음과 같은 말씀이 있습니다.
"너희가 내 규례와 계명을 준행하면(레 26:3)
너희 다섯이 백을 쫓고 너희 백이 만을 쫓으리니
너희 대적들이 너희 앞에서 칼에 엎드려질 것이며(레 26:8)

너희는 오래 두었던 묵은 곡식을 먹다가

새 곡식으로 말미암아 묵은 곡식을 치우게 될 것이다"(레 26:10).

하나님께서 당신의 백성에게 당신이 주신 율법대로, 즉 제사장 나라 경영 방식으로 국가를 경영하면, 나라의 경제와 국방을 하나님께서 책임져 주시겠다는 놀라운 말씀을 주신 것입니다. 즉 레위기법대로 하나님 앞에 살면 누군가를 착취하지 않아도 일용할 양식을 언제나 공급받고, 외부의 적으로부터 안전을 확보받는 데 아무런 문제가 없다는 것입니다. 21세기에도 이 말씀은 너무나도 중요한 사실입니다.

그런데 제국은 경제와 국방 문제를 축으로 주변 온 나라를 흔드는 것입니다. 군사력으로 남의 나라를 침략하고 정복하고 경제적으로 착취하는, 그래서 자기 민족의 이익을 극대화하는 비열한 정책이 바로 제국의 본질인 것이지요. 때문에 이후 등장하는 예언자들(prophets)은 레위기의 말씀에 근거해서 하나님의 말씀대로 사는 것이 제국을 이길 수 있는 키워드라고 강력하게 주장했던 것입니다.

애굽 총리 요셉과 애굽

성경에 애굽이 본격적으로 등장하는 것은 바로 요셉과의 관련 때문이지요. 야곱의 11번째 아들이자, 야곱이 가장 사랑하는 아들인 요셉은 반전의 반전을 거듭하는 인생을 살았던 사람입니다. 어느 날 갑자기 요셉은 사랑받는 아들에서 애굽의 종으로 팔려가는 반전을 경험합니다. 애굽에서 종 생활, 가정 총무 생활, 억울한 죄수 신분을 거쳐 형들과 헤어진 지

22년 만에 애굽 총리의 자리에 올라 다시 형들과 재회하는, 말 그대로 반전 드라마 같은 삶을 살았던 인물입니다.

폴 존슨은 다음과 같이 극찬하며 요셉을 평가했습니다.

"요셉은 명석하고 기민하며 지각이 뛰어났고 상상력이 풍부했으며 뛰어난 이상주의자일 뿐 아니라, 복잡한 현상들을 해석할 수 있는 창조적인 능력을 갖춘 인물이었다. 게다가 그는 조용하며 근면했으며, 경제와 경영에 관련된 문제들에 대처할 수 있는 능력을 겸비하였고, 지적인 면에서도 뛰어났기에 자기 민족을 위해 권력을 어떻게 다루고 사용해야 하는지를 잘 숙지하고 있었다."[6]

요셉이 애굽 왕 바로(파라오)의 꿈을 해석하고 7년의 풍년과 7년의 흉년에 대한 대안을 제시한 것은 애굽 역사에서 너무나도 중요한 일이었습니다. 왜냐하면 애굽이 풍년 관리와 흉년이란 국가 재난 관리를 통해 고대 근동에서 경제 대국으로 우뚝 서게 되었기 때문입니다. 요셉은 바로 왕의 꿈을 해석함과 동시에 놀라운 대안을 내놓습니다.

"이제 바로께서는 명철하고 지혜 있는 사람을 택하여 애굽 땅을 다스리게 하시고, 바로께서는 또 이같이 행하사 나라 안에 감독관들을 두어 그 일곱 해 풍년에 애굽 땅의 오분의 일을 거두되 그들로 장차 올 풍년의 모든 곡물을 거두고 그 곡물을 바로의 손에 돌려 양식을 위하여 각 성읍에 쌓아 두게 하소서.

---

6) 폴 존슨, 『유대인의 역사 1』, 김한성 옮김(파주: 살림출판사, 2005), p.66.

이와 같이 그 곡물을 이 땅에 저장하여 애굽 땅에 임할 일곱 해 흉년에 대비하시면 땅이 이 흉년으로 말미암아 망하지 아니하리이다"(창 41:33~36).

국가 비상 행정 체제로 전환 후, 수확량 중 5분의 1씩 각 성읍에 쌓아 대비해야 한다는 것이지요. 즉, 5분의 2는 많고, 10분의 1은 적고, 중앙에서 적치하면 모으는 데와 나누는 데 행정 낭비한다는 것이지요.

이는 아버지에게서 배운 목축 산업 지식과, 보디발 집에서 배운 농경 산업 지식과, 감옥 안에서 간수장에게서 배운 교도 행정의 교육이 요셉을 놀라운 실력자로 키웠다는 점을 알려주는 대목이라 생각합니다. 이 대안을 제시할 수 없었다면, 요셉은 바로를 '14분' 정도 만나고 왕이 주는 괜찮은 선물 하나 챙겨들고 왕궁으로부터 돌아와야 했을 것입니다. 그러나 요셉의 대안은 바로로 하여금 '14년'의 권력 동반자가 되게 합니다. 하나님께서 훈련시킨 요셉의 모습이 유감없이 나타난 것이지요.

사실 요셉의 아버지 야곱은 이미 그의 외삼촌의 집에서부터 보아서 알듯이 목축업의 천재였습니다. 목축업의 천재답게 야곱은 외삼촌을 향해 다음과 같은 제안을 합니다.

"오늘 내가 외삼촌의 양 떼에 두루 다니며 그 양 중에 아롱진 것과 점 있는 것과 검은 것을 가려내며 또 염소 중에 점 있는 것과 아롱진 것을 가려내리니 이같은 것이 내 품삯이 되리이다"(창 30:32).

야곱이 버드나무와 살구나무와 신풍나무의 푸른 가지를 가져다가 그것들의 껍질을 벗겨 흰 무늬를 내고, 그 껍질 벗긴 가지를 양 떼가 와서 먹는 개천의 물 구유에 세워 양 떼를 향하게 합니다. 그 떼가 물을 먹으러 와서 그 가지 앞에서 새끼를 배므로 얼룩얼룩한 것과 점이 있고 아롱진 것을 낳습니다.

야곱은 새끼 양을 구분하고 그 얼룩무늬와 검은 빛 있는 것을 라반의 양과 서로 마주보게 하며 자기 양을 따로 두어 라반의 양과 섞이지 않게 합니다. 그리고 튼튼한 양이 새끼 밸 때에는 야곱이 개천에다 양 떼의 눈 앞에 가지를 두어 그 가지 곁에서 새끼를 배게 하고 약한 양이면 그 가지 를 두지 않았더니 그 결과, 약한 것은 라반의 것이 되고 튼튼한 것은 야곱 의 것이 됩니다. 이 사건으로 야곱은 매우 번창하여 양 떼와 노비와 낙타 와 나귀가 많아졌습니다(창 30:37~43 참고).

목축업 천재인 야곱의 아들 요셉이 애굽에 내려와 당시 애굽에서 가증 히 여겼던 목축업이 아닌, 당시 최첨단 산업인 농업에서 또다시 천재성을 드러냈다고 볼 수 있겠지요. 농업의 가장 핫이슈인 풍년과 흉년을 말하 고, 곡식 저장의 지방 분권을 내놓아 전국적 안정을 도모하는 매뉴얼을 제시했으니, 바로가 그를 총리로 삼은 것은 어찌 보면 당연한 일이 아니 었나 싶습니다.

이후 바로는 요셉을 총리 삼음으로 바로 왕 개인이 어마어마한 부자가 되고 고대 근동에 경제적 우위를 차지하는 효과를 매우 크게 보았습니다.

어떻게 생각하십니까? 바로 왕은 풍년 7년 후, 다음해에 풍년이 오길 원했을까요? 흉년이 오길 원했을까요. 풍년이요? 만약, 8년째에도 풍년 이 든다면 바로의 왕실 재정은 바닥났을 것입니다.

지난 7년간 애굽 왕실은 재정의 많은 부분을 백성의 농작물을 사들이는 데 지출했기 때문입니다. 이제 흉년이 와야 7년간 비축해 둔 식량을 고가에 팔 수 있는 기회가 주어지는 것이지요.

"기근이 더욱 심하여 사방에 먹을 것이 없고 애굽 땅과 가나안 땅이 기근으로 황폐하니 요셉이 곡식을 팔아 애굽 땅과 가나안 땅에 있는 돈을 모두 거두어들이고 그 돈을 바로의 궁으로 가져가니"(창 47:13~14).

"그러므로 요셉이 애굽의 모든 토지를 다 사서 바로에게 바치니 애굽의 모든 사람들이 기근에 시달려 각기 토지를 팔았음이라 땅이 바로의 소유가 되니라"(창 47:20).

이후 이런 경제력 축척을 기반으로 애굽은 제국을 꿈꾸게 되었다고도 볼 수 있겠지요. 제국의 기초는 군사력과 경제력이니까요.

어쨌든 요셉이 총리 9년차에, 아버지와 가족이 애굽에 내려옵니다. 이때 애굽 상황은 2년의 흉년 경험으로 남은 5년 흉년의 끔찍함이 충분히 예고된 때입니다. 한마디로 총리 요셉 몸값이 가장 금값일 때입니다. 요셉은 흉년 때문에 가족들이 애굽에 내려왔다는 것보다 하나님께서 그 가문을 애굽에 수백 년을 머물게 하시면서, 큰 민족을 이룬 후에 다시 출애굽시키실 것이라는 아버지 야곱을 통해 들은 하나님의 계획에 초점을 맞춥니다. 그래서 당시 최첨단 산업인 농업 천재 요셉은 목축업을 가증히 여기는 애굽인들과의 혼맥(婚脈) 차단을 결심한 후 목축업 선택의 카드를 뽑습니다.

요셉이 바로 왕을 만나러 가는 형들에게 할 말을 입에 넣어 줍니다.

"당신들은 이르기를 주의 종들은 어렸을 때부터 지금까지 목축하는 자들이온데 우리와 우리 선조가 다 그러하니이다 하소서. 애굽 사람은 다 목축을 가증히 여기나니 당신들이 고센 땅에 살게 되리이다"(창 46:34).

요셉의 목축업 선택은 한 가문을 이스라엘 민족으로 만든 역사적인 선택이었다고 볼 수 있습니다. 만약 당시 요셉이 가족들의 직업으로 농업을 택했다면 당장은 가증히 여기는 애굽 사람들의 시선을 피할 수는 있었겠지만, 결국 애굽 사람들과의 혼사가 이어졌을 것이고, '민족'은 물 건너가고 말았을 것이기 때문이지요.

애굽에서 요셉의 목축업 선택은 70명의 가족을 입(入)애굽시킴으로써, 민족을 이룬 후 출(出)애굽까지 책임지겠다는 결단이라 볼 수 있습니다. 하나님께서는 요셉을 들어 민족을 위해 크게 사용하신 것입니다.

애굽 백성은 흉년 처음에는 돈을 주고 애굽 정부가 그동안 비축해 놓은 식량을 샀습니다. 그 후 돈이 다 떨어지자 가축을 가져와 식량을 사고, 가축도 다 팔고나자 자신들의 몸과 논밭을 팔아 바로의 종이 되겠다고 말합니다.

애굽 백성은 종자를 주면 살 수 있고 논밭도 황폐해지지 않을 테니 자신들의 살고 죽게 됨이 요셉의 결정에 달려 있다고 찾아와 하소연합니다 (창 47:13~19 참고). 때문에 요셉이 5분의 1 토지법을 세운 것이지요. 이 토지법은 이후 로마 제국 시대 옥타비아누스 황제 때까지 계속되는, 생명력이 1,500년 이상 가는 토지법으로 자리를 잡게 됩니다.

요셉이 애굽 백성에게 말합니다.

"오늘 내가 바로를 위하여 당신들의 토지를 샀습니다. 그러나 여기 종자가 있으니 당신들은 그 땅에 뿌리시고 추수의 5분의 1은 바로에게 상납하고 5분의 4는 당신들이 가져서 토지의 종자로도 삼고 당신들의 가족과 어린 아이의 양식으로도 삼으시오"(창 47:23~24 참고).

요셉의 이 멋진 제안을 들은 애굽 백성이 대답합니다.

"주께서 우리를 살리셨사오니 우리가 주께 은혜를 입고 바로의 종이 되겠나이다"(창 47:25).

요셉이 애굽 토지법을 세우매 그 5분의 1이 바로에게 상납되나 제사장의 토지는 바로의 소유가 되지 아니하여 오늘날까지 이르렀다고 성경은 기록하고 있습니다(창 47:26 참고).

요셉의 뛰어난 정치력과 행정력이 애굽 백성을 기근으로부터 구하자, 애굽의 바로 왕과 애굽 백성은 요셉에게 '명예'를 선물합니다. 그 선물은 바로 요셉의 아버지 야곱의 장례식 때 힘을 발휘합니다. 야곱의 장례는 70일장이었습니다. 이는 거의 '국장' 급입니다. 사실 야곱이 애굽에 머무는 동안 애굽을 위해 국가적 공헌 같은 것을 한 일이 없잖습니까? 그럼에도 불구하고 야곱의 국장이 가능했던 것은 요셉에 대한 애굽 왕실과 백성의 국민적 동의가 있었다는 것이지요.

이때는 요셉이 14년의 총리를 마치고도 12년이나 지난 시기입니다. 그런데 요셉이 아버지 야곱의 장례를 국가 행사로 확대한 것은 아버지 야곱의 장례식 퍼포먼스를 통해 먼 미래에 있을 출(出)애굽의 예행 연습 기회로 삼은 것이지요.[7]

---

7) 조병호, 「렛츠통, 구약 천 년」(서울: 통독원, 2011), p.21.

요셉이 자기 아버지를 장사하러 올라갈 때, 바로의 모든 신하와 바로 궁의 원로들과 애굽 땅의 모든 원로와 요셉의 온 집과 그의 형제들과 그의 아버지의 집이 그와 함께 올라갑니다. 그러나 그들의 어린 아이들과 양 떼와 소 떼는 고센 땅에 남겼습니다. 그때 병거와 기병이 요셉을 따라 올라갔으니 장례의 규모가 상상을 초월할 정도의 큰 사건이었다는 것입니다. 그들이 요단 강 건너편 아닷 타작 마당에 이르러 거기서 크게 울고 애통하며 요셉이 아버지를 위하여 7일 동안 애곡했습니다. 그 땅 거민 가나안 백성이 아닷 마당의 애통을 보고 "이는 애굽 사람의 큰 애통이라." 하여 그 땅 이름을 '아벨미스라임'이라 했으니 곧 요단 강 건너편이었습니다 (창 50:7~11 참고).

"야곱의 아들들이 아버지가 그들에게 명령한 대로 그를 위해 따라 행하여 그를 가나안 땅으로 메어다가 마므레 앞 막벨라 밭 굴에 장사하였으니 이는 아브라함이 헷 족속 에브론에게 밭과 함께 사서 매장지를 삼은 곳이더라 요셉이 아버지를 장사한 후에 자기 형제와 호상꾼과 함께 애굽으로 돌아왔더라"(창 50:12~14).

세월이 더 지나 요셉도 그의 조상들처럼 그의 삶을 마감합니다. 요셉은 그의 가문에서도, 애굽에서도 매우 중요한 사람으로 일생을 살았습니다. 이후 출애굽기로 가면 요셉을 알거나 알지 못함이 역사가 바뀌는 중요한 기준이 되는 것을 볼 수 있습니다. 또한 요셉은 죽은 후 해골까지도 중요한 사람입니다.

요셉의 해골은 400여 년이 지난 후, 출애굽 때에 파서 들고 나가 레위기, 민수기, 신명기를 거쳐 여호수아서 마지막 부분에 가나안 땅을 정복한 후에 세겜에 장사됩니다. 이는 요셉의 유언 때문이었습니다.

요셉이 이스라엘 자손에게 맹세시킵니다.

"하나님이 반드시 당신들을 돌보시리니 당신들은 여기서 내 해골을 메고 올라가겠다 하라 하였더라"(창 50:25).

요셉의 유언은 잊혀지지 않고 출애굽의 그 긴박한 상황에서도 실행되었습니다.

"모세가 요셉의 유골을 가졌으니 이는 요셉이 이스라엘 자손으로 단단히 맹세하게 하여 이르기를 하나님이 반드시 너희를 찾아오시리니 너희는 내 유골을 여기서 가지고 나가라 하였음이더라"(출 13:19).

"또 이스라엘 자손이 애굽에서 가져 온 요셉의 뼈를 세겜에 장사하였으니 이곳은 야곱이 백 크시타를 주고 세겜의 아버지 하몰의 자손들에게서 산 밭이라. 그것이 요셉 자손의 기업이 되었더라"(수 24:32).

창세기가 끝나고 출애굽기에서 요셉을 모르는 애굽의 새로운 왕의 출현은 결국 출애굽의 때가 왔다는 신호로 이어지게 됩니다. 그러나 모세가 나타날 때까지 기다려야 합니다. 역사는 사람이 준비되어야 하기 때문입니다.

애굽 왕자 모세와 애굽

창세기 끝과 출애굽기의 시작은 공기부터 다릅니다. 요셉을 알지 못하는 애굽의 새 왕의 출현은 히브리인을 긴장시켰고, 놀랄 만큼 불어난 히브리인의 숫자는 애굽을 초조하게 만들었습니다. 제국의 시동을 걸고 있던 애굽은 근동의 주변 국가들보다 기하급수적으로 늘어나는 자국 내의 히브리인에 대한 대책을 먼저 세우기로 마음먹습니다.

"자, 우리가 그들에게 대하여 지혜롭게 하자. 두렵건대 그들이 더 많게 되면 전쟁이 일어날 때에 우리 대적과 합하여 우리와 싸우고 이 땅에서 나갈까 하노라"(출 1:10).

애굽은 먼저 히브리인을 건축 현장으로 내몰아 국고성 비돔과 라암셋을 건축하게 하여 학대를 시작합니다. 그럼에도 불구하고 히브리 인구가 줄지 않고 더 늘어나자, 히브리 산파들을 회유하여 남자 아이가 태어나면 죽이라는 무서운 명령을 내립니다.

애굽 왕이 히브리 산파 십브라와 부아에게 말합니다.

"너희는 히브리 여인을 위하여 해산을 도울 때에 그 자리를 살펴서 아들이거든 그를 죽이고 딸이거든 살려두라"(출 1:16).

그러나 산파들은 하나님을 두려워하여 애굽 왕의 명령을 어기고 남자 아기들을 살려둡니다(출 1:17 참고).

따라서 애굽의 정책은 히브리 산파들의 비협조로 처음에는 크게 실효를 거두지 못합니다. 그렇지만 이미 제국을 염두에 둔 애굽은 물러서지 않습니다. 히브리 산파들을 통한 간접적 압력이 아니라, 이제 직접적으로 태어난 히브리 남자 아이들을 나일 강에 던져 죽이는 끔찍한 만행을 스스럼없이 저지릅니다.

"그러므로 바로가 그의 모든 백성에게 명령하여 이르되 아들이 태어나 거든 너희는 그를 나일 강에 던지고 딸이거든 살려두라"(출 1:22).

애굽의 이런 끔찍한 정책이 펼쳐지고 있을 때, 히브리 집안에 태어난 남자 아이가 바로 모세입니다. 석 달 동안 모세를 숨겨왔던 그의 가족은 더 숨길 수 없게 되자 갈대 상자에 역청과 나무 진을 칠하고 모세를 거기 담아 나일 강가 갈대 사이에 둡니다(출 2:1~3 참고).

우리는 모세 이야기를 아주 잘 압니다.
나일 강에서 애굽 공주에 의해 발견된 갈대 상자,
그 상자 안에서 있던 아기 모세,
그 후 애굽 왕실에서 자라는 왕자 모세,
히브리인을 도우려다 오히려 망명의 길을 떠나는 모세,
40년이 지난 후 애굽으로 돌아와 손에 땀을 쥐게 하는
모세와 바로의 10번의 협상,
10번 협상의 동력을 만들어주시는 하나님의 10가지 재앙,
그러나 결국 협상 결렬.

이렇게 우리는 애굽에서 일어났던 10가지 재앙에 대해서 관심이 많지

요. 10가지 재앙이 너무나도 스펙터클하고 3D 영상 이상의 충격적 자극을 주는 사건이었기 때문이겠지요. 그러나 바로의 맞은편에서 협상 테이블에 앉아 있었던 모세를 생각해 보십시오. 모세는 긴장이 최고조였을 것입니다. 또한 모세가 전직 왕자였다는 것은 매우 중요합니다.

왜냐하면 애굽의 바로 왕은 히브리 민족의 노조 위원장을 협상 테이블에까지는 앉히지 않았을 것이기 때문입니다. 전직 왕자 정도 되어야 왕실 테이블에 앉게라도 하지요. 모세는 바로와의 협상을 계속하면서 하나님께서 자신을 40년간 애굽 왕실의 왕자로 살게 하셨던 깊은 뜻을 해석할 수 있었을 것입니다.

모세의 요구와 바로 왕의 입장이 큰 충돌을 일으킵니다. 당연했겠지요. 모세의 요구는 자기네 민족이 원래 가나안에서 들어온 사람들이니 이제 가나안으로 돌아가야 하겠다는 것이고, 바로 왕의 입장은 애굽 경제의 근간이 되는, 남자만도 60만 명이나 되는 황금알을 낳는 거위 같은 노예들을 절대 돌려보낼 수 없다는 것입니다. 9번째 협상이 결렬되고 바로가 최후 통첩을 합니다. 모세와 더 이상 협상을 하지 않을 것이며, 다시 한 번만 더 나타나면 모세를 죽이겠다는 것입니다.

바로가 모세에게 이릅니다.
"너는 나를 떠나가고 스스로 삼가 다시 내 얼굴을 보지 말라. 네가 내 얼굴을 보는 날에는 죽으리라"(출 10:28).

모세가 바로에게 대답합니다.

"당신이 말씀하신 대로 내가 다시는 당신의 얼굴을 보지 아니하리이다"(출 10:29).

그 후 모세가 하나님의 10번째 재앙을 선포하는데, 그것은 바로 애굽의 장자들과 가축의 처음 난 것들의 죽음입니다. 사실 애굽에서 가장 소중한 재산은 각 집의 장자들이지요.

"애굽 땅에 있는 모든 처음 난 것은 왕위에 앉아 있는 바로의 장자로부터 맷돌 뒤에 있는 몸종의 장자와 모든 가축의 처음 난 것까지 죽으리니 애굽 온 땅에 전무후무한 큰 부르짖음이 있으리라"(출 11:5~6).

9번째 협상 결렬 후 10번째 재앙이 일어나기 바로 직전 사건이 '유월절'입니다. 이 유월절은 그 후 1,400년이 지난 후 예수님께서 마지막 유월절을 보내시고 성찬식으로 바꾸십니다. 예수님 스스로 마지막 유월절의 어린 양이 되셨기 때문입니다. 어쨌든 이 유월절의 처음 시작이 바로 애굽에서였다는 것이 중요합니다. 유월절은 이후 이스라엘의 3대 명절 중 첫 명절이 되고, 유월절을 지키느냐 혹은 지키지 않느냐는 이스라엘 역사에서 매우 중요한 이슈가 됩니다.

유월절은 애굽에게는 모든 집안의 장자들과 가축의 처음 난 것들이 죽는 아비규환의 날이었고, 이스라엘에게는 죽음이 넘어가는(Passover) 감사의 날이었습니다.

밤중에 여호와께서 애굽 땅에서 모든 처음 난 것 곧 왕위에 앉은 바로의 장자로부터 옥에 갇힌 사람의 장자까지와 가축의 처음 난 것을 전부 치십니다. 그러자 그 밤에 바로와 그 모든 신하와 모든 애굽 사람이 일어나고 애굽에 큰 부르짖음이 있었습니다. 왜냐하면 그 나라에 죽임을 당하지 아니한 집이 하나도 없었기 때문입니다.

애굽의 장자들과 가축의 처음 난 것들이 모두 죽어가는 그 무서운 밤에 바로는 결국 두 손, 두 발을 다 들고 모세와 아론을 불러 이렇게 말합니다.

"너희와 이스라엘 자손은 일어나 내 백성 가운데에서 떠나 너희의 말대로 가서 여호와를 섬기며 너희가 말한 대로 너희 양과 너희 소도 몰아가고 나를 위하여 축복하라"(출 12:31~32).

모세를 지도자로 한 출애굽은 애굽에 거주한 지 430년 만이었고, 출발지는 국고성 라암셋이었으며, 출애굽의 인원은 여자와 어린아이를 제외하고 장정만도 60만 명이었다고 성경은 기록하고 있습니다.

"이스라엘 자손이 라암셋을 떠나서 숙곳에 이르니 유아 외에 보행하는 장정이 육십만 가량이요"(출 12:37).
"이스라엘 자손이 애굽에 거주한 지 사백삼십 년이라"(출 12:40).

제국 애굽의 추락: 홍해 사건

한 가정에 초상이 발생하면 그 가문 전체가 거의 올 스톱입니다. 직장도 학교도, 어떤 중요한 약속도 약속이나 한듯 다 취소되고 이 취소는 충분히 존중됩니다. 그런데 나라 전체 모든 가정에 초상이 났다고 생각해 보세요. 어떤 이성적이고 합리적인 사고도 불가능해지는 것입니다. 왕의 장자에서부터 애굽 전체의 모든 집안에 장자가 죽었으니 나라가 무슨 정신이 있었겠습니까? 애굽 모든 집안에 초상이 난 바로 그 밤에 역사적인 출애굽 사건이 일어났던 것입니다.

출애굽의 인원은 유아 외에 보행하는 장정만 60만 명이라고 성경은 기록하고 있습니다. 신약시대까지도 숫자를 셀 때 20세 이상 60세 미만의 전쟁에 나갈 만한 남자의 숫자만 계수했던 이스라엘의 풍습을 보아, 출애굽 때에 여자와 노인, 그리고 유아를 포함하면 전체 인구는 약 200만 명에서 크게는 250만 명까지 볼 수 있을 것입니다. 그리고 많은 가축을 동반했다니 그 행렬이 대단했겠지요.

모세는 하나님의 명령에 따라 블레셋 사람들의 땅을 통과하지 않고 홍해로 길을 잡습니다.

바로가 백성을 보낸 후에 블레셋 사람의 땅의 길은 가까울지라도 하나님은 그들을 그 길로 인도하지 아니하셨습니다. 그 이유는 '하나님께서는 이 백성이 전쟁을 하게 되면 마음을 돌이켜 애굽으로 돌아갈까 염려하셨기 때문'입니다. 그러므로 이스라엘 자손이 애굽 땅에서 대열을 지어 나올 때에 하나님이 홍해의 광야 길로 돌려 백성을 인도하십니다(출 13:17~18 참고).

이때로부터 하나님께서는 매일 매일 이스라엘 백성에게 '기적'을 베푸십니다. 그 첫 번째 기적이 바로 구름 기둥과 불 기둥입니다.

"여호와께서 그들 앞에서 가시며 낮에는 구름 기둥으로 그들의 길을 인도하시고 밤에는 불 기둥을 그들에게 비추사 낮이나 밤이나 진행하게 하시니 낮에는 구름 기둥, 밤에는 불 기둥이 백성 앞에서 떠나지 아니하니라"(출 13:21~22).

또한 출애굽한 지 한 달 후부터 40년간 하늘에서 비처럼 만나가 내려 백성이 농사짓지 않고도 매일 배부르게 먹는 기적이 이어집니다. 광야에서 이스라엘 민족은 집중적으로 '공부'를 하게 됩니다. 그것도 세상 사람들이 가장 어렵다는 '법'을 공부하게 되는 것이지요. 이 율법 공부는 이후 노예 민족이었던 이스라엘 민족을 세계에서 가장 우수한 민족으로 변모시킵니다. 이것이 가장 큰 기적이지요.

출애굽 후, 두 번째 기적인 홍해 사건이 이제 우리를 기다리고 있습니다. 하나님께서 바로의 마음을 강퍅하게 하시므로 바로가 이스라엘 노예들을 출애굽시킨 일을 후회하면서 이 사건은 시작됩니다.

이스라엘 백성이 출애굽한 사실이 애굽 왕에게 알려지자 바로와 그의 신하들이 그 백성에 대하여 마음을 바꿉니다. 생각할수록 그들의 노동력이 너무 아까운 것입니다. 물론 복수하겠다는 마음도 있었겠지요. 바로는 곧 그의 병거를 갖추고 그의 백성을 데리고 갑니다. 선발된 병거 600대와 애굽의 모든 병거를 지휘관들이 다 거느렸습니다.

"여호와께서 애굽 왕 바로의 마음을 완악하게 하셨으므로 그가 이스라엘 자손의 뒤를 따르니 이스라엘 자손이 담대히 나갔음이라. 애굽 사람들과 바로의 말들, 병거들과 그 마병과 그 군대가 그들의 뒤를 따라 바알스본 맞은편 비하히롯 곁 해변 그들이 장막 친 데에 미치니라"(출 14:8~9).

'진퇴양난' 이라고 하지요. 이스라엘 백성이 보니 앞에는 홍해가 있고, 뒤에는 애굽 군대가 쫓아오는 것입니다. 이스라엘 백성은 이때부터 지치지 않고 하는 한 가지가 있었는데, 바로 하나님과 모세를 향해 '원망' 이라는 것을 정말 열심히 합니다. 하나님은 기적을 준비하고 계셨는데 말입니다. 그들의 원망을 들으면서 모세가 말합니다.

"너희는 두려워하지 말고 가만히 서서 여호와께서 오늘 너희를 위하여 행하시는 구원을 보라. 너희가 오늘 본 애굽 사람을 영원히 다시 보지 아니하리라. 여호와께서 너희를 위하여 싸우시리니 너희는 가만히 있을지니라"(출 14:13~14).

하나님은 모세에게 지팡이를 들어 바다 위에 내밀게 하여 바다에 길을 내시고 이스라엘 자손들로 하여금 바다를 육지처럼 건너게 하십니다.

여호와께서 모세에게 말씀하십니다.
"너는 어찌하여 내게 부르짖느냐. 이스라엘 자손에게 명령하여 앞으로 나아가게 하고 지팡이를 들고 손을 바다 위로 내밀어 그것이 갈라지게 하라. 이스라엘 자손이 바다 가운데서 마른 땅으로 행하리라"(출 14:15~16).

이스라엘 백성이 바다로 난 길을 통과하자 애굽의 군대도 놀라운 믿음(?)으로 바닷길로 직진을 하지요.

모세가 바다 위로 손을 내밀자 여호와께서 큰 동풍을 일으켜 밤새도록 바닷물을 물러가게 하십니다. 물이 갈라져 바다가 마른 땅이 됩니다. 이스라엘 자손이 바다 가운데를 육지로 걸어가고 물은 그들의 좌우에 벽이 됩니다. 그런데 이때 애굽 사람들과 바로의 말들, 병거들과 그 마병들이 다 그들의 뒤를 추격하여 바다 가운데로 들어오는 게 아니겠습니까(출 14:21~23 참고).

밤이 지나고 새벽이 되어가던 바로 그때, 하나님께서 바다 속 길 가운데 있는 애굽 군대를 불과 구름 기둥으로 어지럽게 하시고, 병거의 바퀴들이 벗겨지게 하시고, 바퀴가 벗겨진 병거들이 마구 달리며 날뛰게 하십니다.
그러자 애굽 군대가 하나님께서 이스라엘의 승리를 위해 이 일을 직접 하신다는 것을 깨닫게 됩니다. 그 순간 애굽 군인들은 도망하는 것이 최선이라고 생각하게 되지요. 병거든 무기든 그들에게 목숨보다 중요한 것은 없기 때문이지요.

"새벽에 여호와께서 불과 구름 기둥 가운데서 애굽 군대를 보시고 애굽 군대를 어지럽게 하시며 그들의 병거 바퀴를 벗겨서 달리기가 어렵게 하시니 애굽 사람들이 이르되 이스라엘 앞에서 우리가 도망하자 여호와가 그들을 위하여 싸워 애굽 사람들을 치는도다"(출 14:24~25).

도망하려는 애굽 군대를 하나님께서 홍해에 모두 수장(水葬)시키시는 장면입니다.

여호와께서 모세에게 말씀하십니다.

"네 손을 바다 위로 내밀어 물이 애굽 사람들과 그들의 병거들과 마병들 위에 다시 흐르게 하라."

하나님의 말씀대로 모세가 손을 바다 위로 내밀자 새벽이 되어 바다의 힘이 회복됩니다. 애굽 사람들이 물을 거슬러 도망하지만 하나님의 손에 의해 그들은 하나도 남지 않고 수장됩니다.

반면 이스라엘 자손은 물이 좌우에 벽이 된 바다를 육지로 건넙니다. 하나님의 손에 의해 구원된 이스라엘 백성은 그 날, 바닷가에서 애굽 사람들이 죽어 있는 것을 본 것이지요(출 14:26~30 참고).

애굽 전 지역의 모든 병거를 동원하고, 특별 병거 600대를 다 동원했으며, 더 나아가 그 모든 병거에 애굽의 장관들이 직접 탑승하고 전쟁에 임했는데 그 모든 것이 홍해에 수장(水葬)되었다는 것입니다. 다시 말해 애굽의 모든 고급 인력과 군사력이 한꺼번에 다 없어졌다는 것이지요.

오늘날도 최신예 전투기 1대만 손실해도 군에 큰 타격이 될 텐데, 나라의 모든 전투기를 한꺼번에 하루아침에 다 잃게 된다면 어떻게 되겠습니까? 제국을 꿈꾸며 군사력 증강에 힘썼던 애굽은 그 새벽에 그렇게 한꺼번에 모든 군사력과 나라의 중요한 인력인 장관들과 야망을 홍해에 수장(水葬)하고 만 것입니다.

애굽 공주를 부인으로 맞이한 솔로몬

시간을 좀 뛰어넘어 출애굽 후, 가나안 땅에 들어간 지 500년이 지난 후 솔로몬 시대의 이스라엘과 애굽과의 관계를 살펴보겠습니다.

"솔로몬이 애굽의 왕 바로와 더불어 혼인 관계를 맺어 그의 딸을 맞이하고 다윗 성에 데려다가 두고 자기의 왕궁과 여호와의 성전과 예루살렘 주위의 성의 공사가 끝나기를 기다리니라"(왕상 3:1).

출애굽 후 약 500여 년 만에 이집트의 왕과 솔로몬 사이에 국제 정치의 꽃(?)인 정략 결혼이 이루어지는 장면입니다. 채찍으로 때리며 노동을 시켰고, 아들이 태어나면 당연히 죽을 운명으로 받아들이게 했던 그 나라의 왕이 자기 딸을 정치적 이유로 시집보내는 형편에 이르게 된 것이지요. 그것도 솔로몬의 유일한 왕비로서도 아니고, 1,000명의 부인 중에 하나로 말입니다. 격세지감을 느끼지 않을 수 없습니다.

500년 전 이스라엘 백성 외에도 고대 근동을 가장 두렵게 했던 것이 바로 애굽의 병거들이었습니다. 당시의 병거는 오늘날로 보면 최신형 전투기라고 보는 것이 옳겠지요. 그런데 애굽의 그 위력적이었던 병거들이 홍해에 수장되고, 애굽 경제력의 마력이라고까지 할 수 있었던 남녀 120만 명 이상의 무임금 노동력을 다 내보낸 후, 애굽은 더 이상 고대 근동의 두려움이 되는 존재가 아니었습니다.

당시 솔로몬은 1,400대의 병거와 12,000명의 마병을 가지고 있었습니다. 고대 근동의 정세가 500년 만에 이렇게 달라져 있었습니다. 출애굽 후 500년 만에 이스라엘의 왕 솔로몬은 애굽산 말(馬)들과 병거를 수입해서 자신이 타기도 하고, 또 되팔기까지 하는 국제 무역을 하고 있었던 것입니다.

"왕이 예루살렘에서 은을 돌 같이 흔하게 하고 백향목을 평지의 뽕나무 같이 많게 하였더라. 솔로몬의 말들은 애굽에서 들여왔으니 왕의 상인들이 값주고 산 것이며 애굽에서 들여온 병거는 한 대에 은 육백 세겔이요, 말은 한 필에 백오십 세겔이라. 이와 같이 헷 사람의 모든 왕과 아람 왕들에게 그것들을 되팔기도 하였더라"(왕상 10:27~29).

솔로몬 왕 시대가 얼마나 부유했는지 또 다른 기록을 보면, 솔로몬의 경비 요원들은 모두 금으로 만든 방패를 들고 있었는데 방패 하나하나가 다 600세겔의 금이 들어갔다고 합니다. 방패는 몸을 다 가려야 하는 것이니 금 방패라고 해서 크기가 작진 않았겠지요. 큰 방패를 든 200명과 작은 방패를 든 300명, 도합 500명의 그 경호 요원들은 정말 어깨에 힘을 주지 않아도 힘이 저절로 들어갔을 것입니다.

"솔로몬 왕이 쳐서 늘인 금으로 큰 방패 이백 개를 만들었으니 매 방패에 든 금이 육백 세겔이며 또 쳐서 늘인 금으로 작은 방패 삼백 개를 만들었으니 매 방패에 든 금이 삼 마네라 왕이 이것들을 레바논 나무 궁에 두었더라"(왕상 10:16~17).

그러나 솔로몬이 죽고 그의 아들 르호보암이 왕이 되고 난 후, 나라가 북이스라엘과 남유다로 나뉘게 되자 이스라엘의 국력은 쇠퇴의 길을 걷게 됩니다. 이렇게 된 이유는 이스라엘이 하나님을 떠나

솔로몬 왕과 시바 여왕 _ 콘라드 비츠 作

우상을 섬기며 죄악의 길로 갔기 때문입니다.

　그러자 애굽에게도 힘을 쓸 수 없게 되고 급기야 르호보암 왕 제5년에 애굽의 왕 시삭이 쳐들어와 예루살렘 성전의 보물들과 왕궁의 보물과 솔로몬의 금 방패들을 다 탈취해 가는 일이 벌어집니다(왕상 14:25~26 참고). 그러자 르호보암의 군인들이 금 방패 대신 놋으로 만든 방패를 들게 되지요.

　"르호보암 왕이 그 대신 놋으로 방패를 만들어 왕궁 문을 지키는 시위대 대장의 손에 맡기매"(왕상 14:27).

　다윗과 솔로몬 시대는 하나님께서 복을 주시려고 마음먹으시면 얼마나 많은 복을 주실 수 있는지의 '샘플'이라고 볼 수 있습니다. 반면 하나님을 떠나 악을 행한 르호보암 시대는 애굽에게 이렇게 다 빼앗기는 모습을 보입니다.

　솔로몬의 아들 르호보암이 유다 왕이 되었는데, 왕위에 오를 때에 나이가 41세였습니다.

　"유다가 여호와 보시기에 악을 행하되 그의 조상들이 행한 모든 일보다 뛰어나게 하여 그 범한 죄로 여호와를 노엽게 하였으니 이는 그들도 산 위에와 모든 푸른 나무 아래에 산당과 우상과 아세라 상을 세웠음이라"
(왕상 14:22~23).

　제사장 나라에서 언급했듯이, 하나님의 율법을 지키면 5명이 100명을

이기고, 100명이 10,000명을 이깁니다. 국방과 안보를 하나님께서 책임 져주신다는 것이지요. 그러나 하나님의 율법을 어기면 하나님의 보호를 받을 수 없습니다. 르호보암 시대에 애굽의 침략은 당시의 죄악 때문이었습니다.

애굽의 운명을 결정한 요시야

이스라엘은 솔로몬 이후 북이스라엘과 남유다로 나뉜 뒤, 북이스라엘은 7번의 쿠데타를 통해 19명의 왕이 등장했고, 남유다는 다윗의 혈통으로 20명의 왕이 등장했습니다. 그중 북이스라엘의 19명의 왕은 하나같이 하나님 보시기에 악했으나, 남유다의 왕들 중에는 정말 어쩌다가 한 명씩 괜찮은 왕이 등장하곤 했지요. 그중 하나가 바로 요시야 왕입니다.

"요시야가 여호와 보시기에 정직히 행하여 그의 조상 다윗의 모든 길로 행하고 좌우로 치우치지 아니하였더라"(왕하 22:2).

정말 오랜만에, 출애굽한 이스라엘 백성이 가나안을 차지하고 사사 시대를 거쳐 왕정 시대를 지나오면서도 지키지 않은 유월절을 지켜 하나님을 기쁘시게 한 왕이 바로 요시야 왕입니다.

요시야 왕이 백성에게 명령합니다.
"이 언약책에 기록된 대로 너희의 하나님 여호와를 위하여 유월절을 지키라"(왕하 23:21).

오벨리스크
〈대영 박물관〉

"사사가 이스라엘을 다스리던 시대부터 이스라엘 여러 왕의 시대와 유다 여러 왕의 시대에 이렇게 유월절을 지킨 일이 없었더니 요시야 왕 열여덟째 해에 예루살렘에서 여호와 앞에 이 유월절을 지켰더라"(왕하 23:22~23).

요시야 왕은 하나님과 백성 모두에게 사랑받는 왕이었습니다. 그런데 요시야 왕 당시, 국제 정세는 무서운 변화를 겪고 있었습니다. 대제국 앗수르가 오랜 친구 나라였던 스키타이의 배신으로 메대(메디아)와 손을 잡은 바벨론에게 니느웨(니네베)를 빼앗겨 '제국 앗수르'로서의 생명을 끝냈기 때문입니다.

바벨론이 앗수르의 속국이었을 때 있는 힘을 다해 앗수르의 공격에 나선 적이 있습니다. 그러나 스키타이 대군의 무서운 공격 때문에 바벨론 독립에 실패했었습니다.[8] 그런데 스키타이가 바벨론 쪽으로 돌아서자 근동의 패권이 바뀌게 된 것입니다. 앗수르는 겨우 하란으로 소수가 옮겨가 최소한의 명맥만을 유지하고 있었습니다.

당시 애굽의 바로 느고 왕은 니느웨(니네베)를 빼앗기고 하란으로 수도를 옮겨 명맥만을 겨우 유지하고 있던 앗수르와 니느웨(니네베)까지 차지하고 고대 근동의 핵으로 떠오른 바벨론 사이에서 정치적 결단이 필요할 때였습니다. 바로 느고는 하란으로 올라가 일단 앗수르 왕을 치고 앗수르의 남은 군대를 차지해 애굽 군대와 연합한 다음 바벨론으로부터 니느웨(니네베)를 되찾은 후, 오히려 앗수르의 모든 것이 바벨론이 아닌, 애굽의 차지가 되게 하려는 야망을 품게 됩니다. 때문에 바로 느고가 진격을 했던 것입니다.[9]

---

8) 헤로도토스, 『역사 (상)』, 박광순 옮김(서울: 범우사, 2005), p.88.

애굽의 왕 바로 느고가 유브라데 강으로 진격을 한다는 소식을 들은 남유다의 요시야 왕은 곧바로 애굽의 바로 느고를 치기 위해 출정을 합니다. 그 전쟁터가 바로 므깃도였고, 치열한 전투 끝에 요시야 왕이 전사하고 맙니다.

이렇게 요시야 왕이 죽자, 남유다 백성이 요시야의 아들 여호아하스를 왕으로 세웁니다.

"요시야 당시에 애굽의 왕 바로 느고가 앗수르 왕을 치고자 하여 유브라데 강으로 올라가므로 요시야 왕이 맞서 나갔더니 애굽 왕이 요시야를 므깃도에서 만났을 때에 죽인지라.

신복들이 그의 시체를 병거에 싣고 므깃도에서 예루살렘으로 돌아와 그의 무덤에 장사하니 백성들이 요시야의 아들 여호아하스를 데려다가 그에게 기름을 붓고 그의 아버지를 대신하여 왕으로 삼았더라"(왕하 23:29~30).

므깃도에서 어이없이 남유다와의 치열한 전쟁을 벌인 애굽은 유브라데 강까지 올라갔으나, 니느웨(니네베) 탈환에 실패합니다. 때문에 더이상 전쟁을 할 여력을 모두 잃은 바로 느고 왕은 애굽으로 돌아가는 것 외에는 선택의 여지가 없었습니다.

그러자 바로 느고는 요시야 왕에 이어 이제 치리를 시작한 지 3개월 된 남유다의 여호아하스 왕(대하 36:2 참고)을 애굽으로 끌어가고, 대신 요시야의 아들 여호야김을 왕으로 세웁니다. 당시 여호아하스 왕은 23세였습니다.

---

9) 플라비우스 요세푸스, 『요세푸스 I : 유대고대사』, 김지찬 옮김(서울: 생명의말씀사, 2010), p.632.

"바로 느고가 요시야의 아들 엘리아김을 그의 아버지 요시야를 대신하여 왕으로 삼고 그의 이름을 고쳐 여호야김이라 하고 여호아하스는 애굽으로 잡아갔더니 그가 거기서 죽으니라"(왕하 23:34).

그리고 애굽은 남유다에게 조공을 요구했습니다. 자기가 세운 남유다의 왕 여호야김을 압박했던 것이지요. 여호야김은 왕이 된 대가로 애굽에 은과 금으로 조공을 바칩니다.

"여호야김이 은과 금을 바로에게 주니라. 그가 바로 느고의 명령대로 그에게 그 돈을 주기 위하여 나라에 부과하되 백성들 각 사람의 힘대로 액수를 정하고 은금을 징수하였더라"(왕하 23:35).

그러나 근동의 새 주인으로 등장한 바벨론의 압력도 만만치 않았습니다. 남유다의 여호야김 왕은 바벨론의 압력으로 3년간은 바벨론을 섬깁니다. 그러다가 애굽의 압력이 더 거세지자 이번에는 또다시 바벨론을 배신하고 애굽으로 돌아서지요. 그러자 여호야김 왕 4년째에 바벨론이 애굽을 치러 직접 나서게 된 것입니다. 그 전쟁을 역사는 갈그미스 전투라고 말합니다. 이때 바벨론은 애굽을 완전히 정복하고, 이어서 남유다로 진격해 온 것입니다.

후기 이집트 왕
(대영박물관)

"애굽에 관한 것이라. 곧 유다의 요시야 왕의 아들 여호야김 넷째 해에 유브라데 강 가 갈그미스에서 바벨론의 느부갓네살 왕에게 패한 애굽의 왕 바로 느고의 군대에 대한 말씀이라"(렘 46:2).

"애굽 왕이 다시는 그 나라에서 나오지 못하였으니 이는 바벨론 왕이 애굽 강에서부터 유브라데 강까지 애굽 왕에게 속한 땅을 다 점령하였음 이더라"(왕하 24:7).

므깃도 전투(Megiddo/B.C.609)와 갈그미스 전투(Carchemish /B.C.605)

므깃도 전투와 갈그미스 전투는 모두 애굽과 관련된 전쟁이었습니다. 므깃도 전투는 애굽과 남유다의 전쟁 중에 있었던 전투를 말하고, 갈그미스 전투는 바벨론이 애굽을 치러 내려와 애굽을 완전히 점령한 즉, 애굽이 바벨론의 속국이 된 직접적인 원인을 제공한 전투였습니다.

므깃도 전투로 유명한 므깃도는 이스라엘 최고의 요새로 이스라엘 역사에서 가장 많은 전쟁이 치러졌던 곳입니다.

또한 요한계시록에서 므깃도는 헬라어 '아마겟돈'으로 음역됨으로써 더 유명해진 곳이기도 합니다. 어쨌든 므깃도 전투에서 요시야 왕이 전사함으로 아쉬움이 남는 곳이 되었습니다. 애굽의 바로 느고 입장에서는 므깃도 전투에서 시간과 전력을 허비함으로 그들의 제국으로의 야망이 한풀 꺾이게 된 아쉬움이 많은 전쟁이었을 것입니다.

그럼에도 얼마간 애굽은 남유다에게 남은 힘을 과시하기는 합니다. 그러나 그 힘의 기간은 겨우 4년을 채 못가고 애굽 스스로의 힘도 지키지 못하게 됩니다. 근동의 대세가 이미 바벨론에게 기울어졌기 때문입니다. 근동의 새로운 강자 바벨론이 남유다에게 조공을 요구하자, 당시 애굽에 의해 세워진 왕이었던 여호야김은 입장이 난처해졌습니다.

여호야김은 자신을 왕으로 세운 애굽에게 조공을 바치고 있었기 때문입니다. 그럼에도 대세가 바벨론으로 기울자 여호야김이 바벨론에 3년간 조공을 바칩니다. 그러자 애굽이 여호야김을 더 거세게 압박하기 시작한 것입니다. 할 수 없이 여호야김이 3년 만에 바벨론에게 바치던 조공을 중단하기에 이르지요. 그러자 바벨론이 직접 애굽을 친 것입니다. 그것이 바벨론 왕 느부갓네살이 유브라데 하숫가 갈그미스에서 애굽을 친 이야기입니다.

요세푸스의 기록에 의하면, 애굽의 왕 바로 느고가 결전을 벌일 각오를 가지고 대군을 이끌고 유브라데 강 연변의 갈그미스 시로 진격하고 있었다고 합니다. 그러나 바로 느고의 의도를 알아차린 바벨론의 느부갓네살이 바로 느고의 행동을 가볍게 넘기지 않고 직접 대군을 이끌고 급히 유브라데 강으로 향해서, 결국 애굽의 수십만 군인들이 모두 전사하고, 애굽이 대패해 버린 전쟁이 되었답니다.[10]

갈그미스 전투 전까지만 해도 애굽은 근동에서 명목을 유지하며 지냈었습니다. 그러나 갈그미스 전투에서의 패배로 애굽은 전 지역이 바벨론의 손에 완전히 넘어갑니다. 애굽이 바벨론에게 점령당한 후부터는, 제국

10) 플라비우스 요세푸스, 『요세푸스 I : 유대고대사』, 김지찬 옮김(서울: 생명의말씀사, 2010), p.635.

으로의 야망을 키우는 것은 그저 한때 꾸었던 꿈으로 만족해야만 하는 것이 되고 말았습니다.

애굽의 멸망

B.C. 8세기의 상황에서 이사야는 다음과 같이 애굽의 멸망을 예언했습니다.

"애굽에 관한 경고라.
보라, 여호와께서 빠른 구름을 타고 애굽에 임하시리니
애굽의 우상들이 그 앞에서 떨겠고
애굽인의 마음이 그 속에서 녹으리로다.
내가 애굽인을 격동하여 애굽인을 치리니
그들이 각기 형제를 치며 각기 이웃을 칠 것이요,
성읍이 성읍을 치며 나라가 나라를 칠 것이며
애굽인의 정신이 그 속에서 쇠약할 것이요,
그의 계획을 내가 깨뜨리리니
그들이 우상과 마술사와 신접한 자와 요술객에게 물으리로다.
내가 애굽인을 잔인한 주인의 손에 붙이리니
포학한 왕이 그들을 다스리리라.
주 만군의 여호와의 말씀이니라"(사 19:1~4).

애굽은 세계 4대 문명의 발상지 중에 하나입니다. 일찍이 나일 강을 잘 활용해서 농사라는 첨단 산업을 일으켰고, 천재 요셉을 애굽의 총리로 삼음으로 풍년과 흉년 관리 14년을 통해 고대 근동에서 가장 월등한 경제력을 획득했습니다.

이후 요셉의 후손들을 노예화하여 120만 명의 무임금 노동력을 기반으로 경제력을 극대화했었으며, 좋은 말의 생산지였고, 병거를 활용한 무기를 가지고 제국으로 나가려고 야심찬 계획을 세우기도 했었습니다.

그러나 홍해 사건은 그들의 제국주의를 한풀 꺾게 만들었고, 500년 후에는 이스라엘에게 공주를 바쳐 혼인 관계를 맺는 나라로 전락하기도 합니다. 그럼에도 불구하고 애굽은 근동의 한 세력으로 무시할 수 없는 나라였습니다.

이스라엘이 한 민족 두 나라로 나뉘자, 애굽은 곧바로 세력을 키워 고대 근동의 패권을 쥔 앗수르를 견제하는 정도의 힘은 회복하지요. 북이스라엘과 남유다는 200년간 한 민족 두 국가 상태를 유지하는데 그때 이 두 나라는 앗수르와 애굽에 조공을 바치느라 정신이 없었습니다. 앗수르와 관련된 이야기는 앗수르 제국편에서 다루겠습니다.

다만 애굽에 조공을 바쳤던 기록들은 다음과 같습니다.

"그가 애굽의 왕 소에게 사자들을 보내고 해마다 하던 대로 앗수르 왕에게 조공을 드리지 아니하매 앗수르 왕이 호세아가 배반함을 보고 그를 옥에 감금하여 두고"(왕하 17:4).

"여호야김이 은과 금을 바로에게 주니라. 그가 바로 느고의 명령대로 그에게 그 돈을 주기 위하여 나라에 부과하되 백성들 각 사람의 힘대로 액수를 정하고 은금을 징수하였더라"(왕하 23:35).

이스라엘은 앗수르와 애굽 두 나라 사이라는 지정학적 위치 때문에 언제나 전쟁의 위험에 있는 곳이었습니다. 그리고 신흥 세력 바벨론까지 등장하자 북이스라엘과 남유다의 왕들은 강대국들의 눈치를 살피고 '외교'에 그들의 정치력을 총동원해야만 했습니다.

그러나 하나님은 선지자들을 보내셔서 오히려 '레위기'의 말씀대로 하나님의 율법을 지키는 것이 외교와 국방 문제 해결의 열쇠라고 말씀하십니다. 강대국이 세계를 경영하는 것이 아니라는 것이지요.

B.C. 8세기 이사야 선지자는 남유다의 회개를 촉구하면서 애굽의 멸망을 예언했습니다. 당시 남유다는 고대 근동의 패권자인 앗수르와, 아직도 강대국의 체면은 지키고 있는 애굽 사이에서 절묘한 줄타기를 하고 있었기에 선지자들이 말하는 애굽의 멸망은 받아들일 수가 없었습니다.

어떻게 애굽이 망할 수 있을까 하는 강대국에 대한 두려움이 하나님에 대한 두려움보다 컸던 것입니다. 그러나 애굽은 결국 바벨론에게 완전히 점령당하고, 이후에는 페르시아, 헬라, 로마 제국에 차례로 점령당하는 수모를 겪게 됩니다.

하나님의 세계경영

애굽 제국 경영 키워드는 '자연'이었습니다. 일찍이 애굽은 나일 강의 자연 조건을 잘 활용하여 농업을 일으켜 고대 근동의 문화를 선도했습니다. 그리고 바로 왕의 꿈을 통해 7년의 풍년과 7년의 흉년이 닥칠 것이 예고되자, 이를 잘 활용하기 위해 요셉을 총리로 삼고 요셉에게 통치의 권위를 주기 위해 애굽 제사장의 딸과 결혼까지 시켰습니다. 그러나 이는 하나님께서 30세 된 요셉을 애굽 권력의 핵심부에 놓으신 것입니다.

바로 왕의 기대에 200% 부응한 총리 요셉의 탁월한 정치력과 행정력은 7년의 자연 축복과, 이어지는 7년의 자연 재난까지 놀랍게 잘 대처함으로 매우 성공적인 나라 경영을 이루었습니다. 그러나 하나님의 뜻은 오히려 흉년이라는 자연 재난을 이용해 히브리 민족을 입(入)애굽시키시는 일이었습니다. 7년에 걸친 자연 풍년도 하나님께서 하신 일이고, 이어진 7년에 걸친 자연 재난도 하나님께서 하신 일입니다.

농부가 모든 신제품 농기계들을 도입해서 아침부터 밤까지 아무리 부지런히 농사에 전념하더라도 하나님께서 이른 비와 늦은 비, 그리고 햇빛과 바람을 주시지 않으시면, 땅에 씨앗을 심어도 풍년은 기대할 수 없습니다. 또한 7년간 풍년이 계속되었더라도 그 다음 해에 얼마든지 흉년이 들 수 있는 것입니다. 이것은 자연 조건이나, 인간의 의지에 달린 것이 아니라는 것이지요. 애굽은 그들의 탁월한 솜씨로써가 아니라, 하나님의 은혜 가운데 7년간의 풍년을 경험하는 은혜를 누렸었던 것입니다.

애굽은 흉년 2년차에 요셉의 중요성을 높이 사 요셉의 가족 70명을 기꺼이 받아들였습니다. 그러나 애굽은 히브리인들의 숫자가 기하급수적으로 늘자, 제국을 위한 정책으로 히브리 남자 아이들에 대한 무시무시한 '영아 살인 명령'을 내리고 실시했습니다. 히브리인들이 어떤 군사적 행동의 의지를 보인 것도 아니고, 군사적 행동을 했던 것도 아닌데 지레 겁을 먹은 것입니다. 그런 와중에 모세가 태어났습니다.

이제 하나님께서는 입(入)애굽시켰던 히브리 민족을 출(出)애굽시키셔야 했습니다. 그래서 태어난 지 3개월 만에 모세를 애굽 궁정 한가운데로 보내신 후, 다시 모세를 통해 애굽에 9가지 자연 재난으로 애굽을 흔들어 놓으십니다. 마침내 애굽의 장자들의 목숨을 거두어 가십니다. 이는 영아 살인 명령을 내렸던 애굽에 대한 하나님의 처벌이셨습니다.

어린 생명이 이 땅에 태어나는 것은 살기 위해서입니다. 그런데 애굽이 국가 차원에서 그 생명을 자기네 마음대로 죽여 나일 강에 버렸던 것입니다.

어린 생명을 죽여 가면서까지 이루려 했던 애굽 제국의 꿈이 히브리 민족의 군사적 저항으로 저지된 것이 아닙니다. 그들의 꿈은 오히려 하나님이 이끄시는 자연의 섭리와 하나님께서 보내신 자연 재난 앞에 무릎을 꿇을 수밖에 없었습니다.

자연의 혜택이나 자연의 재해는 나라가 경제적 부를 이루었다고, 다 누리거나 다 막을 수 있는 것이 아닙니다. 자연에 대한 인간의 한계 인식이 지혜입니다. 자연은 하나님의 창조물이지 제국이 만든 어떤 생산품이 아니기 때문입니다.

BIBLE with ASSYRIAN EMPIRE
CHAPTER 1
앗수르 제국과 성경

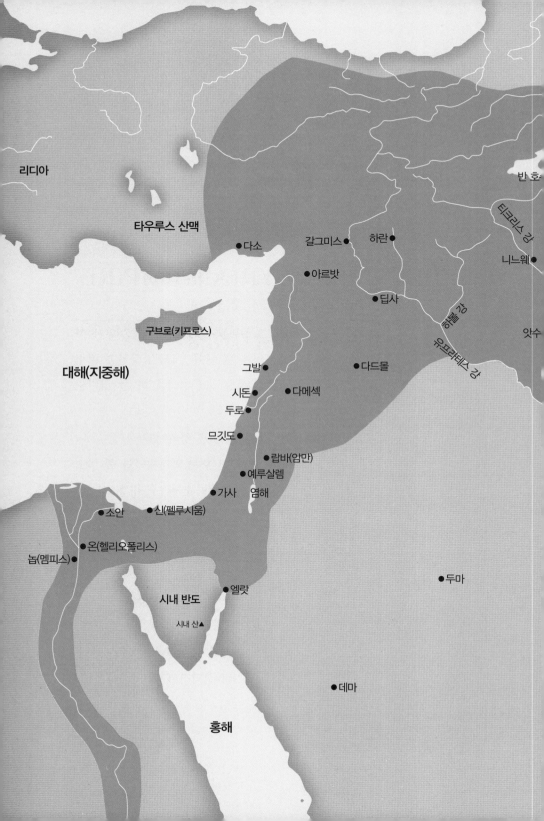

리디아

타우루스 산맥

다소

갈그미스   하란

반 호

아르밧

니느웨

티크리스 강

딥사

구브로(키프로스)

스 강

앗수

대해(지중해)

그발

다드몰

유프라테스 강

시돈   다메섹

두로

므깃도

랍바(암만)

예루살렘

가사   염해

소안   신(펠루시움)

온(헬리오폴리스)

두마

놉(멤피스)

엘랏

시내 반도

시내 산▲

데마

홍해

카스피해

우르미아 호수

엘 부르즈 산맥

메대

●악메다(엑바타나)

자그로스 산맥

●구다

●수산

●우룩

●우르

페르시아 만

앗수르 제국
ASSYRIAN EMPIRE

❧ 앗수르와 관련된 성경 ❦

요나, 나훔, 이사야, 아모스
열왕기하, 역대하 등

Bible with Assyrian Empire

● 520년간 상(上)아시아의 주인 앗수르

"1817년 어스틴 헨리 레이어드(Austen Henry Layard)가 태어날 당시만 해도 아시리아 왕국의 도읍지였던 니네베가 실제로 존재했었는가에 대한 명백한 증거는 전혀 없었다.

전해 내려오는 말에 의하면 이 아시리아 왕국은 인류 역사상 어느 왕국보다도 오래 지속하였다고 한다. 그러나 그렇듯 오랜 영화를 누렸다는 아시리아 왕국의 흔적은 도대체 어디에 남아 있단 말인가?"[1]

위의 기록처럼 19세기까지도 앗수르의 유적은 어느 곳에서도 발견되지 않았습니다. 그래서 많은 사람들은 혹시 '앗수르' 역사가 지어낸 이야

---

1) 아놀드 C. 브랙만, 『니네베 발굴기』, 안경숙 옮김(서울: 대원사, 1990), p.8.

기가 아닌가 하는 의심을 하기도 했다고 하는군요.

특히 산업 혁명 이후 최초의 대변혁으로 인한 엄청난 과학의 발전으로 종교적 신앙심이 옅어진 수많은 회의론자들은 앗수르 이야기에 코웃음을 쳤다고 합니다.[2] 유적이 없으니 말입니다.

산업 혁명과 과학의 발달 정도 가지고 앗수르 이야기에 코웃음 쳤다는 것은 성경의 기록에 대한 오만한 태도이며 예의가 아닙니다. 오늘날 21세기 과학이 발달하여 최첨단 지식정보화 시대를 산다 하더라도, 앞으로 더한 과학의 정보와 산업의 발달이 이루어진다 하더라도 하나님의 감동으로 기록된 하나님의 말씀은 일점일획도 우리가 존중하지 않을 말씀이 없습니다.

19세기 종교적 신앙심이 옅어진 수많은 회의론자들의 교만이 하늘을 찌를 즈음 앗수르 유적들은 세상에 다시 그 모습을 드러냈습니다.

앗수르에 대한 기록은 일찍이 로마의 지성 키케로가 역사의 아버지라고 명명한 헤로도토스의 『역사』에 그 언급이 있습니다.

"아시리아는 520년에 걸쳐 상(上)아시아를 지배했는데, 그 지배로부터 벗어나려는 항쟁을 처음 시작한 것은 메디아인이었다."[3]

헤로도토스의 기록에 의하면 앗수르가 520년간 상(上)아시아의 지배자였다는 것입니다. 헤로도토스는 페르시아와 그리스의 전쟁을 기록하면서

---

2) 아놀드 C. 브래만, 『니네베 발굴기』, 안경숙 옮김(서울: 대원사, 1990), p.24.
3) 헤로도토스, 『역사 (상)』, 박광순 옮김(서울: 범우사, 2005), p.85.

페르시아의 두 도시 국가 중 하나인 메디아를 언급하기 위해 앗수르를 말했습니다. 앗수르의 존재를 드러낸 매우 중요한 자료라고 볼 수 있습니다. 헤로도토스는 앗수르에 대해 다음의 증언도 하고 있습니다.

"아시리아 땅은 비가 적어 씨앗이 겨우 싹을 틔우고 뿌리를 내릴 정도일 뿐이지만, 강물을 이용한 관개로 작물을 키우고 곡물을 수확한다. 여기에서는 이집트와 같이 강 자체가 밭으로 흘러 들어오지 않고, 인력을 사용한 두레박틀로 물을 밭으로 끌어들인다.

왜냐하면 바빌론은 전역에 걸쳐 이집트와 똑같이 많은 운하가 서로 교차하고 있기 때문이다. 이 운하 중 가장 큰 것은 항해가 가능하며, 유프라테스 강에서부터 겨울철에 해가 뜨는 방향(동남쪽)으로 흘러 다른 또 하나의 강, 즉 니노스(니네베)를 연안에 끼고 흐르는 티그리스 강으로 들어가고 있다."[4]

앗수르의 존재 여부는 영국의 고고학자 레이어드의 1846년부터 약 7년여에 걸친 니느웨(니네베)에 대한 발굴로 모든 의심이 사라지게 됩니다. 그리고 앗수르는 세상에 다시 나타났습니다.[5] 니느웨(니네베)의 발굴이 초기에는 난항을 겪다가, 레이어드가 메소포타미아의 구릉 파는 비법을 하나 배우게 된 것이 발굴의 결정적인 계기가 되었다고 합니다.

이 비법은 오늘날까지도 고고학자들에 의해 답습이 되고 있는 비법이랍니다. 독자 여러분들도 알아두시면(?) 보물을 발견하실 기회가 있을 때 혹시 도움이 되실지 모르겠습니다.

---

4) 헤로도토스, 『역사 (상)』, 박광순 옮김(서울: 범우사, 2005), p.142.
5) 아놀드 C. 브랙만, 『니네베 발굴기』, 안경숙 옮김(서울: 대원사, 1990), p.165.

앗수르인들은 궁전이나 신전을 지을 때 우선 평지에 30 또는 40피트 높이의 기단을 진흙 벽돌로 쌓아 올렸답니다. 따라서 폐허들은 이 단 위에 남게 되고 바람에 날려 온 흙, 모래가 쌓여 거대한 인공 구릉이 탄생하는 것이라는군요. 바로 이 지점에서 레이어드는 결론을 얻게 되었답니다.

레이어드(Sir Austen H. Layard 1817-1894)

제일 먼저 해야 할 일은 햇볕에 말린 진흙 벽돌로 쌓은 기단을 찾는 일이라는 것이지요. 기단이 발견되면 참호는 기단의 윗면과 똑같은 높이를 따라 수평으로 파야 합니다. 그보다 더 깊숙이 파 내려가서는 안 된다는 것입니다. 이렇게 대엿새 동안 삽질만 하던 레이어드가 구릉 꼭대기로부터 20피트(약 6m)를 파내려가니 굽지 않은 벽돌로 쌓은 기단들이 나타났답니다.[6] 이것이 역사적인 니느웨의 발굴의 본격적인 시작이 되었다는군요.

그동안의 많은 시비가 종식되고 성경에서 말한 '나훔'서의 예언이 실제 사건으로 밝혀지게 된 것입니다.

앗수르에 대한 가장 많은 기록은 성경에 있습니다. 때문에 앗수르를 연구하기 위해서는 어느 학자든지 성경을 읽고 연구해야 합니다. 앗수르에 대한 폴 존슨의 연구 기록은 아래와 같습니다.

"기원전 9세기에 오자 앗시리아는 점점 커가고 있었다. 살만에셀의 비

---

6) 아놀드 C. 브랙만, 『니네베 발굴기』, 안경숙 옮김(서울: 대원사, 1990), p.250.

문인 '블랙 오벨리스크'에 따르면 예후의 시대에도 이스라엘은 앗시리아에 조공을 바쳐야 했다. 이를 통해 앗시리아의 공격을 무마시키려 하였으며, 한편으로는 앗시리아의 진출을 막기 위해 주변의 몇몇 나라들과 동맹을 맺기도 하였다. 그러나 기원전 745년에 잔혹한 티글랏-빌레셀(Tiglath-Pileser) 3세가 왕좌에 오르면서 앗시리아는 제국주의의 면모를 갖추기 시작하였다. 그는 정복된 지역에 대량의 강제 이주 정책을 시행하였는데,

블랙 오벨리스크 (The Black Obelisk of Shalmaneser Ⅲ) (예술의 전당)

기원전 740년 그의 연대기에는 다음과 같은 기록이 있다.

'므나헴(이스라엘의 왕)이 두려움에 사로잡혔고 …… 그는 도망쳐 내게 항복하였다. …… 모직으로 만든 채색 옷, 아마포로 만든 옷을 나는 그의 조공으로 받았다. 기원전 734년에 그는 해안지대를 지나 애굽 강에까지 진출하여 그곳에 있던 엘리트 계층과 부자, 상인, 기술자, 병자들이 앗시리아로 이주되어 그곳에 정착하게 되었다.'[7]

참고로 티글랏-빌레셀(Tiglath-Pileser) 3세는 B.C.745년경 풀루(Pulu)라고 불렸던 일개 병사였답니다. 그런데 그가 정권을 찬탈하여 앗수르 왕(B.C.745~725년경)이 되어 앗수르를 일약 세계 최대 강국으로 만들었습니다. 티글랏-빌레셀 3세는 기록에 의하면 정복욕이 야수와 같았으며 군사학에도 일가견이 있었습니다. 티글랏-빌레셀 3세는 시리아와 이스라엘, 그리

---

7) 폴 존슨, 『유대인의 역사 1』, 김한성 옮김(파주: 살림출판사, 2005), p.165.

고 최종 목표로는 애굽 점령을 꿈꾸었고 애굽을 기반으로 지중해 연안국을 손에 넣고 싶어했습니다.

고고학적 발굴에 의하면, 니느웨(니네베)는 그 성 위로 물이 범람해서 토사가 구릉 위로 20피트(약 6m)나 쌓여 있었다고 합니다. 때문에 앗수르가 멸망한 지 약 200년 후에 크세노폰이 1만 명의 그리스 병사들을 이끌고 페르시아 원정을 위하여 그 지역을 지나면서도 그들은 발 아래 니느웨가 누워 있으리라는 것은 꿈에도 몰랐던 것이지요.[8]

니느웨(니네베) 근처만 해도 1년 이상을 삽질을 하며 유적을 찾던 레이어드가[9] 구릉 위로 토사를 6m나 파헤치고 들어가서 발굴한 니느웨(니네베) 성은 도시를 둘러싼 성벽의 길이가 13km, 성벽의 높이는 초원에서부터 200피트(60m 이상), 성벽의 두께는 마차 3대가 나란히 달릴 수 있는 넓이, 5개의 성벽과 3개의 외호로 수비되어 있었으며, 니느웨(니네베) 변두리에는 30채도 넘는 사원들이 금과 은으로 찬란하게 빛을 발하고 있었다고 합니다.[10]

앗수르는 처음에 너비 160km, 길이 640km 크기의 땅뙈기를 소유한 작은 나라로 출발했습니다. 그런데 그들이 제국주의를 펼치며 동쪽으로는 인도까지, 서쪽으로는 애굽까지, 북으로는 러시아까지, 남으로는 아라비아 펠릭스까지 뻗어나가 3,200km에 걸친 소아시아와 초원과 사막을 장악하고 다스렸다고 합니다.[11]

이렇게 대단했던 제국이 흔적도 없이 사라졌다가, 2,000년도 더 지나

---

8) 아놀드 C. 브랙만, 『니네베 발굴기』, 안경숙 옮김(서울: 대원사, 1990), p.22.
9) Ibid., p.249.
10) Ibid., p.12.
11) Ibid., p.10.

땅 속에서 고고학의 도움으로 존재를 드러냈으니, 앗수르 제국과 성경을 연구하고 공부하는 것은 정말 흥미롭고 가슴 뛰는 일이 아닐 수 없습니다.

대영 박물관과 앗수르 유적

세계 많은 나라들이 각국에 박물관들을 각자 소유하고 있기는 하지만, 역사적 가치를 두고 박물관을 찾는다면 프랑스의 루브르 박물관과 영국의 대영 박물관이 선두 다툼을 할 것이라고 생각됩니다. 그중 제가 다행히 조금이라도 경험할 수 있었던 대영 박물관은 돈으로 환산이 불가능한 어마어마한 역사적 가치를 가지고 있는 유물들을 현재 약 200만 점 이상 보관, 전시하고 있습니다.

제가 8년간의 영국 유학을 마치고 영국에 관해 가장 의미 있게 생각하는 것 중 하나가 바로 '대영 박물관' 입니다. 대영 박물관에 처음 갔을 때에는 '남의 나라 것들을 많이도 가져다 놨구나' 하는 생각이 들었습니다. 그런데 방문의 횟수가 늘수록 유물들의 보관과 전시를 위해 정말 많은 투자를 하고 있다는 생각과 언제까지 일지는 모르지만 이 유물들을 인류에게 입장료 없이 무료로 보게 하면서 '역사'를 생각하게 한다는 점에 깊은 감명을 받기 시작했습니다.

대영 박물관을 주로 한국

에서 오시는 손님들을 모시고 여러 번 방문했었습니다. 그러던 중 어느 날은 손님 없이 마음먹고 공부하려고 대영 박물관을 찾아갔습니다. 그날 놀라운 것을 발견했습니다. 대영 박물관 입구를 지나 왼쪽 문에서부터 출발해서 전시물들을 심혈을 기울여 천천히 살펴보니 전시된 유적들이 앗수르, 바벨론, 페르시아, 헬라, 로마 순으로 정리가 되어 있는 것이었습니다. '아! 성경에 나오는 제국들 순서대로 전시를 해 놓았구나!'

특히 앗수르 유적들은 모두 성경의 내용들 그 자체입니다. 현재 대영 박물관의 앗수르에 관련한 유물들은 인터넷으로 검색이 가능한 것만도 1,106개나 됩니다. 그리고 대영 박물관 지하에는 아직 전시하지 않고 있는 많은 유물들이 있다고 합니다.

제 둘째 딸은 영국대학 UCL(University College London)에서 고고학을 전공하는데, 대영 박물관 지하에 전시되지 않은 유물들도 가끔 들어가 배우고 연구할 수 있는 기회가 있다고 합니다. 둘째 딸의 말을 빌리자면 지하에 아직 전시되지 않은 유물들도 'amazing & fantastic' 이라고 합니다.

대영 박물관 홍보위원 같이 되었네요. 물론 앗수르 유적은 프랑스 파리의 루브르 박물관에도 상당량이 전시되어 있다고 들었습니다. 기회가 되면 루브르 박물관의 앗수르 유물들도 자세히 살펴보았으면 합니다. 물론 유물과 유적이 있으니 성경을 믿으라는 그런 차원의 이야기가 아닙니다. 제가 말씀드리고 싶은 것은 성경이 신화나 그저 옛날이야기가 아니라는 사실입니다.

역사를 공부하는 것은 미래로 가기 위함입니다. 때문에 미래학자는 역사학자들이 할 수 있는 것이지요. 우리는 미래가 궁금합니다. 그 궁금증을 해결하는 지름길은 역사를 공부하는 것입니다. 특히 성경 속의 역사를 공부하는 것은 놀라운 하나님의 세계경영의 과거와 현재와 미래를 '통(通)'으로 공부하는 것입니다.

어스틴 헨리 레이어드(Austen Henry Layard)는 앗수르 유적을 발견한 영국의 고고학자입니다. 1세기가 지나고 슐레이만이라는 고고학자가 등장해 '트로이'의 유적을 발견하고, 그가 '고고학의 아버지'가 됩니다. 그러나 슐레이만은 늘 "많은 것을 레이어드에게서 배웠고, 레이어드에게 신세를 지고 있다."는 것을 공공연하게 말했다고 합니다.[12] 어쨌든 레이어드 덕분에 앗수르 유적들은 영국으로 많이 옮겨져 갔고, 앗수르를 공부하기에는 성경과 대영 박물관이 좋은 교재가 될 수 있다는 생각이 들었다는 것입니다.

요나 선지자(B.C. 8세기)와 앗수르

요나는 단순히 '불순종한 요나와 같이' 정도의 요나가 아닙니다. 비록 4장밖에 되지 않는 짧은 책이지만, 요나서는 매우 소중한 하나님의 말씀입니다. 우리는 요나서에 사족을 원하지요. 요나서 4장이 끝나면, 이어서

---

12) 아놀드 C. 브랙만, 『니네베 발굴기』, 안경숙 옮김(서울: 대원사, 1990), p.400.

"그래서 나는 하나님의 말씀을 깨닫고 크게 뉘우쳤으며, 그 후 좋은 선지자가 되었다 ……."는 내용이 추가되기를 원한다는 것입니다. 그러나 이미 요나서가 성경에 기록되었다는 그 자체가 하나님께서 요나를 사랑하시고 귀한 선지자로 인정하셨음을 뜻합니다.

요나서는 앗수르와 관련된 성경입니다. '선민'만이 아니라, '모든 민족'을 사랑하시는 하나님의 사랑 이야기입니다. 당시 요나가 이 말씀을 기록할 때는, 자기 나라 북이스라엘은 우상에 빠져 악한 죄 가운데 있고, 앗수르는 제국주의를 펼쳐가면서 주변국들을 긴장시키고 있던 상황이었습니다. 마치 우리나라가 조선 말 국력이 쇠퇴해가고 있을 때, 일본의 야욕을 한국 국민들이 거의 눈치채고 있던 그런 상황과 유사하다고 볼 수 있습니다.

그런 상황에서 하나님께서 요나를 불러 북이스라엘 백성을 회개시키고 그들을 구원해 주시겠다는 말씀은 주시지 않고, 오히려 적국 앗수르로 가서 그들의 수도 니느웨(니네베) 백성에게 심판을 선고함으로써 그들을 구원할 계획을 전하라니 요나가 도망하고 싶기도 했을 것입니다.

모든 사람들은 각자 자기 나라를 사랑하면서도 또한 불만들이 있습니다. 그러나 다른 나라와 비교할 때는 자기 나라를 깊이 사랑한다는 것이 기본이지요. 우리는 내 나라, 내 민족을 사랑하면서 동시에 전 세계의 모든 사람들이 다 하나님의 사랑의 대상이라는 것도 기억해야 합니다.

여호와의 말씀이 아밋대의 아들 요나에게 임합니다.
"너는 일어나 저 큰 성읍 니느웨로 가서 그것을 향하여 외치라.

니느웨 궁전의 유물〈영국 박물관〉

그 악독이 내 앞에 상달되었음이니라"(욘 1:2).

그러나 요나는 여호와의 얼굴을 피하고 싶었고, 일어나 다시스로 도망하기 위해 욥바로 내려가 삯을 주고 다시스로 향하는 배에 몸을 싣습니다.

요나의 다시스로의 반전 여행 때문에 큰 물고기가 고생 좀 했지요. 큰 물고기도 하나님 말씀을 잘 듣는데, 요나는 그 큰 물고기보다도 하나님 말씀을 듣지 않았으니 잠시나마 큰 물고기만도 못한 요나였다고 놀릴 수 있을 것입니다. 3일 동안 큰 물고기 뱃속 호텔에서 요나가 하나님께 기도함으로 하나님께서 다시 요나에게 사명을 주십니다.

여호와의 말씀이 두 번째로 요나에게 임합니다.

"일어나 저 큰 성읍 니느웨로 가서 내가 네게 명한 바를 그들에게 선포하라"(욘 3:1~2 참고).

요나서의 기록에 의하면 니느웨(니네베)는 3일 길을 걸을 만큼 큰 도시였습니다. 그런데 요나는 하루 만에 대충 그것도 아마 살살 전한 것 같습니다.

"사십 일이 지나면 니느웨가 무너지리라"(욘 3:4).

그런데 그때, 기적이 일어납니다. 우리는 큰 물고기 뱃속에 들어갔다가 살아나온 요나 이야기를 기적이라고 생각합니다. 그러나 인간이 하나님 앞에 회개하는 것이 정말 기적입니다. 회개하면 구원받을 수 있기 때문입니다.

요나는 요즘말로 '미친 존재감'이었던 것 같습니다. 하루 동안 그렇게 살살 전했는데 왕과 대신들과 백성이 모두 재 위에 앉아 회개하고 하나님을 믿고 금식 기도를 했으니 말입니다. 하나님의 캐스팅이 정말 절묘하다고 생각됩니다. 이래서 요나를 택하셨나 봅니다.

니느웨(니네베) 사람들이 하나님을 믿고 금식을 선포하고, 높고 낮은 자를 막론하고 굵은 베 옷을 입습니다. 그 일이 니느웨(니네베) 왕에게 들리자, 왕이 보좌에서 일어나 왕복을 벗고 굵은 베 옷을 입고 재 위에 앉습니다. 왕과 그의 대신들이 조서를 내려 니느웨(니네베)에 선포합니다.

"사람이나 짐승이나 소 떼나 양 떼나 아무것도 입에 대지 말지니 곧 먹지도 말 것이요, 물도 마시지 말라"(욘 3:5~7 참고).

하나님께서는 인간의 회개를 정말 좋아하십니다. 후에 북이스라엘의 오므리 왕의 아들 아합이 극심한 죄 가운데 있다가 회개했을 때에도 그렇게 기뻐하셨던 하나님의 모습을 보면 그렇습니다.

한번은 아합이 엘리야를 통해 주시는 하나님의 말씀을 들을 때에 그의 옷을 찢고 굵은 베로 몸을 동이고 금식하고 굵은 베에 누우며 또 풀이 죽어 다닙니다. 그러자 하나님께서 디셉 사람 엘리야에게 감격하시듯이 말씀하십니다.

"아합이 내 앞에서 겸비함을 네가 보느냐 그가 내 앞에서 겸비하므로 내가 재앙을 저의 시대에는 내리지 아니하고 그 아들의 시대에야 그의 집에 재앙을 내리리라"(왕상 21:27~29 참고).

아합 왕의 큰 잘못에도 불구하고 저 작은 회개에 하나님께서 그토록 감동하시듯 좋아하시는 것이 처음에는 잘 이해가 가지 않았습니다. 후에 깨달은 것은 하나님께서 참으로 인간을 용서하시기 위해 몸살나신 분 같다는 것입니다.

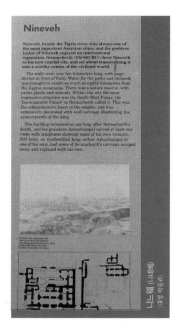

(사진출처: 런던 대영박물관)

앗수르의 수도 니느웨(니네베)의 왕과 대신들과 백성이 모두 금식하고 회개하자 하나님께서 그들을 용서하시고 구원하시는 장면입니다.

니느웨(니네베) 왕이 말합니다.

"하나님이 뜻을 돌이키시고 그 진노를 그치사 우리가 멸망하지 않게 하시리라. 그렇지 않을 줄을 누가 알겠느냐 한지라. 하나님이 그들이 행한 것 곧 그 악한 길에서 돌이켜 떠난 것을 보시고 하나님이 뜻을 돌이키사 그들에게 내리리라고 말씀하신 재앙을 내리지 아니하시니라"(욘 3:9~10).

하나님께서 니느웨(니네베) 백성을 구원하신 이유를 다음과 같이 설명해 주십니다. 니느웨(니네베)의 12만 명의 사람들이 하나님을 아는 지식이 없어 불쌍한 사람들이라는 것입니다. 하나님께서는 가축들도 아끼신다는 것이지요.

"하물며 이 큰 성읍 니느웨에는 좌우를 분변하지 못하는 자가 십이만여 명이요, 가축도 많이 있나니 내가 어찌 아끼지 아니하겠느냐 하시니라"(욘 4:11).

하나님께서는 일종의 유대 민족주의자 요나를 통해 앗수르를 구원하셨습니다. 그리고 선민 의식으로 가득 찼던 바울을 이방인의 사도가 되게 하셨습니다. 세계가 다 하나님께 속했기 때문입니다. 이것이 제사장 나라의 거룩한 시민이 해야 할 일입니다.

요나의 전도(마 12:41 참고)를 통해 구원을 받은 앗수르는 이후 회개에 합당한 열매를 맺었어야 옳습니다. 그러나 앗수르는 제국주의의 야망을 저버리지 못하고 브레이크가 고장난 차처럼 질주를 계속하다가, 150년 후 나훔 선지자에 의해 결국 '앗수르의 멸망' 선포를 듣게 됩니다.

북이스라엘과 앗수르

출애굽한 이스라엘은 40년간의 광야 생활과, 5년간의 정복 전쟁을 거쳐 가나안을 차지했습니다. 그리고 사사 시대라고 일컫는 사사들이 치리하는 시기를 약 300년 가량 보내게 되지요. 사사 시대는 사무엘을 통해 마감하고, 드디어 이스라엘 왕정 500년이 시작됩니다.

우리나라 조선왕조 500년을 기억하면 쉽겠지요. 이스라엘은 500년의 왕정 중 처음 120년은 통일된 한 나라로 40년간의 사울 시대, 40년간의 다윗 시대, 40년간의 솔로몬 시대를 보냅니다.

그리고 북이스라엘과 남유다로 나뉘어 약 200여 년을 한 민족 두 국가로 보내게 됩니다. 북이스라엘은 200년 만에 결국 앗수르에 의해 문을 닫고, 이후 남유다는 150년을 더 지내게 되지요. 그리고 남유다도 바벨론에 의해 나라의 문을 잠시 닫고 70년간 바벨론의 포로 생활을 하게 되는 것입니다.

200년간의 이 시기, 즉 북이스라엘과 남유다가 나뉜 시기를 성경은 열왕기상과 열왕기하 두 권으로 기록하고 있는데, 두 권의 책은 북이스라엘의 역사와 남유다의 역사를 왔다 갔다 하며 한꺼번에 기록하고 있습니다. 때문에 조금만 신경을 쓰면 공부하기에 그렇게 어렵지 않습니다.

사실, 우리 민족은 '제국'을 이해하기는 좀 어려움이 있을 수 있습니다. 그러나 우리나라는 한 민족 두 국가를 경험하고 있기 때문에 '분단 국가'를 가장 잘 이해할 수 있는 지구상의 민족일 수도 있습니다. 즉, 열왕기상·하서를 가장 잘 이해하는 민족일 것입니다.

그리고 역대기상과 역대기하, 두 권의 역사책은 다윗으로부터 시작해서 남유다의 역사만을 정리한 것입니다. 이제 북이스라엘과 앗수르를 살펴보려고 합니다. 그러나 역대기의 역사책은 잠시 뒤로 미루고, 열왕기상과 열왕기하 두 권의 책 중에서 북이스라엘과 앗수르에 관련된 부분을 집중적으로 살필 것입니다.

북이스라엘은 200년간 나라를 유지하면서 7번의 쿠데타를 통해 19명의 왕이 나라를 다스렸습니다. '7번의 쿠데타', 이는 얼마나 피비린내 나는 역사였는지를 말하는 것입니다. 19명의 왕의 이름은 여로보암 1세, 나

답, 바아사, 엘라, 시므리, 오므리, 아합, 아하시야, 여호람, 예후, 여호아하스, 요아스, 여로보암 2세, 스가랴, 살룸, 므나헴, 브가히야, 베가, 호세아입니다.

남유다는 350년간 다윗의 혈통으로 20명의 왕들이 나라를 다스렸습니다. 그들도 대부분 악한 왕들이었으나 가끔씩 '다윗의 길'로 간 왕이 나타나기도 했습니다. 그러나 200년간 북이스라엘의 왕들 19명은 하나같이 '여로보암의 길'로 달려간 안타까운 왕들의 연속이었습니다.

예를 들어 11번째 왕 여호아하스, 12번째 왕 요아스, 13번째 왕 여로보암 2세의 기록을 보면 다음과 같습니다.

"유다의 왕 아하시야의 아들 요아스의 제이십삼 년에 예후의 아들 여호아하스가 사마리아에서 이스라엘 왕이 되어 십칠 년간 다스리며, 여호와 보시기에 악을 행하여 이스라엘에게 범죄하게 한 느밧의 아들 여로보암의 죄를 따라가고 거기서 떠나지 아니하였으므로"(왕하 13:1~2).

"유다의 왕 요아스의 제삼십칠 년에 여호아하스의 아들 요아스가 사마리아에서 이스라엘 왕이 되어 십육 년간 다스리며, 여호와께서 보시기에 악을 행하여 이스라엘에게 범죄하게 한 느밧의 아들 여로보암의 모든 죄에서 떠나지 아니하고 그 가운데 행하였더라"(왕하 13:10~11).

"유다의 왕 요아스의 아들 아마샤 제십오 년에 이스라엘의 왕 요아스의 아들 여로보암이 사마리아에서 왕이 되어 사십일 년간 다스렸으며, 여호와 보시기에 악을 행하여 이스라엘에게 범죄하게 한 느밧의 아들 여로보암의 모든 죄에서 떠나지 아니하였더라"(왕하 14:23~24).

이렇게 몇 명의 예만 살펴보았는데도 북이스라엘의 왕들은 하나같이 여호와 보시기에 악을 행하고 죄에서 떠나지 않았다고 기록되어 있습니다. 이렇게 하나님을 떠난 왕들의 통치와 반복되는 쿠데타로 나라가 정신이 하나도 없을 때, 제국주의로 본격적인 행보를 시작한 앗수르가 북이스라엘의 16번째 왕인 므나헴이 왕위에 오르자 드디어 북이스라엘을 침략해 옵니다.

북이스라엘의 15번째 왕인 살룸(B.C.752년 1개월간 재위)을 죽이고 쿠데타로 16번째 왕이 된 므나헴(B.C.752년부터 10년간 재위)은 앗수르가 쳐들어오자 국내의 혼란을 오히려 앗수르 왕에게 은 1,000달란트를 조공으로 바침으로 자신의 왕위를 튼튼하게 하는 데 이용합니다.

므나헴은 앗수르 왕에게 바치기 위한 은 1,000달란트를 만들기 위해 자기나라 백성 중, 큰 부자들에게 각각 은 50세겔씩 강제로 빼앗았다고 성경은 기록하고 있습니다.

"앗수르 왕 불이 와서 그 땅을 치려 하매 므나헴이 은 천 달란트를 불에게 주어서 그로 자기를 도와 주게 함으로 나라를 자기 손에 굳게 세우고자 하여 그 은을 이스라엘 모든 큰 부자에게서 강탈하여 각 사람에게 은 오십 세겔씩 내게 하여 앗수르 왕에게 주었더니 이에 앗수르 왕이 되돌아가 그 땅에 머물지 아니하였
더라"(왕하 15:19~20).

성경에 앗수르 왕 '불' 이라고
기록된 '불' 왕은, '520년간 상(上)아시아의 주인 앗수르' 편에 폴 존슨이
언급한 앗수르 제국 초반 'B.C.745년의 잔혹한 티글랏-빌레셀(Tiglath-
Pileser) 3세' 를 말합니다. 대영 박물관에 가보면 티글랏-빌레셀 3세에 관한
유적들이 전시되어 있는데 그가 바로 '불' 왕입니다.

이어 므나헴의 아들이었던 북이스라엘의 17번째 왕인 브가히야(B.C.742
년부터 2년간 재위)를 죽이고 쿠데타로 18번째 왕이 된 베가 때에, 앗수르는
더욱 노골적으로 제국주의를 드러내고 북이스라엘을 점령해 가며 백성을
앗수르로 잡아가기 시작했습니다.

"이스라엘 왕 베가 때에 앗수르 왕 디글랏 빌레셀이 와서 이욘과 아벨
벳 마아가와 야노아와 게데스와 하솔과 길르앗과 갈릴리와 납달리 온 땅
을 점령하고 그 백성을 사로잡아 앗수르로 옮겼더라"(왕하 15:29).

베가 왕은 그의 외교 노선으로 발 빠르게 아람과 동맹을 먼저 맺습니
다. 그리고 남유다에게도 동맹을 맺자고 제안합니다. 그래서 세 나라가 힘
을 합해 앗수르를 대적하자고 제안을 합니다.

그런데 남유다는 이미 힘이 빠질 대로 빠진 북이스라엘과 아람과의 동
맹보다는 오히려 친앗수르 정책이 국가에 더 유익할 것이라는 판단을 내
리고 있었습니다. 때문에 베가 왕의 제안을 거부합니다.

그러자 북이스라엘과 아람이 앗수르와의 대적에 앞서 오히려 남유다를

먼저 치기로 하고 쳐들어올 태세를 취하지요. 사태가 이렇게 되자 당시 남유다 왕 아하스가 앗수르에게 도움을 청하는 급박한 사태가 벌어지게 됩니다.

쿠데타가 일상이 되어버린 나라 북이스라엘은 18번째 왕인 베가가 또다시 쿠데타에 의해 살해되고, 호세아(B.C.732년부터 9년간 재위 후, B.C.722년 북이스라엘 멸망)가 이스라엘의 19번째 왕이 되는데 그는 북이스라엘의 마지막 왕이 됩니다.

아하스는 앗수르 왕 디글랏 빌레셀 3세에게 사자를 보내서 말합니다.
"나는 왕의 신복이요 왕의 아들이라. 이제 아람 왕과 이스라엘 왕이 나를 치니 청하건대 올라와 그 손에서 나를 구원하소서."
이때 아하스는 여호와의 성전과 왕궁 곳간에 있는 은금을 내어다가 앗수르 왕에게 예물로 보냅니다. 그러자 앗수르 왕이 그 청을 듣고 곧 올라와서 아람의 수도 다메섹을 쳐서 점령하여 그 백성을 사로잡아 기르로 옮기고, 또 아람 왕 르신을 죽입니다(왕하 16:7~9 참고).

이 일은 앗수르에게 너무나도 좋은 전쟁의 빌미를 제공해 주었습니다. 우리나라의 경험을 보아도 조선 말에 일본, 청나라, 러시아가 호시탐탐 우리나라를 넘보고 있었을 때 작은 빌미 하나로 역사가 바뀌게 되는 경우를 볼 수 있듯이 말입니다.

남유다의 왕 아하스는 자신이 앗수르에게 보낸 이 편지가 이렇게 성경에 기록으로 남게 될 줄을 알지 못했을 것입니다. 외교 문서에 자신이 남의 나라 왕의 신복이고 아들이라고까지 편지를 써 보내는 아하스 왕의 굴욕 외교가 정말 보기 민망하지요.

세계 역사를 보면 이러한 굴욕적인 자료들이 의외로 잘 보관되고 있습니다. 받아들이는 입장에 있던 나라들은 이런 재미있는 서류들을 잘 보관하는 것이 상례입니다.

엘리야, 엘리사, 아모스, 호세아 선지자와 앗수르

많은 사람들이 성경에서 가장 어렵다고 여기는 부분이 바로 예언서입니다. 예언서는 선지자들이 하나님의 말씀을 직접 전하는 내용으로 현재와 미래가 동시에 전해지기 때문에 어렵다고 생각합니다. 예언서가 어렵다는 것은 예언서 공부에 시간을 그만큼 덜 투자했기 때문일 수도 있습니다.

대개의 경우 아주 쉬운 책은 한 번만 읽으면 대략 누구나 다 알 수 있고 이해할 수 있습니다. 그러나 그렇게 쉬운 책은 스테디셀러가 되는 경우가 드뭅니다. 스테디셀러는 읽고 또 읽어서 자식들에게까지도 읽히게 하고 싶은 책을 말합니다.

대학에서 학생들이 전공으로 공부하는 책들은 대부분 다 어렵습니다. 그래서 공부할 맛이 나는 것이지요. 한 번만 읽으면 다 이해되는 책을 일부러 공부까지 할 필요는 없습니다.

그렇기에 예언서는 공부할 맛이 나는 책입니다. 어렵기는 하지만, 하나님께서 우리에게 이해하지 못하도록 써서 주신 책이 아니기 때문입니다.

예언서는 선지자들의 예언과 그 속에 제국의 역사가 함께 가고 있기 때문에 사실 어렵습니다. 워낙 스케일이 큰 이야기이기 때문입니다. 그러나 우리 모두가 예언서를 포함한 성경 전체를 읽고 그 말씀대로 살기를 원하시는 하나님께서 우리가 끝내 이해하지 못할 책을 주실 리가 없습니다.

일단 예언서는 그 전제가 하나님께서 인간을 사랑하시기에 하나님께로 돌아오라는 것입니다. 예언자는 하나님께서 정말 안타까운 마음으로 급하실 때 보내신 하나님의 사람이라는 생각을 하고 공부에 임하는 것이 좋습니다.

그러니 이제 마음 단단히 먹고 공부합시다. 성경은 공부해야 하는 책입니다. 영어하면 공부, 수학하면 공부가 바로 이어서 생각나듯이, 성경하면 공부가 함께 생각나야 합니다. 성경은 어려서부터 하나님 나라에 가는 그 시간까지 읽고 또 읽고 공부하고 또 공부하고 또 공부해야 하는 놀라운 책이기 때문입니다. 자, 이제 보물 창고 안으로 풍덩 들어가 봅시다.

북이스라엘은 200여 년간 나라를 유지하면서, 앞에서도 언급했지만 7번의 쿠데타를 통해 19명의 왕들이 나라를 다스렸습니다. 그런데 19명의 왕들이 하나같이 '다윗의 길'이 아닌, '여로보암의 길'로 나아갔다는 것이 불행입니다. 특히 아합 왕의 아버지 오므리 왕은 사마리아를 북이스라엘의 수도로 삼은 왕인데, 그의 죄악이 얼마나 심하던지 하나님을 노하시게 만들 정도였습니다.

유다의 아사 왕 31년에 오므리가 이스라엘의 왕이 되어 12년 동안 왕위에 있으며 디르사에서 6년 동안 다스립니다.

그는 은 2달란트로 세멜에게서 사마리아 산을 사고 그 산 위에 성읍을 건축하고, 그 건축한 성읍 이름을 그 산 주인이었던 세멜의 이름을 따라 사마리아라 일컬었습니다. 바로 이 오므리는 여호와 보시기에 악을 행하되 그 전의 모든 사람보다 더욱 악하게 행하여 느밧의 아들 여로보암의 모든 길로 행합니다(왕상 16:23~26 참고).

선지자가 등장했다는 것은 일단 그 시대가 악했다는 증거지요. 오므리 왕과 아합 왕이 북이스라엘을 다스리는 시기에 하나님께서는 엘리야를 보내셔서 하나님의 일을 하게 하셨습니다. 그런데 아합 왕의 악정이 계속되는데도 불구하고 엘리야 선지자는 하나님께로 돌아가고 엘리사가 엘리야의 뒤를 이어야만 했습니다.

아합 왕이 통치하던 때에 앗수르는 제국주의의 야망을 꿈꾸며 살만에셀 3세가 유브라데 강을 넘어 세력을 키우고 있었습니다. 그러자 북이스라엘은 다메섹과 하맛 3개국의 힘을 합하여 앗수르를 견제합니다. 북이스라엘과 다메섹과 하맛의 3개 연합국은 앗수르와 카르카르에서 큰 규모의 전투를 벌였는데 이 전투에서 3개 연합군이 승리를 거둡니다.

이때 앗수르는 3개 연합군 중에 '북이스라엘 사람(아합)이 2,000대의 전차와 1만 명의 군사를 보냈다'는 사실을 발라와트에 있는 궁전 비

살만에셀 3세의 비문(부분)

문에 기록해 놓았습니다. 이 비문은 현재 대영 박물관에 전시되어 있습니다. 그렇다면 주변국들에 비해 북이스라엘의 경제력과 군사력이 상당했었다는 증거라고 할 수 있을 것입니다.

오므리와 그의 아들 아합 왕 때에 북이스라엘은 경제력이 상당한 수준에 있었습니다. 이때 아합의 부인 시돈의 공주 이세벨은 온 나라를 휩쓸며 바알과 아세라 산당을 짓고, 하나님의 사람 선지자 엘리야와 각을 세우고 엘리야를 죽이려 했습니다.

그러니 엘리사가 엘리야의 뒤를 잇는다는 것이 쉬운 일이 아니었습니다. 때문에 엘리사가 그의 스승 엘리야를 붙잡고, 엘리야가 가졌던 영감의 갑절[13]은 가져야 그 시대에 하나님의 일을 할 수 있다고 간절히 요구했던 것입니다. 엘리사가 요구한 두 몫의 영감은 엘리사가 욕심이 많아서가 아니라는 것이지요. 시대가 그렇게 점점 더 악해져가고 있다는 현실 때문이었습니다.

엘리야가 겉옷을 가지고 말아 물을 치자, 물이 이리저리 갈라지고 두 사람이 마른 땅 위로 건넙니다. 엘리야가 엘리사에게 말합니다.

"나를 네게서 데려감을 당하기 전에 내가 네게 어떻게 할지를 구하라."

엘리사가 말합니다.

"당신의 성령이 하시는 역사의 두 몫이 내게 있게 하소서."

그러자 엘리야가 대답합니다.

"네가 어려운 일을 구하는도다. 그러나 나를 네게서 데려가시는 것을

---

13) 영감의 갑절은 사실 장자의 몫(다른 사람의 두 배)을 의미합니다. 신명기 21장 17절의 '두 몫'이 이곳의 '갑절'과 같은 히브리어입니다.

네가 보면 그 일이 네게 이루어지려니와 그렇지 아니하면 이루어지지 아니하리라."

두 사람이 길을 가며 말하고 있던 그때, 불수레와 불말들이 그들을 갈라놓고 엘리야가 회오리바람으로 하늘로 올라가게 됩니다(왕하 2:8~11 참고).

북이스라엘은 엘리야와 엘리야가 가졌던 영감의 두 몫을 받은 엘리사가 하나님의 말씀을 전하는데도 죄악의 길에서 도대체 나올 생각을 하지 않습니다. 그러자 하나님께서는 또다시 선지자를 보내십니다. 그가 바로 드고아의 목자 아모스 선지자입니다.

"유다 왕 웃시야의 시대 곧 이스라엘 왕 요아스의 아들 여로보암의 시대 지진 전 이년에 드고아 목자 중 아모스가 이스라엘에 대하여 이상으로 받은 말씀이라"(암 1:1).

아모스는 북이스라엘의 죄악들을 말하며 회개를 촉구합니다. 당시 북이스라엘의 부자들의 경제 상황은 최상이었습니다. 부자들은 여름과 겨울에 지낼 별장들을 지어서 더위와 추위를 피해가며 최고급 바산의 소고기를 먹으면서, 가난한 자들의 이불과도 같은 겉옷까지 빼앗아 추운 밤에도 돌려주지 않았습니다.

앗수르의 경계표(보더스톤)

온 나라는 우상으로 가득하고, 하나님과는 담을 쌓고 살아가면서, 선지자들의 말에는 콧방귀도 뀌지 않는 상태였습니다. 그러니 하나님의 말씀을 전하는 선지자들의 마음이 타들어 갈 수밖에 없는 것이었습니다.

하나님께서는 북이스라엘에 또다시 선지자를 보내십니다. 이번에는 삶으로 북이스라엘의 잘못을 보여주어야 하는 사명을 가진 선지자입니다. 그가 바로 북이스라엘의 마지막 왕과 동명이인인 호세아 선지자입니다.

"웃시야와 요담과 아하스와 히스기야가 이어 유다 왕이 된 시대 곧 요아스의 아들 여로보암이 이스라엘 왕이 된 시대에 브에리의 아들 호세아에게 임한 여호와의 말씀이라"(호 1:1).

B.C. 8세기에 하나님께서는 북이스라엘에는 아모스와 호세아 선지자를 보내시고, 남유다에는 이사야와 미가 선지자를 보내십니다. 이는 B.C. 8세기가 북이스라엘과 남유다 모두 하나님의 마음을 많이 아프시게 했던 시기라는 것입니다.

앗수르의 식민지 정책과 사마리아인

북이스라엘의 19번째이자 마지막 왕이었던 호세아 왕 때에 앗수르의 왕 살만에셀이 공격해 오자 호세아가 그에게 종이 되어 조공을 바칩니다. 그러다가 호세아는 애굽의 왕 소에게 사자들을 보내어 도움을 청하면서 해마다 하던 대로 앗수르 왕에게 조공을 보내지 않습니다.

이에 앗수르 왕이 호세아가 배반함을 보고 사마리아로 올라와 그곳을 3년간 에워쌉니다.

"호세아 제구년에 앗수르 왕이 사마리아를 점령하고 이스라엘 사람을 사로잡아 앗수르로 끌어다가 고산 강 가에 있는 할라와 하볼과 메대 사람의 여러 고을에 두었더라"(왕하 17:6).

호세아가 왕이 된 지 9년째에 북이스라엘은 앗수르에 의해 완전히 멸망합니다. 앗수르는 북이스라엘 사람들을 잡아다가 앗수르 제국의 여러 나라로 흩어져 살게 했습니다. 그리고 북이스라엘에도 마찬가지로 다른 침략당한 나라의 사람들을 들여와 살게 합니다. 이것이 앗수르 제국의 식민지 정책입니다. 민족들을 섞어 인구 혼혈 정책을 실행함으로 한 단일 민족이 민족정신을 형성하여 반란을 도모하지 못하도록 아예 민족 근원의 싹을 제거하는 것입니다.

결국 시간이 지나면서 북이스라엘의 혈통이 섞이게 되고 그 새로운 혼혈족이 바로 사마리아인입니다.

"앗수르 왕이 바벨론과 구다와 아와와 하맛과 스발와임에서 사람을 옮겨다가 이스라엘 자손을 대신하여 사마리아 여러 성읍에 두매 그들이 사마리아를 차지하고 그 여러 성읍에 거주하니라"(왕하 17:24).

"이스라엘의 교만은 그 얼굴에 드러났나니 그들이 이 모든 일을 당하여도 그들의 하나님 여호와께로 돌아오지 아니하며 구하지 아니하도다 에브라임은 어리석은 비

The decoration of Assyrian palaces

Assyrian kings competed to make each new palace finer than the last. Carved reliefs decorated the interior walls, while colossal man-headed lions or bulls stood as guardians of gateways. You can see many of these reliefs and figures in Rooms 6—10 and 89.

The tradition of decorating royal residences with sculpture began with Ashurnasirpal II (reigned 883—859 BC) in the North-West Palace at Nimrud. The reliefs from this and later palaces show kings hunting, fighting and engaged in religious ceremonies. Early reliefs are usually inscribed in cuneiform script with records of the exploits of the kings; later, short captions were used. Many preserve traces of paint, especially on eyes, hair and sandals.

In 612 BC the Assyrian cities were looted and destroyed by invading Babylonians and Medes. The sculptures remained buried in the ruins until the mid-nineteenth century, when many were excavated by British and French archaeologists. The area was then part of the Turkish Ottoman empire which granted excavation and export permits. As a result, London and Paris have the largest collections of Assyrian reliefs outside Iraq.

앗수르 궁전 장식 (대영 박물관)

둘기 같이 지혜가 없어서 애굽을 향하여 부르짖으며 앗수르로 가는도다"
(호 7:10~11).

북이스라엘을 하나님께서는 "이스라엘아!" 혹은 "에브라임아!" 이렇게 부르시곤 했습니다. "에브라임아!"라고 부르신 것은 북이스라엘의 첫 번째 왕이었던 여로보암이 에브라임 지파 출신이었기 때문입니다.

B.C.722년 북이스라엘은 앗수르에 의해 200년 만에 이렇게 나라의 문을 닫고 말았습니다. 그리고 앗수르는 북이스라엘에 이어 남유다에도 손을 뻗어 그들의 야욕을 본격적으로 드러내기 시작했습니다.

남유다의 외교 정책과 앗수르의 제국주의

B.C. 8세기 북이스라엘은 므나헴, 브가히야, 베가, 호세아 왕들이 차례로 다스리고 있었고, 동시대에 남유다는 아하스, 히스기야가 통치하고 있었습니다. 남유다의 아하스, 히스기야 시대는 이사야 선지자의 활동 시기입니다. 이사야 선지자는 전반기에는 아하스 왕 때문에 무척 고생하고, 후반기는 히스기야 왕을 도와가며 남유다를 앗수르로부터 구하는 일을 합니다.

남유다의 왕은 르호보암을 시작으로 아비얌, 아사, 여호사밧, 여호람, 아하시야, 아달랴, 요아스, 아마샤, 아사랴(웃시야), 요담, 아하스, 히스기야, 므낫세, 아몬, 요시야, 여호아하스, 여호야김(엘리아김), 여호야긴, 시드기야입니다.

북이스라엘과 아람의 연합군의 공격에
서 피하기 위해 '친앗수르 정책'을 폈던
아하스 왕(B.C.742년부터 16년간 재위)에게 이
사야 선지자는 끊임없이 하나님께로 외
교 노선을 바꿀 것을 요청했습니다. 이사
야가 아하스 왕에게 '친앗수르 정책'을
내려 놓으라 한 것은 세 가지 이유 때문
입니다. 첫째, 형제국 북이스라엘이 멸망당하는 데 어떤 빌미를 제공하지
말라는 것이며, 둘째, 결국 앗수르와 가까이하면 앗수르의 종교적 영향을
받을 것이 문제될 것이며, 셋째, 결국 앗수르는 반드시 침략적 속성을 드
러내는 제국주의의 본질을 벗어날 수 없을 것이기 때문입니다.

이렇게 앗수르는 하나님께서 '잠시 사용하시는 몽둥이'에 불과하다고
아무리 알려줘도 아하스 왕은 이사야 선지자의 말을 들으려 하지 않았습
니다. 오히려 자신의 국제 감각과 외교 정책에 선지자가 개입하는 것에
대해 무시하는 태도로 일관했던 것이지요.

아하스 왕은 이사야가 이미 훤하게 뚫고 있는 제국주의의 본질을 알지
못했던 것입니다. 그러자 이사야는 하나님의 세계경영 능력이 믿어지지
않으면 어떤 징조라도 구하라고 말합니다. 그러나 아하스 왕은 놀라운(?)
믿음으로 하나님을 시험하지 않겠다며 징조조차 구하지 않습니다.

이사야가 아하스에게 말합니다.
"너는 네 하나님 여호와께 한 징조를 구하되 깊은 데에서든지 높은 데

전쟁 기록 비문
〈대영 박물관〉

에서든지 구하라."

아하스가 말합니다.

"나는 구하지 아니하겠나이다. 나는 여호와를 시험하지 아니하겠나이다."

이에 이사야가 쏘아붙이듯이 말합니다.

"다윗의 집이여 원하건대 들을지어다. 너희가 사람을 괴롭히고서 그것을 작은 일로 여겨 또 나의 하나님을 괴롭히려 하느냐? 그러므로 주께서 친히 징조를 너희에게 주실 것이라. 보라 처녀가 잉태하여 아들을 낳을 것이요, 그의 이름을 임마누엘이라 하리라"(사 7:10~14 참고).

당시 상황은 북이스라엘의 멸망이 기정 사실로 드러난 때였습니다. 왜냐하면 하나님께서 선지자들을 보내셔서 최후통첩을 했음에도 그들이 돌아오지 않자, 북이스라엘의 문을 닫으시기로 결정하셨기 때문입니다. 그런데 북이스라엘이 아람과 남유다 그리고 애굽과 동맹을 맺으며 앗수르에 저항해 보려는 무모한 외교를 펼치고 있었던 것입니다.

이때 하나님은 이사야를 통해 북이스라엘이 그들의 죄로 인해 곧 망하게 되기는 하지만, 남유다가 북이스라엘이 망하는 데 돕기까지는 하지 말라는 것이었습니다. 왜냐하면 북이스라엘과 남유다는 형제라는 것이 하나님의 말씀입니다.

그런데 아하스 왕은 이사야의 말을 듣지 않고 앗수르를 동원해 북이스라엘이 망하는 데 결국 돕는 결과를 초래하고 만 것입니다. 위에서 아하스 왕이 앗수르 왕에게 썼던 편지를 기억하시지요.

결국 북이스라엘과 아람으로부터 남유다를 돕겠다는 명분으로 내려왔던 앗수르는 그들의 의도대로, 그리고 남유다의 요청대로 북이스라엘과 아람을 멸망시켰습니다.

그러자 남유다는 앗수르에 감사의 표시를 하기 위해 많은 조공을 가지고 앗수르에 사신을 보내야 했습니다. 국제 관계에서 말로 적당히는 있을 수 없습니다. 오직 'give & receive'가 확실히 있을 뿐이지요.

"아하스가 여호와의 전과 왕궁과 방백들의 집에서 재물을 가져다가 앗수르 왕에게 주었으나 그에게 유익이 없었더라"(대하 28:21).

아하스는 그 시대에 그렇게 훌륭한 선지자 이사야의 조언을 듣고도 하나님께로 외교 노선을 바꿀 생각을 끝까지 하지 않았습니다. 죽는 날까지 강대국 앗수르를 의지하며, 그의 아들 히스기야도 자신의 뒤를 따르도록 만드는 일을 했을 뿐입니다.

그리고 이미 바알과 아세라 우상들이 가득한 남유다에 앗수르의 신들까지 수입해서 하나님의 진노를 한 몸 가득 받으며, 그의 아들 히스기야에게 왕위와 나라의 위기를 함께 물려주고 죽었습니다.

남유다는 이후 약 150년을 더 버티다가 앗수르가 아닌 바벨론에 의해 나라의 문을 닫게 됩니다. 이제부터 그 150년 이야기가 이어집니다.

남유다 아하스 왕의 치명적 실수

앗수르 왕에게 "나는 왕의 신복이요, 왕의 아들이라."라는 굴욕적인 편지를 썼던 아하스 왕은 자기 마음대로 성전과 왕궁 곳간에 있는 은과 금을 앗수르 왕에게 뇌물로 바쳤습니다. 자기 왕실의 것을 바치는 것도 모자라, 하나님의 성전에 있어야 할 것들을 앗수르 왕에게 바쳤다는 것은 일단 큰 잘못입니다.

그런데 거기서 한 발 더 나아가 아하스가 참담한 일을 또 벌이는 것을 우리는 보아야 합니다. 이것은 단순히 굴욕 외교를 넘어 아하스의 '치명적 실수'라고밖에 표현할 길이 없습니다.

아하스 왕이 앗수르의 왕 디글랏 빌레셀 3세를 만나러 다메섹에 갔다가 거기 있는 제단을 보고 그 제단의 모든 구조와 제도의 양식을 그려 제사장 우리야에게 보냅니다. 그러자 아하스 왕이 다메섹에서 돌아오기 전에 제사장 우리야는 제단을 만듭니다.

왕이 다메섹에서 돌아와 제단을 보고 제단 앞에 나아가 그 위에 제사를 드리는데, 자기의 번제물과 소제물을 불사르고 또 전제물을 붓고 수은제 짐승의 피를 제단에 뿌립니다. 그리고 또 여호와의 앞 곧 성전 앞에 있던 놋제단을 새 제단과 여호와의 성전 사이에서 옮겨다가 그 제단 북쪽에 그것을 둡니다.

아하스 왕이 제사장 우리야에게 명령합니다.

"아침 번제물과 저녁 소제물과 왕의 번제물과 그 소제물과 모든 국민의 번제물과 그 소제물과 전제물을 다 이 큰 제단 위에 불사르고, 또 번제물의 피와 다른 제물의 피를 다 그 위에 뿌리라. 오직 놋제단은 내가 주께 여쭐 일에만 쓰게 하라."

제사장 우리야는 아하스 왕의 모든 명령대로 행합니다(왕하 16:10~16 참고).

앗수르는 아람과 북이스라엘을 포함한 많은 나라들을 정복하고 개선식을 거행하면서 남유다의 아하스를 초대했었습니다. 개선식 하면 우리는 주로 로마를 생각합니다. 로마의 개선식은 할리우드 영화를 통해 본 기억이 있기 때문이겠지요.

개선식은 전쟁을 승리로 끝냈을 경우, 백성에게 전쟁의 승리를 알리고, 전리품들을 보여주며, 전쟁에서 전사한 군인들의 가족들에게 위로와 명예와 경제적 보상을 해주는 것이 그 목적입니다. 그때, 전사한 군인들을 위해서는 종교적 의식이 반드시 필요합니다. 종교를 통해 승화하지 않으면 전사라는 것을 받아들이기가 쉽지 않기 때문입니다. 이는 동서고금을 막론하고 아군의 희생 문제를 처리하는 가장 효과적인 방법이기도 합니다.

로마의 경우 개선식은 개선장군이 4필의 백마가 끄는 마차를 타고 퍼레이드를 한 후에, 전쟁의 신에게 참배하고 그 신전의 문을 닫음으로 전쟁이 끝났다는 것을 국민들에게 알리는 것이었습니다. 그리고 전쟁에 참전한 군인들과, 전사한 군인가족들에게 전리품을 주어 그들에게 위로가 될 만큼의 경제적 보상을 하는 것이었습니다.

앗수르의 개선식도 전리품을 보여주는 것 이상으로, 전쟁에서 죽은 수많은 군인들을 위로하는 데 그 초점을 맞췄을 것입니다. 대형 기획사가 그 행사를 진행했겠지요.

그런데 아하스가 보기에 그 행사가 멋이 난다고 생각했던지 따라하고

아슈르바니팔 궁전의 기둥 패터 부조 (대영 박물관)

싶었던 것 같습니다. 하나님께서 이미 레위기에 제정하신 제사법에 무슨 더할 것이 있다고, 앗수르의 개선식을 흉내낸 것입니다.

앗수르의 개선식에 참여했던 아하스가 그곳에서 큰 감명을 받고 돌아와서 한 일은 예루살렘에 앗수르 신(神)을 수입하고, 앗수르식으로 제단을 세우며, 앗수르 신에게 직접 제사를 드리는 일이었습니다. 그리고 하나님께 제사 드리는 성전 앞에 있던 놋단을 새로 지은 앗수르 신전과 성전 사이에서 옮겨다가 그 단 북편에 두게 한 것입니다.

또 제사장에게 아침 번제, 저녁 번제, 왕의 번제, 소제와 국민의 번제, 소제와 전제를 모두 앗수르 제단에서 앗수르 신에게 제사로 드리라고 명령을 내렸습니다. 제사장은 아하스의 명령대로 매일 앗수르 신에게 제사하는 일을 실행했습니다. 이사야 선지자가 몸져눕지 않았을까 싶습니다.

더 나아가서 아하스는 안식일에 사용하기 위하여 성전에 건축한 낭실과 왕이 밖에서 들어가는 낭실을 앗수르 왕의 마음에 들게 하기 위해 마음대로 옮겨 놓았습니다. 아하스의 눈에는 강대국 앗수르 왕이 하나님보다 훨씬 크게 보였던 것입니다.

"아하스 왕이 물두멍 받침의 옆판을 떼내고 물두멍을 그 자리에서 옮기고 또 놋바다를 놋소 위에서 내려다가 돌판 위에 그것을 두며, 또 안식일에 쓰기 위하여 성전에 건축한 낭실과 왕이 밖에서 들어가는 낭실을 앗수르 왕을 두려워하여 여호와의 성전에 옮겨 세웠더라"(왕하 16:17~18).

사실 레위기에서 주신 제사 양식은 그 자체로 이미 손볼 것이 없습니다. 하나님께서 직접 설계하신 것이기 때문입니다. 그런데 아하스는 이 난리를 쳐 놓고 죽었습니다. 그럼에도 불구하고 이사야 선지자는 이제 아하스의 아들 히스기야에게 또다시 희망을 걸고 하나님의 말씀을 전하기 시작합니다. 하나님의 종이 해야 할 일이기 때문이겠지요.

이사야 선지자(B.C. 8세기)와 히스기야의 국방 외교 정책 대결

이사야 선지자의 이름 뜻은 '여호와는 구원이시다'입니다. 이사야는 그의 이름의 뜻 자체가 그의 사역의 주제였다고 할 수 있습니다. 강대국이 구원이 아니라, 하나님이 구원이시라는 것을 전하기 위해 심지어는 3년 동안이나 벗은 몸으로 예루살렘으로 출근하기까지 했을 정도입니다. 당대의 지성인이었던 이사야가 그렇게까지 한 것은 백성이 하나님께로 돌아오지 않으면 그보다 더한 수치를 당하게 될 것이라는 경고였습니다.

그때에 여호와께서 아모스의 아들 이사야에게 말씀하십니다.
"갈지어다. 네 허리에서 베를 끄르고 네 발에서 신을 벗을지니라."
이사야는 하나님의 말씀대로 벗은 몸과 벗은 발로 다닙니다.

여호와께서 말씀하십니다.

"나의 종 이사야가 삼 년 동안 벗은 몸과 벗은 발로 다니며 애굽과 구스에 대하여 징조와 예표가 되었느니라"(사 20:2~3 참고).

전쟁 기록 비문
(대영 박물관)

이상한 결혼을 해야 했던 호세아 선지자나, 눈물로 눈이 상할 정도로 울면서 말씀을 전한 예레미야 선지자나 선지자의 삶이 정말 녹록치 않았음을 우리에게 보여줍니다.

남유다에서 예언한 이사야는 아하스 왕과 히스기야 왕 시대를 살면서 그 시대를 하나님께로 돌아오게 하기 위해 그의 삶 전체를 바쳐서 말로, 몸으로, 그리고 실천으로 예언하며 살았던 선지자였습니다. 이사야 시대는 앗수르가 강대국으로 제국주의를 펼치며 고대 근동을 벌벌 떨게 하던 시대였고, 신흥 세력 바벨론이 점점 세력을 키우며 호시탐탐 앗수르를 넘보며 자신들의 시대를 열 준비를 하던 때였습니다.

그 와중에 애굽은 과거의 명성을 되찾아 자신들의 위치를 지켜내려는 막바지 노력을 다하고 있었습니다.

이사야 선지자는 친앗수르 정책으로 일관한 아하스 왕과 전반전을 치르느라 무척 애를 먹었습니다. 그리고 이사야 선지자의 후반기는 히스기야 왕이 하나님을 의지하게 만드는 일에 주력하면서 보내게 됩니다. 이사야는 또한 '메시아'에 관한 예언을 포함해서 많은 나라들에 대해서도 예언을 했는데, 그의 예언의 내용은 분량이 많아 66장이나 됩니다.

이사야의 후반기 파트너이자 이사야와 국방 외교 정책 대결을 벌였던 히스기야를 본격적으로 살펴보겠습니다.

히스기야는 25세에 남유다의 왕이 되었습니다. 그런데 히스기야 왕의 초반기 국가 경영 정책은 '자주국방'과 '반앗수르, 친애굽 외교 노선'이었습니다. 이사야 선지자는 이같은 히스기야 왕의 정책들을 비판합니다.

첫째, 자주국방에 대한 노력보다는 오히려 가난한 자를 위한 배려 같은 율법규정 준수에 국가 행정력을 집중할 것을 주문합니다.

둘째, 친애굽 외교 노선을 철회할 것이며 오직 하나님만 의지하고 강대국 중심의 국가경영이 아닌 하나님 중심의 세계경영을 믿고 따를 것을 요청합니다.

그러나 이사야의 외교적 충고를 전적으로 수용하지 못한 채 '반앗수르-친애굽' 노선을 붙들고 있는 히스기야 왕의 자세는, 결국 앗수르에게 남유다 침공에 대한 빌미를 제공합니다.

그렇게 아하스와 다르게 친앗수르 정책을 펼치지 않는 히스기야를 앗수르가 가만히 내버려둘 리가 없었습니다. 앗수르는 히스기야가 왕이 된 지 6년 만인 31세 때에 북이스라엘을 멸망시켰습니다. 그리고 남유다로 내려와 남유다의 성읍들을 하나하나 점령해 가면서 차츰 예루살렘까지 진격해올 기미를 보이기 시작합니다.

그러자 히스기야는 방백들과 용사들과 함께 예루살렘 성 밖에 모든 물

근원을 막아 앗수르의 공격에서 맞서볼 계획을 세우기 시작합니다.

이때 백성이 많이 모여 모든 물 근원과 땅으로 흘러가는 시내를 막고 말합니다.

"어찌 앗수르 왕들이 와서 많은 물을 얻게 하리요"

이에 히스기야가 힘을 내어 무너진 모든 성벽을 보수하되 망대까지 높이 쌓고 또 외성을 쌓고 다윗 성의 밀로를 견고하게 하고 무기와 방패를 많이 만듭니다(대하 32:2~5 참고).

폴 존슨의 주장에 따르면,[14] 히스기야의 이 계획은 암 하아레쯔(땅의 백성)들의 비밀스런 지원이 있었고, 실로암 터널을 개통하여 기혼 샘으로부터 성 안에 있는 물 저장소까지 물을 끌어들이고, 남는 물은 기드론 시내까지 흘러가게 하는 배수로를 마련했으며, 이로 인해 만약에 있을 앗수르의 포위 공격에도 대응할 만큼의 충분한 물이 확보되어 있었기 때문에 성공 가능성이 있었다고 합니다.

1867년에서 1870년까지의 고고학적 발굴을 통해 고고학자 캐슬린 케년(K. Kenyon)은 이 터널을 발굴하여 역사성을 이미 입증했습니다. 케년에 의하면 물을 끌어들인 거리가 1천 2백 규빗에 달했다고 합니다.[15]

히스기야는 이 공사를 시작하면서 앗수르의 공격에 대비함과 동시에 친애굽 정책을 펼쳤습니다. 그러나 히스기야의 야심찬 공사에도 불구하고 앗수르는 유다의 모든 강한 성읍들을 다 점령하고 마침내 예루살렘까지 에워싸고 말았습니다.

---

14) 폴 존슨, 『유대인의 역사 1』, 김한성 옮김(파주: 살림출판사, 2005), pp.172~173.
15) Ibid., p.173.

그러자 히스기야가 할 수 없이 그의 아버지에게서 배운 것들을 순서대로 실천하기 시작합니다. 첫째는 앗수르 왕에게 굴욕 편지 쓰기, 둘째는 앗수르 왕에게 성전과 왕궁 곳간에 있는 은과 금 바치기였습니다.

히스기야 왕 14년에 앗수르의 왕 산헤립이 올라와서 유다 모든 견고한 성읍들을 쳐서 점령합니다. 유다의 왕 히스기야는 라기스로 사람을 보내어 앗수르 왕에게 말합니다.

"내가 범죄하였나이다. 나를 떠나 돌아가소서. 왕이 내게 지우시는 것을 내가 당하리이다."

그러자 앗수르 왕이 은 300달란트와 금 30달란트를 정하여 유다 왕 히스기야에게 내게 합니다. 히스기야가 이에 여호와의 성전과 왕궁 곳간에 있는 은을 다 주었고 모자라는 금을 채우느라 성전과 왕궁의 모든 기둥에 입힌 금을 벗기기까지 합니다(왕하 18:13~16 참고).

어떻게 금 30달란트를 만들지 못해 성전 문과 기둥에 입힌 금을 벗기고 있는지 히스기야 시대의 경제 형편이 안쓰럽기 그지없습니다. 다윗 시대와 비교하면 확실히 그 차이를 확인할 수 있습니다.

다윗은 그의 아들 솔로몬에게 성전 건축을 당부하면서, 은 100만 달란트와 금 10만 달란트를 준비해 주었습니다. 그리고 솔로몬에게 더 많이 준비해서 성전 건축에 헌금할 것을 당부하기까지 했습니다.

"이제 내 아들아 여호와께서 너와 함께 계시기를 원하며 네가 형통하여 여호와께서 네게 대하여 말씀하신 대로 네 하나님 여호와의 성전을 건축하며 …… 내가 환난 중에 여호와의 성전을 위하여 금 십만 달란트와

은 백만 달란트와 놋과 철을 그 무게를 달 수 없을 만큼 심히 많이 준비하였고 또 재목과 돌을 준비하였으나 너는 더할 것이며 또 장인이 네게 많이 있나니 곧 석수와 목수와 온갖 일에 익숙한 모든 사람이니라. 금과 은과 놋과 철이 무수하니 너는 일어나 일하라. 여호와께서 너와 함께 계실지로다"(대상 22:11,14~16).

솔로몬 시대 예루살렘 성전의 모습은 이렇습니다.
"솔로몬이 정금으로 외소 안에 입히고 내소 앞에 금사슬로 건너지르고 내소를 금으로 입히고 온 성전을 금으로 입히기를 마치고 내소에 속한 제단의 전부를 금으로 입혔더라"(왕상 6:21~22).

솔로몬이 또 여호와의 성전의 모든 기구를 만들었으니 이는 곧 금 단과 진설병의 금 상과 내소 앞에 좌우로 다섯씩 둘 정금 등잔대며, 또 금 꽃과 등잔과 불집게며, 또 정금 대접과 불집게와 주발과 숟가락과 불을 옮기는 그릇이며, 또 내소 곧 지성소 문의 금 돌쩌귀와 성전 곧 외소 문의 금 돌쩌귀였습니다. 이에 솔로몬은 그의 아버지 다윗이 드린 물건 은과 금과 기구들을 가져다가 여호와의 성전 곳간에 두게 합니다(왕상 7:48~51 참고).

다윗은 금 10만 달란트를 성전 건축을 위해 준비하고도, 하나님의 성전을 사모하는 마음으로 또 여분으로 오빌의 금 3,000달란트를 헌금했습니다.
그러자 다윗의 측근들도 금 5,000달란트를 또 헌금했습니다. 그러니 예루살렘 성전에 사용된 '금'만 해도 어림잡아 10만 8천 달란트가 들어간 것입니다.

다윗이 말합니다.

"성전을 위하여 준비한 이 모든 것
외에도 내 마음이 내 하나님의 성전
을 사모하므로 내가 사유한 금, 은으
로 내 하나님의 성전을 위하여 드렸
노니 곧 오빌의 금 삼천 달란트와 순

은 칠천 달란트라. 모든 성전 벽에 입히며 금, 은그릇을 만들며 장인의 손
으로 하는 모든 일에 쓰게 하였노니 오늘 누가 즐거이 손에 채워 여호와
께 드리겠느냐."

이에 모든 가문의 지도자들과 이스라엘 모든 지파의 지도자들과 천부
장과 백부장과 왕의 사무관이 다 즐거이 드리되 하나님의 성전 공사를 위
하여 금 5,000달란트와 금 10,000다릭, 은 10,000달란트와 놋 18,000달란
트와 철 100,000달란트를 드리게 됩니다(대상 29:3~7 참고).

그런데 히스기야 시대에 앗수르에게 보낼 조공으로 금 30달란트가 없
어서 성전과 왕궁의 기둥에 입힌 금을 벗기고 있다니, 그동안 여러 강대
국들에게 빼앗기고 바친 조공이 얼마나 상상초월할 만큼의 액수인지 짐
작이 갈 것입니다.

히스기야가 진짜 어려움에 처하게 된 것은 히스기야가 왕이 된 지 14년
째인 39세 때입니다. 정말 어려움에 처하자, 비로소 히스기야가 이사야를
부릅니다. 이때부터 히스기야는 본격적으로 이사야의 도움과 조언을 들으
며 나라를 살려가기 시작합니다.

앗수르의 언어 천재 랍사게의 무지

히스기야가 왕이 된 지 14년째인 39세 때에 앗수르 왕 산헤립이 다시 남유다의 예루살렘을 제외한 모든 성읍들을 빼앗아 점령합니다. 그리고 산헤립은 랍사게에게 라기스로부터 대군을 거느리게 하여 히스기야에게로 가게 합니다. 그러자 랍사게가 세탁업자의 터의 대로 윗못 수도 곁에 진을 치고 히스기야의 궁내 대신과 서기관과 사관에게 앗수르 왕 산헤립의 뜻을 전합니다(사 36:1~3 참고).

지금으로 말하면 랍사게는 세계 공용어인 영어와 같은 아람어를 말할 수 있으면서도, 유창한 유다 방언으로 히스기야의 대신들에게 말을 합니다. 그런데 히스기야의 대신들만 듣게 하는 것이 아니라, 성 위에 있는 백성이 다 알아듣도록 큰 소리로 말하는 게 아니겠습니까?

그러자 히스기야의 대신들인 엘리아김과 셉나와 요아가 랍사게에게 말합니다.

"성 위에 백성이 알아듣는 유다 방언 말고, 우리 아람어로 이야기하자."라고 제안합니다. 지금 표현으로 치면 "우리 영어로 하자."라는 것과 같습니다.

그러자 랍사게가 하는 말이 자기 왕이 자기와 같이 남유다의 말까지 유창하게 잘하는 장수를 보낸 것은, 너희 대신들과 남유다 백성이 모두 랍사게 자신의 대변과 소변을 먹고 마실 사람들이기 때문에 남유다의 말로 다 알아듣게, 더 크게 말하게 하기 위함이라며 히스기야 대신들의 제안을 한마디로 딱 잘라 거절합니다.

그렇다면 랍사게는 그의 자국어인 앗수르어와 당시 근동의 공용어인 아람어와 유다 방언까지 유창하게 말하는 언어 천재였다는 것입니다. 그런데 그 언어 천재 랍사게의 입에서 나오는 말의 내용이 무지하기가 이를 데 없다는 것이 문제입니다.

랍사게가 일어서서 유다 방언으로 더 크게 소리지릅니다.

"너희는 대왕 앗수르 왕의 말씀을 들으라. 왕의 말씀에 너희는 히스기야에게 미혹되지 말라. 그가 능히 너희를 건지지 못할 것이니라. 히스기야가 너희에게 여호와를 신뢰하게 하려는 것을 따르지 말라. 그가 말하기를 여호와께서 반드시 우리를 건지시리니 이 성이 앗수르 왕의 손에 넘어가지 아니하리라 할지라도 히스기야의 말을 듣지 말라.

앗수르 왕이 또 이같이 말씀하시기를 너희는 내게 항복하고 내게로 나아오라. 그리하면 너희가 각각 자기의 포도와 자기의 무화과를 먹을 것이며 각각 자기의 우물 물을 마실 것이요"(사 36:13~16).

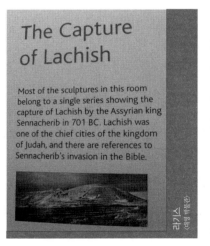

The Capture of Lachish

Most of the sculptures in this room belong to a single series showing the capture of Lachish by the Assyrian king Sennacherib in 701 BC. Lachish was one of the chief cities of the kingdom of Judah, and there are references to Sennacherib's invasion in the Bible.

라기스 〈대영 박물관〉

"혹시 히스기야가 너희에게 이르기를 여호와께서 우리를 건지시리라 할지라도 속지 말라. 열국의 신들 중에 자기의 땅을 앗수르 왕의 손에서 건진 자가 있느냐"(사 36:18).

랍사게가 하는 말을 정리해 보면, "히스기야가 너희 대신들과 백성에게 '하나님이 우리를 구해주실 거야 라고 말하더라도 듣지 마라. 너희 하나님은 그럴 능력이 없으신 분이다. 북이스라엘도 하나님을 믿었지만 봐라, 하나님이 북이스라엘을 도와주시더냐?"라는 말입니다.

랍사게의 입에서 나오는 모든 말들은 한마디로 '쓰레기' 입니다. 그가 비록 3개 국어를 능통하게 한다 한들 그의 입에서 나오는 말의 내용이 모두 결코 입에 담아서는 안 되는 말들을 하고 있기 때문입니다.

랍사게는 150년 전 하나님께서 앗수르의 수도 니느웨(니네베)에 요나 선지자를 보내셔서 그들을 회개케 하시고, 그들을 구원한 역사를 모르는 것이었습니다. 자기나라 역사도 모르고, 하나님도 모르니, 랍사게의 말은 그저 허섭스레기일 뿐인 것입니다.

일찍이 여호와의 말씀이 아밋대의 아들 요나에게 임했습니다.

"너는 일어나 저 큰 성읍 니느웨로 가서 그것을 향하여 외치라. 그 악독이 내 앞에 상달되었음이니라"(욘 1:2).

여호와께서 말씀하십니다.

"네가 수고도 아니하였고 재배도 아니하였고 하룻밤에 났다가 하룻밤에 말라 버린 이 박넝쿨을 아꼈거든 하물며 이 큰 성읍 니느웨에는 좌우를 분변하지 못하는 자가 십이만여 명이요 가축도 많이 있나니 내가 어찌 아끼지 아니하겠느냐"(욘 4:10~11).

앗수르 장수 랍사게가 남유다 말로 한참을 떠들었으나, 히스기야의 대신들은 아무 대꾸도 하지 않았습니다. 히스기야가 이미 대꾸하지 말 것을 말해 놓았을 뿐 아니라, 대꾸할 가치도 없었기 때문입니다.

"그러나 그들이 잠잠하여 한 말도 대답하지 아니하였으니 이는 왕이 그들에게 명령하여 '대답하지 말라' 하였음이었더라"(사 36:21).

앗수르 군대 18만 5천 명의 죽음에 대한 헤로도토스의 기록

히스기야가 그의 대신들을 통해 랍사게가 한 말을 전해 듣습니다. 그러자 히스기야는 참담함을 이기지 못하고 그의 옷을 찢고 굵은 베옷을 입고 성전으로 올라갑니다.

히스기야 왕이 성(城) 밖이 아닌 성전(聖殿)으로 간 일은 너무나도 잘한 일입니다. 만일 히스기야가 그의 아버지 아하스 같았다면, 왕의 옷을 계속 입고 왕궁 바깥으로 나가서 랍사게에게 항복을 했을 것이기 때문입니다.

그리고 히스기야는 이 사태를 이사야 선지자에게 알립니다. 그러자 이사야가 다음과 같은 하나님의 말씀을 전합니다.

"너희가 들은 바 앗수르 왕의 종들이 나를 능욕한 말로 말미암아 두려워하지 말라. 보라, 내가 영을 그의 속에 두리니 그가 소문을 듣고 그의 고국으로 돌아갈 것이며 또 내가 그를 그의 고국에서 칼에 죽게 하리라 하셨느니라 하니라"(사 37:6~7).

히스기야가 앗수르 왕에게 굴욕적인 편지를 써서 기록으로 남은 것도 있지만, 히스기야의 놀라운 기도문이 성경에 기록된 것도 있습니다.

히스기야가 여호와께 다음과 같이 기도합니다.

"그룹 사이에 계신 이스라엘 하나님 만군의 여호와여

주는 천하 만국에 유일하신 하나님이시라.

주께서 천지를 만드셨나이다.

여호와여 귀를 기울여 들으시옵소서.

여호와여 눈을 뜨고 보시옵소서.

산헤립이 사람을 보내어 살아 계시는 하나님을

훼방한 모든 말을 들으시옵소서.

여호와여,

앗수르 왕들이 과연 열국과 그들의 땅을 황폐하게 하였고,

그들의 신들을 불에 던졌사오나

그들은 신이 아니라

사람의 손으로 만든 것일 뿐이요 나무와 돌이라.

그러므로 멸망을 당하였나이다.

우리 하나님 여호와여,

이제 우리를 그의 손에서 구원하사

천하 만국이 주만이 여호와이신 줄을 알게 하옵소서"(사 37:15~20).

그러자 하나님께서는 히스기야의 기도를 들으시고 이사야 선지자를 보내셔서 기도의 응답을 해주십니다(사 37:21~32 참고). 하나님께서는 이사야 선지자를 통하여 앗수르 왕이 라기스를 출발했으나, 예루살렘에는 도착하지 못할 것이며, 화살 한 발도 쏘지 못하고, 방패를 가지고 성에 가까이 오지도 못하며, 오던 길로 돌아갈 것이라고 자세히 예언해 주십니다(사 37:33~34 참고).

그런데 하나님께서 예루살렘 성을 이렇게까지 보호해 주시는 이유가 바로 '내 종 다윗을 위하여' 라는 것입니다. 자신은 백향목 궁에 거하면서 하나님의 궤가 휘장 가운데 있는 것에 대해 송구해하며 성전을 건축하고자 하는 마음을 품었던 것에 대해, 하나님께서 기뻐하시며 다윗의 집과 다윗의 나라가 견고할 것을 약속해 주셨던 것을 말씀하고 계신 것입니다. 하나님의 약속은 신실하시고 아름다우십니다.

헤로도토스 흉상 〈그리스 크레타 박물관〉

"대저 내가 나를 위하며 내 종 다윗을 위하여 이 성을 보호하며 구원하리라 하셨나이다 하니라"(사 37:35).

"네 집과 네 나라가 내 앞에서 영원히 보전되고 네 왕위가 영원히 견고하리라 하셨다 하라. 나단이 이 모든 말씀들과 이 모든 계시대로 다윗에게 말하니라"(삼하 7:16~17).

그리고 그날 밤 앗수르의 18만 5천 명은 모두 죽고 맙니다. 성경은 아침에 일찍이 일어나 보니 시체뿐이었고, 여호와의 사자가 앗수르 진중에서 18만 5천 명을 쳤다고 기록하고 있습니다.

"여호와의 사자가 나가서 앗수르 진중에서 십팔만 오천인을 쳤으므로 아침에 일찍이 일어나 본즉 시체뿐이라"(사 37: 36).

폴 존슨은 헤로도토스의 『역사』를 인용하면서 이 사건을 쥐들이 전염시킨 '페스트'라고 기록하고 있습니다.[16] 유대의 역사가 요세푸스도 헤로도토스의 『역사 제2권』을 자신의 책 『유대고대사』에서 언급하면서 "하룻밤에 수많은 쥐 떼가 나타나 앗수르 군의 활과 그 밖의 무기를 갈기갈기 쪼아 놓았다."[17]라고 기록하고 있습니다.

또한 요세푸스는 "랍사게가 이끄는 그의 부대가 전염병으로 인해 큰 어려움에 직면해 있는 것을 보았다. 왜냐하면 신께서 그의 군대에 무서운 전염병을 내리셔서 성을 공격하는 첫날밤에 185,000명이나 되는 병사들이 – 그 속에는 지휘관과 장교들도 포함되어 있었는데 – 죽었기 때문이다."라고 기록하고 있습니다.[18]

어쨌든 하룻밤 사이에 앗수르의 주력부대 18만 5천 명이 갑자기 죽었다는 것은 정말 믿기 어려울 정도로 놀라운 일이 아닐 수 없습니다.

이렇게 갑자기 모든 군인들이 죽자, 앗수르 왕 산헤립은 니느웨(니네베)로 돌아갈 수밖에 없었고, 돌아가서는 자기 아들들에게 칼로 살해를 당하고 맙니다. 그러면서 앗수르의 국력은 무서운 속도로 쇠퇴의 길을 걷게 됩니다.

"이 밤에 여호와의 사자가 나와서 앗수르 진영에서 군사 십팔만 오천 명을 친지라. 아침에 일찍이 일어나 보니 다 송장이 되었더라. 앗수르 왕 산헤립이 떠나 돌아가서 니느웨에 거주하더니 그가 그의 신 니스록의 신전에서 경배할 때에 아드람멜렉과 사레셀이 그를 칼로 쳐죽이고, 아라랏 땅으로 그들이 도망하매 그 아들 에살핫돈이 대신하여 왕이 되니라"(왕하 19:35~37; 사 37:36~38 참고).

---

16) 폴 존슨, 『유대인의 역사 1』, 김한성 옮김(파주: 살림출판사, 2005), p.173.
17) 플라비우스 요세푸스, 『요세푸스 I : 유대고대사』, 김지찬 옮김(서울: 생명의말씀사, 2010), p.623.
18) Ibid., p.624.

나훔 선지자(B.C. 7세기)와 앗수르

150년 전에 앗수르의 수도 니느웨(니네베)는 요나의 전도를 받고 왕에서부터 모든 백성이 회개함으로 말미암아 하나님의 용서를 받고 구원을 받았었습니다.

그런데 150년 만에 앗수르는 더 이상 하나님의 긍휼을 기대할 수 없을 만큼, 즉 하나님께 중한 경고를 들어야 할 만큼 고장나 버렸습니다. 결국 하나님께서는 나훔 선지자를 통해 앗수르의 멸망을 예언하게 하십니다.

"니느웨에 대한 경고 곧 엘고스 사람 나훔의 묵시의 글이라"(나 1:1).

나훔 선지자는 니느웨(니네베)가 범람한 물로 진멸될 것이며, 하나님께서 니느웨(니네베)를 흑암으로 쫓아내실 것이라고 완전한 멸망을 말씀하십니다.

"그가 범람하는 물로 그 곳을 진멸하시고 자기 대적들을 흑암으로 쫓아내시리라"(나 1:8).

'범람한 물'이 바로 앗수르 유적의 키워드입니다. 티그리스 강의 강물이 니느웨(니네베)를 덮어 그 위에 토사가 쌓여 있었기에 니느웨(니네베)는 그 흔적을 발견할 수 없었던 것입니다.

150년 전 요나 선지자를 통해 은혜와 긍휼을 베푸셨던 하나님은 이제 나훔 선지자를 통해서는 니느웨(니네베)에 대한 완전한 멸망을 가차 없이 말씀하십니다. 반드시 멸절하시겠다는 것입니다. 반드시 멸절될 것이기

전쟁 기록 비문
(대영 박물관)

때문에 더 이상 괴롭게 할 것도 없다고까지 말씀하십니다.

여호와께서 이같이 말씀하십니다.

"그들이 비록 강하고 많을지라도 반드시 멸절을 당하리니 그가 없어지리라. 내가 전에는 너를 괴롭혔으나 다시는 너를 괴롭히지 아니할 것이라"(나 1:12).

하나님께서는 나훔 선지자를 통해 앗수르를 고칠 수 없고, 앗수르가 망했다는 소식에 모두들 손뼉을 칠 것이라고 말씀하십니다. 왜냐하면 고대 근동에 앗수르로 인해 고통 받지 않은 나라가 없기 때문이라는 것이지요. 이것이 제국의 말로입니다.

"앗수르 왕이여,
네 목자가 자고 네 귀족은 누워 쉬며 네 백성은 산들에 흩어지나
그들을 모을 사람이 없도다.
네 상처는 고칠 수 없고 네 부상은 중하도다.

네 소식을 듣는 자가 다 너를 보고 손뼉을 치나니

이는 그들이 항상 네게 행패를 당하였음이 아니더냐 하시니라"

(나 3:18~19).

앗수르 제국의 멸망(B.C.609)

B.C.609년 신흥 강대국 바벨론에게 앗수르는 수백 년을 이어온 상(上)
아시아의 주인 자리를 완전하게 내주어야 했습니다. 앗수르의 수도 니느
웨(니네베)는 B.C.612년 이미 바벨론에게 함락되었고 하란으로 수도를 옮
긴 앗수르는 바벨론의 하란 공격으로 인해 B.C.610년 하란까지 내주어야
했습니다. 그러나 앗수르 제국을 계승할 야심을 품고 앗수르 패잔병들과
함께 바벨론을 대항하려 했던 애굽의 바로 느고가 B.C.609년 하란을 재탈
환하려다 실패함으로 말미암아 앗수르는 B.C.609년 제국으로서의 깃발을
완전히 뽑아야만 했습니다. 그렇게 잔인하고 무섭던 앗수르의 왕들도 모
두 사라지고, 앗수르 왕의 마지막 모습은 왕궁에 불을 질러 스스로 자기
목숨을 버리는 비겁함 그 자체였습니다.

나훔의 예언대로 앗수르의 멸망은 고대 근동 많은 나라들로 하여금 박
수를 칠 만큼 기쁜 소식이 되었습니다. 왜냐하면 앗수르는 오랜 세월 제
국주의를 펼치면서 매우 잔인한 방법으로 피지배 민족들을 통치했기 때
문입니다.

몇몇 앗수르 왕들의 어록들을 보면 다음과 같습니다.[19]

---

19) 아놀드 C. 브랙만, 『니네베 발굴기』, 안경숙 옮김(서울: 대원사, 1990), pp.12~13.

앗수르나시르팔 왕은 "짐은 잔인하고 …… 전쟁에서 선두를 달리는 온 천하의 왕이며 …… 굴복하지 않은 자들을 모두 짓밟아 버리고, 온 세상 사람들을 내 손아귀에 넣었느니라."라고 말했습니다.

살만에셀 왕은 자기 자신을 "온 백성의 태양이며 온 나라의 군주"라고 칭했으며, 디글랏 빌레셀 왕은 "내 손은 42개 나라들과 그 왕들을 정복하였고 …… 그들을 강력한 내 통치하에 눌러놓았다."라고 자랑했습니다.

산헤립 왕은 자기 자신을 "공포로 몸을 감싼, 힘이 센 영웅"이라고 했으며, 에살핫돈 왕은 자기 자신을 "모든 것을 삼켜 버리는 꺼질 줄 모르는 불이며 …… 적군의 땅을 몽땅 파괴해버리는 가차 없는 무기"라고 했습니다.

앗수르바니팔 왕은 자기 자신을 "들판을 …… 피로 가득 채우는 …… 무시무시한 허리케인(태풍)"이라 표현했습니다.

다음은 앗수르 왕의 어느 기념비에 새겨진 문구입니다.[20]

"나는 귀족들의 껍데기를 벗겼고, 3,000명의 포로들을 불에 태워 죽였다. 나는 한 명의 포로도 남겨 두지 않았다. 나는 그들의 손과 발을 자르고, 코와 귀를 베어 내기도 하였다. 수많은 병졸들의 눈을 도려내기도 하

---

20) 아놀드 C. 브랙만, 『니네베 발굴기』, 안경숙 옮김(서울: 대원사, 1990), p.15.

The Assyrian Empire in the seventh century BC

For most of the seventh century Nineveh was the capital of the Middle East, a rich and cosmopolitan city with superb palaces built by Sennacherib and Ashurbanipal, but the empire was increasingly vulnerable to internal and external threats.

While the palace of Sennacherib (704-681 BC) was decorated with extensive scenes of warfare, this king seems in practice to have avoided new military commitments, preferring to stabilise the imperial frontiers. His son Esarhaddon (680-669 BC) became involved in invading Egypt, however, and the next king, Ashurbanipal (668-627 BC), was faced with a succession of military problems at home and abroad.

Particular difficulties were presented by Babylon, a proud city which was reluctant to accept Assyrian rule. Sennacherib's solution was to destroy it, but it was rebuilt by his son and thereafter caused persistent trouble. At one stage Ashurbanipal's own brother became king of Babylon, and the two fought a civil war. Eventually it was the king of a newly independent Babylon who, in 612 BC, in alliance with Iranian forces, captured and sacked Nineveh itself.

B.C. 7세기 앗수르 제국 (대영 박물관)

였으며, 처녀들을 통째로 굽기도 하였다."

그 후 바벨론에 의해 이미 점령되어 있던 앗수르의 수도 니느웨(니네베)는 나훔의 예언대로 홍수로 물이 범람해 도시 위로 6m나 토사가 쌓여 B.C.609년부터 A.D.1846년까지, 2,450년 이상 그 존재를 깊은 땅 속에 묻어두게 됩니다.

하나님의 마음에 합했던 통치자 다윗과 앗수르 왕들의 어록을 비교해 보면 하늘과 땅입니다. 앗수르 왕들은 교만하고 잔인하며 하나님을 두려워하지 않았습니다. 그러나 다윗은 왕의 자리에 올라서도 하나님 나라의 '종'임을 인식하고, 이스라엘 백성을 '주의 백성'으로 섬겼습니다.

앗수르 왕은 자신을 '온 백성의 태양이며 온 나라의 군주'라고 했으나, 다윗은 '주는 나의 목자이며 나는 주의 양'이라고 말했습니다. 앗수르 왕은 '굴복하지 않은 자들을 모두 짓밟아 버리고, 온 세상 사람들을 내 손아귀에 넣었느니라.'라고 교만했으나, 다윗은 '주께서 주의 백성 이스라엘을 세우사 영원히 주의 백성을 삼으셨사오니 여호와여 주께서 그들의 하나님이 되셨나이다.'(삼하 7:24)라고 기도했습니다.

하나님의 세계경영

앗수르 제국 경영 키워드는 '경계'였습니다. 앗수르는 정복한 나라의 민족의 경계를 무너뜨려 혼혈족들을 만들어 각 민족의 독특성을 소멸시킴으로 반란의 근원을 도려내, 그들의 제국을 영원하게 하려고 했습니다.

사마리아가 그 예입니다. 물론 하나님께서 북이스라엘의 죄가 너무 심해지자, 앗수르를 몽둥이로 들어 사용하신 것이 사실입니다. 그러나 나라와 민족과 거주의 경계는 대제국에 의해 재편성될 수 있는 그런 것이 아닙니다. 거주의 경계를 이미 태초부터 정하신 분은 하나님이시고, 고유한 각 민족들을 만드신 분도 하나님이십니다.

일찍이 앗수르 민족을 용서하시려는 하나님의 의도를 간파하고 앗수르 민족 경계를 넘지 않으려는 요나를 설득하셔서 앗수르의 수도 니느웨(니네베)로 보내 구원의 말씀을 선포하게 함으로 니느웨(니네베)의 12만 명의 생명과 가축들을 살리셨던 분이 하나님이십니다.

경계를 넘어야 하는 것은 제국의 말발굽이 아니라, 구원의 복된 소식 '복음' 이어야 합니다.

이후 북이스라엘을 점령한 앗수르가 남유다로 공격해올 때 이사야 선지자는 히스기야에게 하나님의 뜻을 전했습니다. 하나님의 뜻은 앗수르가 사마리아까지는 정복했으나, 예루살렘까지는 정복하지 못한다는 것입니다. 예루살렘은 하나님께서 다윗과 맺은 언약 때문에 지켜주신다는 것이었습니다.

앗수르가 차지할 수 있었던 땅의 경계는 사마리아까지였음을 하나님께서는 분명하게 말씀하신 것입니다.

바울을 통해서 거주의 경계는 하나님께서 정하신다고 말씀하십니다.

"인류의 모든 족속을 한 혈통으로 만드사 온 땅에 살게 하시고 그들의 연대를 정하시며 거주의 경계를 한정하셨으니"(행 17:26).

읍기를 통해서 하나님께서는 바다의 경계까지도 하나님께서 정하셨다고 말씀하십니다.

"바다가 그 모태에서 터져 나올 때에
문으로 그것을 가둔 자가 누구냐
그 때에 내가 구름으로 그 옷을 만들고
흑암으로 그 강보를 만들고
한계를 정하여 문빗장을 지르고 이르기를
네가 여기까지 오고 더 넘어가지 못하리니
네 높은 파도가 여기서 그칠지니라 하였노라"(욥 38:8~11).

이사야를 통해서 하나님께서는 세계를 경영하신다고 말씀하십니다.

"만군의 여호와께서 맹세하여 이르시되,
내가 생각한 것이 반드시 되며 내가 경영한 것을 반드시 이루리라.
내가 앗수르를 나의 땅에서 파하며 나의 산에서 그것을 짓밟으리니
그 때에 그의 멍에가 이스라엘에게서 떠나고
그의 짐이 그들의 어깨에서 벗어질 것이라.
이것이 온 세계를 향하여 정한 경영이며
이것이 열방을 향하여 편 손이라 하셨나니
만군의 여호와께서 경영하셨은즉
누가 능히 그것을 폐하며

그의 손을 펴셨은즉 누가 능히 그것을 돌이키랴"(사 14:24~27).

인간 삶의 경계를 제국이 정하지 못합니다. 거주의 경계뿐 아니라, 바다의 경계도, 시간의 경계도 결국 하나님께서 정하십니다.

BIBLE with BABYLONIAN EMPIRE
CHAPTER 2
바벨론 제국과 성경

바벨론은 오늘날 '이라크'의 옛 이름입니다.

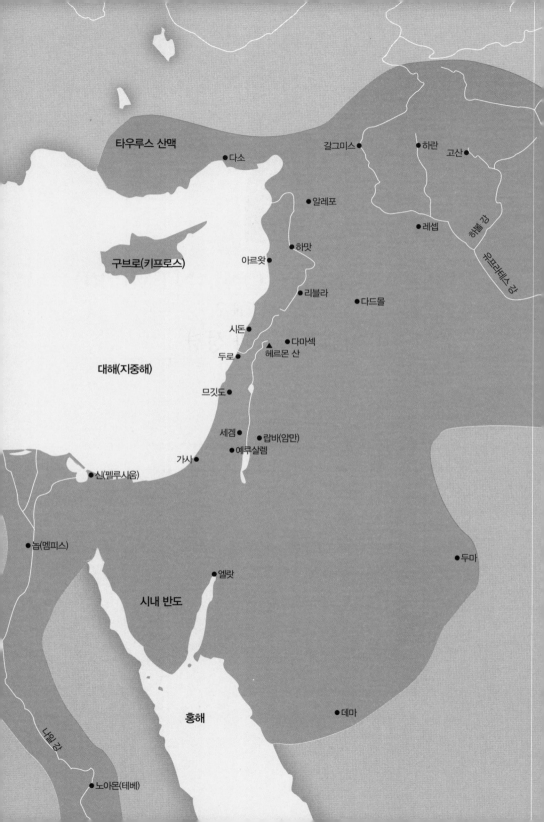

타우루스 산맥

다소 ●

갈그미스 ●   하란 ●   고산 ●

알레포 ●

구브로(키프로스)

하맛 ●

아르왓 ●

레셉 ●

유
브
라
데
스
강

리블라 ●   다드몰 ●

시돈 ●

다마섹 ●

대해(지중해)

두로 ●   ▲ 헤르몬 산

므깃도 ●

세겜 ●   랍바(암만) ●

가사 ●   예루살렘 ●

신(펠루시움) ●

놉(멤피스) ●

두마 ●

엘랏 ●

시내 반도

홍해   데마 ●

나
일
강

노아몬(테베) ●

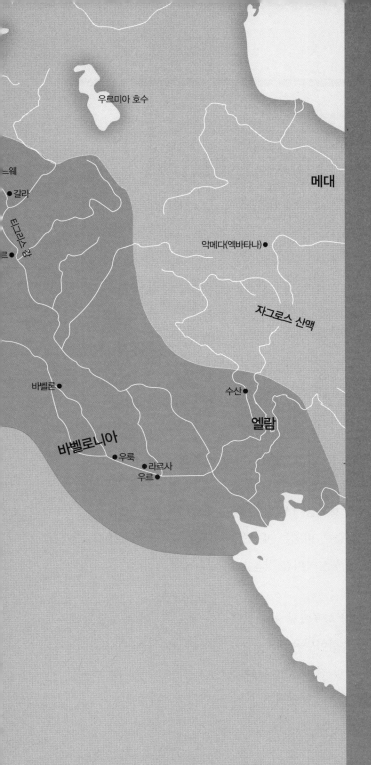

우르미아 호수

메대

느웨

갈라

티그리스 강

크

악메대(엑바타나)●

자그로스 산맥

바벨론 ●

수산 ●

바벨로니아

엘람

우룩 ●

라르사 ●
우르 ●

바벨론 제국
BABYLONIAN
EMPIRE

❧ 바벨론과 관련된 성경 ❧
예레미야, 예레미야애가, 다니엘
에스겔, 하박국, 스바냐
열왕기하, 역대하 등

Bible with
Babylonian Empire

● 히스기야 왕과 바벨론 특사

바벨론 제국은 다른 제국들에 비해 독특한 특징을 하나 가지고 있습니다. 바벨론에 관한 성경 기록은 다른 제국들에 비해 월등하게 많은 반면, 세계 역사 기록은 다른 제국들에 비해 그리 많지 않다는 것입니다.

그러나 성경의 내용들은 바벨론 제국을 이해하는 데 전혀 부족하다는 느낌이 들지 않을 만큼 풍성하다는 것을 미리 밝힙니다.

앗수르의 주력부대가 하루아침에 다 죽자, 앗수르는 더 이상 전쟁을 계속 수행할 수 없게 되고 살아남은 소수는 자기 나라로 돌아갔습니다. 이 소문은 삽시간에 고대 근동 전체에 쫙 퍼졌습니다. 강대국 앗수르가 남유다를 치러갔다가 군인들이 전멸됐다니 이 일이 어떻게 설명되겠습니까?

물론 전쟁사를 보면 점령군들이 어느 나라를 침략했다가 풍토병에 걸려 많은 군인들이 죽었다는 기록들이 꽤 있기는 합니다. 또는 많은 군인들이 함께 지내다 보면 전염병이 도는 경우도 많습니다.

때문에 전쟁을 수행하다가 죽는 것보다 풍토병이나 전염병으로 많은 군인들을 잃었다는 기록은 전쟁사에서 심심치 않게 등장합니다.

어쨌든 앗수르의 군인들 18만 5천 명이 모두 죽었다는 것은 사실입니다. 앞에 말씀드린 대로 성경은 하나님의 사자가 치셨다고 기록하고 있으며, 폴 존슨은 헤로도토스를 인용하며 페스트 즉, 쥐가 옮긴 전염병으로 군인들이 다 죽었다고 기록하고 있습니다. 요세푸스도 전염병이라고 기록하고 있고요.

앗수르의 군인들이 다 죽고, 남유다가 위기에서 벗어날 즈음에 히스기야는 안타깝게도 중한 병에 걸려 죽게 되었습니다. 이사야 선지자는 하나님의 말씀을 전하며 히스기야에게 유언을 하라고 했습니다. 이는 살아날 가망이 없다는 것입니다.

"그 때에 히스기야가 병들어 죽게 되니 아모스의 아들 선지자 이사야가 나아가 그에게 이르되, 여호와께서 이같이 말씀하시기를 너는 네 집에 유언하라. 네가 죽고 살지 못하리라 하셨나이다 하니"(사 38:1).

그러나 히스기야는 희망을 버리지 않고 하나님께 통곡하며 기도했습니다. 히스기야가 얼굴을 벽으로 향하고 여호와께 기도합니다.

"여호와여 구하오니 내가 주 앞에서 진실과 전심으로 행하며 주의 목전에서 선하게 행한 것을 기억하옵소서"(사 38:3).

요세푸스의 기록에 의하면, 히스기야가 하나님께 통곡하며 기도했던 이유는 자기가 병에 걸렸다는 사실보다 후사가 없었던 점을 더욱 안타까워했기 때문이라고 합니다.[1]

히스기야가 심히 통곡하니 이에 하나님의 말씀이 이사야에게 임합니다. "너는 가서 히스기야에게 이르기를 네 조상 다윗의 하나님 여호와께서 이같이 말씀하시기를 내가 네 기도를 들었고 네 눈물을 보았노라. 내가 네 수한에 십오 년을 더하고"(사 38:3~5 참고).

히스기야가 중병에 걸렸다가 나았다는 소식이 근동의 국제 뉴스에 또 떴습니다. 앗수르의 군대 전멸 사건으로 남유다의 히스기야 왕이 검색어 1위에 올랐던 것 같습니다.

히스기야가 병에 걸렸다가 나았다는 소식에 바벨론 왕은 남유다에 특사를 파견합니다. 바벨론 왕의 특사는 바벨론 왕의 친필 서한과 선물을 직접 가지고 방문했습니다.

"그 때에 발라단의 아들 바벨론 왕 므로닥발라단이 히스기야가 병 들었다가 나았다 함을 듣고 히스기야에게 글과 예물을 보낸지라"(사 39:1).

히스기야가 굉장히 기뻐했습니다. 당시 바벨론은 일명 '뜨는 나라' 였기 때문입니다. 바벨론은 원래 잘나가던 나라였습니다. B.C.2000년 직후

---

1) 플라비우스 요세푸스, 『요세푸스 I : 유대고대사』, 김지찬 옮김(서울: 생명의말씀사, 2010), p.625.

부터 역사에 등장했던 대단한 나라로 우리는 1왕조의 6대왕 함무라비 (B.C.1792~1750) 왕의 '함무라비 법전' 편찬에 대해 들어 친숙하기도 합니다. 이후 힛타이트 족에게 침략을 당해 약 4세기 동안 힛타이트의 다스림을 받습니다. 이후 바벨론은 애굽과 교류를 하고 앗수르와 패권을 다투는 규모의 나라로 성장합니다.

앗수르가 대제국을 형성하는 시기에 바벨론은 스스로의 내분으로 앗수르 왕 살만에셀 3세의 침략을 불러 일으키는 빌미를 제공하게 되고, 이후 바벨론은 독립을 유지했지만 사실은 앗수르의 '보호'를 받는 처지에 있게 됩니다. 그러나 바벨론은 당시에 비록 앗수르의 '보호' 아래 있었지만, 호시탐탐 앗수르를 물리치고 근동의 패권을 쥐어보려는 야심을 키우고 있었고, 강대국으로의 면모를 갖춰 나가고 있었습니다.

바로 이즈음 히스기야는 바벨론 특사의 방문에 크게 감동하여 자진해서 보물 창고와 무기고와 국내의 비밀들을 다 보여줍니다.

"히스기야가 사자들로 말미암아 기뻐하여 그들에게 보물 창고 곧 은금과 향료와 보배로운 기름과 모든 무기고에 있는 것을 다 보여 주었으니, 히스기야가 궁중의 소유와 전 국내의 소유를 보이지 아니한 것이 없는지라"(사 39:2).

바벨론의 특사는 속으로 어이가 없었을 것입니다. 앗수르의 군대를 무찌른 비밀 무기라도 있을까 생각했는데 남유다의 실상이 너무나도 초라했기 때문입니다. 얼마 전 앗수르에 보낼 금 30달란트가 없어서 성전과 왕궁의 문과 기둥의 금을 긁어냈던 일을 생각해 본다면, 예루살렘의 형편은 안 봐도 알 만하지 않습니까?

앗수르를 이긴 것은 남유다의 경제력과 국방력이 아니라, 하나님께서 하신 일인데 히스기야는 엉뚱하게 무기고와 창고를 보여줬으니 당황스러운 일이 아닐 수 없습니다. 아마 이쯤에서 히스기야는 바벨론 특사에게 하나님께서 하신 일에 대해 간증을 했어야 옳았지 않았나 생각이 듭니다.

바벨론 특사는 정치 일정을 잘 마치고, 그러나 실제로는 남유다를 잘 정탐하고 돌아갔습니다. 그리고 얼마 지나지 않아 바벨론은 메디아와 스키타이를 끌어들여 앗수르를 물리치고 상(上)아시아의 주인이 되었습니다. 바벨론은 당연한 순서로 이제 남유다와 애굽을 치기 위해 내려올 준비를 하기 시작합니다.

이사야 선지자와 바벨론

바벨론 특사가 다녀갔다는 소식에 이사야 선지자가 히스기야를 찾아옵니다. 아마 느낌이 있었나 봅니다. 그리고 묻습니다. 어느 나라에서 온 사람들이며, 무엇을 물었는지를 히스기야에게 묻습니다. 그러자 히스기야는 자신이 겪은 이야기를 늘어 놓습니다.

"그들이 원방 곧 바벨론에서 내게 왔나이다. 그들이 내 궁전에 있는 것을 다 보았나이다. 내 창고에 있는 것으로 보이지 아니한 보물이 하나도 없나이다"

그러자 이사야 선지자가 예언합니다.

"왕은 만군의 여호와의 말씀을 들으소서. 보라 날이 이르리니 네 집에 있는 모든 소유와 네 조상들이 오늘까지 쌓아 둔 것이 모두 바벨론으로 옮긴 바 되고 남을 것이 없으리라. 여호와의 말이니라. 또 네게서 태어날 자손 중에서 몇이 사로잡혀 바벨론 왕궁의 환관이 되리라 하셨나이다."

그러자 히스기야가 이렇게 말합니다.

"당신이 이른 바 여호와의 말씀이 좋소이다. 그런데 일단 연장받은 15년은 평안과 견고함이 있으리로다"(사 39:3~8 참고).

히스기야의 마지막 모습은 좀 당황스럽다는 말밖에 다른 말을 찾기가 곤란합니다.

이사야 선지자는 아하스 왕과 히스기야 왕 시대를 살면서 앗수르 제국에 이어 바벨론 제국과의 관계 속에서 남유다의 나아갈 길을 알려줍니다. 이사야 선지자는 하나님의 세계경영을 말하며 이제 남유다가 바벨론 제국에게 망하게 될 것을 예언합니다. 앗수르 제국에게서는 나라가 건져질 것을 예언한데 반해, 바벨론 제국에게는 나라를 잃게 되고 모든 것이 바벨론으로 옮겨지게 될 것을 예언해야 하는 하나님의 사람 이사야의 깊은 고뇌가 느껴집니다.

바벨론 제국 정책과 1, 2차 포로(B.C.605/B.C.598)

히스기야는 연장 받은 생명 15년을 다 살고 난 후에 죽고, 그의 아들 므낫세가 남유다의 왕이 됩니다. 므낫세는 12세에 왕이 되어 55년을 통치하는데, 그 긴 세월 동안 통치하면서 산당을 다시 세우고, 바알과 아세라를 섬기며, 신접한 자와 박수를 신임하는 등 온갖 악행이라는 악행은 다 저지릅니다. 후에 하나님께서 요시야 왕이 그렇게 잘했는데도 므낫세를 기억하시면서 남유다를 용서하지 않겠다고 하실 정도였으니까요.

"요시야와 같이 마음을 다하며 뜻을 다하며 힘을 다하여 모세의 모든 율법을 따라 여호와께로 돌이킨 왕은 요시야 전에도 없었고 후에도 그와 같은 자가 없었더라.
그러나 여호와께서 유다를 향하여 내리신 그 크게 타오르는 진노를 돌이키지 아니하셨으니 이는 므낫세가 여호와를 격노하게 한 그 모든 격노 때문이라"(왕하 23:25~26).

므낫세의 악행이 도를 넘자 하나님께서는 므낫세를 바벨론으로 끌려가게 하셨다가, 회개하자 다시 돌아와 남유다의 왕의 일을 계속하게 하셨습니다.

"여호와께서 앗수르 왕의 군대 지휘관들이 와서 치게 하시매 그들이 므낫세를 사로잡고 쇠사슬로 결박하여 바벨론으로 끌고 간지라.
그가 환난을 당하여 그의 하나님 여호와께 간구하고 그의 조상들의 하나님 앞에 크게 겸손하여 기도하였으므로 하나님이 그의 기도를 받으시며 그의 간구를 들으시사 그가 예루살렘에 돌아와서 다시 왕위에 앉게 하시매 므낫세가 그제서야 여호와께서 하나님이신 줄을 알았더라"(대하 33:11~13).

므낫세에 이어서는 아몬이 왕이 되고, 그 뒤를 이어 요시야가 남유다의 왕이 됩니다. 므깃도 전투에서 언급했던 그 왕이 바로 요시야 왕입니다.

요시야 왕은 오랜만에 '다윗의 길'로 간 남유다의 훌륭한 왕이었으나, 므깃도에서 애굽의 바로 느고와 싸우다가 전사했다는 것을 우리는 알고 있습니다. 요시야 왕이 죽자, 남유다의 백성은 요시야 왕의 아들 여호아하스를 왕으로 삼았지요.

어쨌든 므깃도 전투에서 승리한 애굽의 바로 느고가 하란까지 진격했으나, '하란'을 재탈환하지 못하고 아무 성과 없이 되돌아 내려왔던 것을 기억할 것입니다.

그때 애굽은 요시야의 아들 여호아하스를 왕의 자리에서 내려오게 하고, 요시야의 아들 여호야김을 남유다의 왕으로 삼았습니다. 그리고 여호아하스는 애굽으로 끌고 가 죽였습니다. 그런데 애굽에 의해 왕으로 세워진 여호야김이 남유다를 통치할 때에, 초기에는 애굽을 섬기며 애굽에 조공을 바치다가, 앗수르를 꺾고 근동의 새 주인이 된 바벨론이 남유다를 압박하자, 할 수 없이 바벨론을 섬기며 바벨론으로 조공을 바치기 시작합니다. 그러다 3년 만에 여호야김이 바벨론을 배신하고 다시 친애굽으로 돌아섭니다. 여호야김이 바벨론을 배신하자, 바벨론은 아람과 모압과 암몬 동맹군을 이끌고 남유다를 치러옵니다.

"여호야김 시대에 바벨론의 왕 느부갓네살이 올라오매 여호야김이 삼년간 섬기다가 돌아서 그를 배반하였더니 여호와께서 그의 종 선지자들

동북아 고대사 바룻니
(에녕 바룻관)

을 통하여 하신 말씀과 같이 갈대아의 부대와 아람의 부대와 모압의 부대와 암몬 자손의 부대를 여호야김에게로 보내 유다를 쳐 멸하려 하시니,

이 일이 유다에 임함은 곧 여호와의 말씀대로 그들을 자기 앞에서 물리치고자 하심이니 이는 므낫세의 지은 모든 죄 때문이며 또 그가 무죄한 자의 피를 흘려 그의 피가 예루살렘에 가득하게 하였음이라.

여호와께서 사하시기를 즐겨하지 아니하시니라"(왕하 24:1~4).

바벨론은 이때 남유다보다 먼저 애굽을 공격해서 애굽을 바벨론의 속국으로 만듭니다. 이 전쟁에서 가장 치열했던 전투가 바로 앞에서 언급했던 갈그미스 전투입니다.

"애굽 왕이 다시는 그 나라에서 나오지 못하였으니 이는 바벨론 왕이 애굽 강에서부터 유브라데 강까지 애굽 왕에게 속한 땅을 다 점령하였음이더라"(왕하 24:7).

B.C.605년 애굽을 점령한 바벨론이 남유다에 들러, 당시 예루살렘에 살고 있던 천재 청소년들을 인질로 끌어간 것이 '1차 바벨론 포로'입니다. 이때 끌려간 청소년이 다니엘과 세 친구들입니다.

그 후 여호야김이 죽고 B.C.598년 여호야김의 아들인 여호야긴이 18세의 나이로 왕이 되지만, 왕이 된 지 3개월만에 에스겔을 포함한 1만여 명

134
성경과 5대 제국

의 예루살렘의 우수한 인력들이 바벨론으로 끌려갈 때 여호야긴도 끌려갑니다. 이것이 '2차 바벨론 포로'입니다. 그리고 바벨론은 여호야긴의 숙부인 시드기야를 남유다의 왕으로 세웁니다. 그가 바로 남유다의 마지막 왕이 됩니다.

"바벨론 왕 느부갓네살이 올라와서 그를 치고 그를 쇠사슬로 결박하여 바벨론으로 잡아가고, 느부갓네살이 또 여호와의 전 기구들을 바벨론으로 가져다가 바벨론에 있는 자기 신당에 두었더라"(대하 36:6~7).

"그 해에 느부갓네살 왕이 사람을 보내어 여호야긴을 바벨론으로 잡아가고 여호와의 전의 귀한 그릇들도 함께 가져가고 그의 숙부 시드기야를 세워 유다와 예루살렘 왕으로 삼았더라"(대하 36:10).

바벨론은 3번에 걸쳐 남유다 백성을 포로로 끌어갑니다. 1차 포로는 다니엘과 세 친구들 즉, 4명의 천재 소년들을 잡아간 것을 말합니다. 그리고 2차 포로는 에스겔과 예루살렘의 소위 고위 연봉자들, 머리 좋은 우수 인력 1만 명을 끌어간 것을 말합니다. 1차 포로들은 느부갓네살의 '인질 교육' 프로그램을 실행하기 위해서였고, 2차 포로들은 바벨론 성을 세계 제1의 도시로 만들기 위해 최고 기술자들을 끌어간 것입니다. 3차 포로는 예루살렘에 포도 농사나 지을 최소한의 인력만 남기고 살아남은 모든 사람들을 잡아간 것입니다. 이들은 주로 하급 단순 노동에 투입되었습니다. 그럼 1차 포로와 2차 포로에 대해서 살펴보겠습니다.

위에서 언급했듯이 B.C.605년 예루살렘에서 1차 바벨론 포로로 끌려간 사람들 중에 다니엘과 3명의 천재 청소년들이 있었습니다. 바벨론의 느부갓네살은 이때 굉장한 프로젝트를 구상하고 있었는데, 그의 환관장에게 그 프로젝트 내용을 말합니다.

느부갓네살 왕이 환관장 아스부나스에게 말합니다.
"이스라엘 자손 중에서 왕족과 귀족 몇 사람, 곧 흠이 없고 용모가 아름다우며 모든 지혜를 통찰하며 지식에 통달하며 학문에 익숙하여 왕궁에 설 만한 소년을 데려와서 그들에게 갈대아 사람의 학문과 언어를 가르치게 하라"(단 1:3~4 참고).

유다에서 끌려온 10대 소년들에게 바벨론 언어와 바벨론 학문을 가르쳐 바벨론이 남유다를 경영하는 데 앞장설 수 있도록 교육시키겠다는 것입니다. 이는 바벨론의 대규모 제국주의 프로젝트입니다. 아마 고속도로 건설비용보다 더 많은 예산을 투자한 바벨론 제국 경영산업이었을 것입니다. 무서운 '이데올로기 교육'이라 할 수 있습니다.

1차 포로에 이어 B.C.598년 바벨론은 2차 포로들을 끌어가는데 여호야긴 왕과 에스겔을 포함한 1만 명의 예루살렘의 고급인력들을 함께 끌어갑니다. 2차 포로는 예루살렘이 완전히 함락되기 12년 10달 5일(겔 33:21) 전입니다.
이들은 바벨론으로 잡혀가서 큰 정체성 혼란 가운데 괴로움을 겪은 그룹입니다. 이 2차 포로들은 자신들의 잘못보다는 오히려 하나님을 원망하고, 조상들을 원망하며 조국 예루살렘으로 돌아갈 것만을 꿈꾸었습니다. 그래서 바벨론이 원하는 것을 들어주지 않으려고 했습니다.

그러나 에스겔은 예루살렘이 망할 것이고, 끌려온 포로들은 70년이 되기 전에는 예루살렘으로 돌아가지 못하기 때문에 바벨론에서 오히려 잘 살아남아 후손들이 돌아가게 해야 한다는 것을 열심히 알리고 설득했습니다. 결국 후손 가운데 학개, 스가랴, 에스라, 느헤미야와 같은 월등한 사람들이 나타나게 되는 것입니다.

이후 3차 포로는 바벨론의 시위대장 느부사라단이 예루살렘에 비천한 자를 남겨 두어 포도원을 다스리는 자와 농부가 되게 하고 나머지 사람들을 잡아간 것을 말합니다. 이 3차 포로들을 끌어가면서 바벨론은 '여호와의 성전의 두 놋 기둥과 받침들과 여호와의 성전의 놋바다'를 깨뜨려 그 놋을 바벨론으로 가져갑니다. 즉, 예루살렘에 쓸만한 것은 아무것도 남겨 두지 않았다는 것입니다. 최소한의 인력만 남기고, 예루살렘은 초토화시키고, 무거운 놋은 깨뜨려서까지 다 들고 가져갔습니다(왕하 25:12~14 참고).

포로 다니엘과 포로 에스겔

바벨론으로 끌려간 포로들에 대해서 살펴보겠습니다.

B.C.605년 바벨론은 1차로 남유다에서 뛰어난 소년들을 선발해 인질로 끌고 갑니다. 그런데 그 소년들의 선발 기준이 실로 대단합니다.

핏줄이 왕족과 귀족이어야 하고, 흠이 없고, 외모가 준수하며, 재능이 뛰어나고, 지식이 있으며, 공부하는 습관이 잘 되어 있으며, 왕궁에서 어울릴 만큼의 예법을 이미 배워서 어디 내어 놓아도 손색이 없는, 그런 것을 갖춘 소년들이 기준입니다. 이 까다로운 기준에 통과되기도 어려워 보

The rise of Babylon
2000–1600 BC

In about 2000 BC the Third Dynasty of Ur collapsed and
Mesopotamia split into a number of small city-states.
Among these, Babylon rose to prominence for the first
time during the reign of the Amorite king Hammurabi
(1792–1750 BC).

From the 29th year of his reign Hammurabi launched
a series of military campaigns, defeated the king of Elam
in southwestern Iran and conquered the most powerful
states in southern Mesopotamia. He then turned his
attention to the north and ultimately captured and
destroyed the city of Mari. Babylon became the political,
cultural and religious centre of a vast empire. Cuneiform
texts reveal that this was a time of extensive agricultural
reform, thriving trade and literary and scientific progress.

After the death of Hammurabi the empire gradually
fragmented. However, Babylon remained an important
city until it was sacked in 1595 BC by the Hittites
from central Turkey.

Aerial view of Babylon. The square in the
foreground is all that remains of the ziggurat,
better known as the Tower of Babel.
The ruins visible today overlie the remains
of Hammurabi's city.
Georg Gerster

바벨론 B.C.2000~1600
〈대영 박물관〉

입니다만, 이 소년들을 데려다가 그들에게 바벨론의 학문과 언어를 가르치겠다는 것입니다(단 1:3~4 참고).

왜 이런 소년들을 특별히 선발해서 끌어갔을까요? 이것은 바벨론 제국의 '인질 교육', 다시 말해 바벨론 제국을 위한 교육, 이데올로기 정책 때문입니다.

이전 앗수르 제국은 민족 혈통 혼혈 정책을 펼쳤었지요. 그런데 앗수르 제국은 망했습니다. 이제 새로운 제국 바벨론은 망한 앗수르가 실행했던 정책은 결코 사용하지 않습니다.

이에 바벨론이 제국의 정책으로 내세운 것은 정복한 각 나라에서 뛰어난 청소년들을 데려다가 바벨론식 민족 교육을 시켜 그들을 정복지로 돌려보내 바벨론 제국의 2등 민족화를 이끌 지도자로 세우겠다는 것입니다. 결국 바벨론의 모든 속국들을 영원히 자기네 발 아래 두려 하는 것이었습니다. 이 정책은 나중에 변형된 형태를 띠긴 하나 로마 제국도 채택하고, 대영 제국도 채택하는 제국 경영의 한 모델 프로젝트가 되기도 하지요.

1차 포로로 끌려간 다니엘과 하나냐, 미사엘, 아사랴는 바벨론으로 끌려간 뒤, 벨드사살과 사드락과 메삭과 아벳느고로 일단 이름이 바뀝니다. 그리고 느부갓네살 왕은 그들에게 왕실의 음식과 옷을 제공하여 호의를 베풀면서 바벨론의 계획대로 그들을 교육하기 시작합니다(단 1:5~7 참고).

그런데 바벨론이 임자를 만났습니다. 청소년 다니엘이 뜻을 정해버리는 것입니다. 바벨론의 음식 대신 레위기법대로 하나님께서 정해주신 음식을 먹어 자신을 지키겠다는 것이지요. 다시 말해 바벨론 제국의 이데올로기 교육과 제사장 나라의 율법 교육을 동시에 철저히 학습한 것입니다.

"다니엘은 뜻을 정하여 왕의 음식과 그가 마시는 포도주로 자기를 더럽히지 아니하리라 하고 자기를 더럽히지 아니하도록 환관장에게 구하니"(단 1:8).

이처럼 바벨론에서는 각국에서 끌려온 천재 소년들이 바벨론 박사에게서 3년간, 바벨론의 언어와 학문을 공부했습니다. 지금으로 보면 박사과정과 같은 공부였지요. 그런데 그중 남유다에서 끌려온 4명의 소년들이 각국의 소년들에 비해 가장 월등했습니다. 그 이유가 하나님께서 그들에게 학문을 주시고, 지혜를 주셨다는 것이 다니엘의 증언입니다.

"하나님이 이 네 소년에게 학문을 주시고 모든 서적을 깨닫게 하시고 지혜를 주셨으니 다니엘은 또 모든 환상과 꿈을 깨달아 알더라"(단 1:17).

그러던 중 애굽의 바로 왕 때처럼 바벨론에서도 느부갓네살 왕의 꿈 사건이 터집니다.

"느부갓네살이 다스린 지 이 년이 되는 해에 느부갓네살이 꿈을 꾸고 그로 말미암아 마음이 번민하여 잠을 이루지 못한지라"(단 2:1).

그런데 바로와 달리 느부갓네살은 바벨론의 박수와 술객과 점쟁이들과 술사들에게 꿈의 내용도 말해주지 않고, 그 꿈의 내용과 해석을 하라고 생떼를 씁니다.
그리고 결국 느부갓네살 왕은 권력의 오만함이 묻어나는 명령을 내리고 맙니다.

"내가 명령을 내렸나니 너희가 만일 꿈과 그 해석을 내게 알게 하지 아니하면 너희 몸을 쪼갤 것이며 너희의 집을 거름더미로 만들 것이요" (단 2:5).

아주 무서운 협박이 아닐 수 없습니다. 하지만 도저히 왕의 꿈의 내용과 해석을 알 리 없는 갈대아인들이 대답합니다.

"왕께서 물으신 것은 어려운 일이라 육체와 함께 살지 아니하는 신들 외에는 왕 앞에 그것을 보일 자가 없나이다."

아무도 느부갓네살의 꿈을 맞추거나 해석하는 사람이 없자, 진노하고 통분한 느부갓네살은 모든 지혜자들을 모두 죽이라고 명령합니다. 이에 박사들은 물론 다니엘과 세 친구들도 죽이려고 찾기 시작한 것입니다 (단 2:11~13 참고).

이 위기에 다니엘이 왕을 찾아가 기한을 구하고 하늘의 하나님께 기도합니다. 다니엘은 이미 창세기, 출애굽기, 레위기, 민수기, 신명기 이렇게 모세의 책 5권을 공부했었기에 창세기에서 요셉이 관원장들의 꿈과 바로의 꿈을 해석했던 것에 대한 지식이 있었겠지요. 요셉이 '꿈의 해석은 하나님께 있다' 고 이미 다니엘에게 성경을 통해 알려주었기 때문입니다.

그들이 요셉에게 이릅니다.

"우리가 꿈을 꾸었으나 이를 해석할 자가 없도다."

요셉이 그들에게 대답합니다.

"해석은 하나님께 있지 아니하니이까. 청하건대 내게 이르소서" (창 40:8 참고).

이제 다니엘이 하나님 앞에 기도로 엎드립니다.

하나님께서는 다니엘의 기도를 들으시고 밤에 이상으로 나타나십니다. 그러자 다니엘이 지혜와 권능이 하나님께 있음을 찬송하며 왕들을 세우시고 폐하심이 하나님께 있음을 노래합니다.

이에 이 은밀한 것이 밤에 환상으로 다니엘에게 나타나 보이자, 다니엘이 하늘에 계신 하나님을 찬송합니다. 다니엘이 말하여 이릅니다.

"영원부터 영원까지 하나님의 이름을 찬송할 것은
지혜와 능력이 그에게 있음이로다.
그는 때와 계절을 바꾸시며 왕들을 폐하시고 왕들을 세우시며
지혜자에게 지혜를 주시고 총명한 자에게 지식을 주시는도다.
그는 깊고 은밀한 일을 나타내시고
어두운 데에 있는 것을 아시며
또 빛이 그와 함께 있도다.
나의 조상들의 하나님이여,
주께서 이제 내게 지혜와 능력을 주시고
우리가 주께 구한 것을 내게 알게 하셨사오니
내가 주께 감사하고 주를 찬양하나이다.
곧 주께서 왕의 그 일을 내게 보이셨나이다"(단 2:19~23 참고).
그리고 다니엘이 왕에게 가서 느부갓네살과 대면합니다.

다니엘이 입을 열기 시작합니다.
"왕이여, 왕이 한 큰 신상을 보셨지요.

그 신상이 왕의 앞에 섰는데 크고 광채가 매우 찬란하며 그 모양이 심히 두려우니, 그 우상의 머리는 순금이요, 가슴과 두 팔은 은이요, 배와 넓적다리는 놋이요, 그 종아리는 쇠요, 그 발은 얼마는 쇠요 얼마는 진흙이었지요. 또 왕이 보신즉 손대지 아니한 돌이 나와서 신상의 쇠와 진흙의 발을 쳐서 부서뜨리매 그 때에 쇠와 진흙과 놋과 은과 금이 다 부서져 여름 타작 마당의 겨 같이 되어 바람에 불려 간 곳이 없었고 우상을 친 돌은 태산을 이루어 온 세계에 가득하였지요"(단 2:31~35 참고).

"왕이여, 한마디로 마징가제트(?) 보셨지요."

자신의 꿈의 몽조에 대해 작은 힌트 하나도 주지 않았는데, 자신의 꿈을 정확하게 맞춘 것을 보고 느부갓네살이 너무나도 놀라고 두려워 다니엘에게 엎드려 절하며 예물과 향품을 선물합니다. 그 고약했던 느부갓네살이 하나님이 참 신이심을 고백하지요. 그리고 이 사건으로 바벨론에서 다니엘과 세 친구들의 출셋길이 크게 열리게 됩니다.

느부갓네살 왕이 다니엘에게 말합니다.

"너희 하나님은 참으로 모든 신들의 신이시요 모든 왕의 주재시로다. 네가 능히 이 은밀한 것을 나타내었으니 네 하나님은 또 은밀한 것을 나타내시는 이시로다"(단 2:47).

왕은 이에 다니엘을 높여 귀한 선물을 많이 주고 그를 세워 바벨론 온 지방을 다스리게 하며, 바벨론 모든 지혜자의 어른으로 삼았습니다. 뿐만 아니라 왕은 다니엘의 요구대로 사드락과 메삭과 아벳느고를 세워 바벨론 지방의 일을 다스리게 했고 다니엘은 왕궁에 있게 되었습니다.

느부갓네살의 꿈은 앞으로 펼쳐질 제국들에 관한 내용이었습니다. 바벨론 제국에 이어 페르시아 제국과 헬라 제국과 로마 제국, 즉 4개 제국이 등장하게 될 것을 보여주신 것이지요. 남의 나라로 끌려가 바벨론 국비 장학생으로 교육을 받았지만, 사실상 인질로 살면서도 레위기법대로 음식을 먹으며 하나님의 말씀대로 살고 있었던 다니엘은 느부갓네살의 꿈을 통해 '제국이 하나님 손에 있다는 것과 하나님의 나라만이 영원하다'는 것을 확실히 깨닫게 됩니다. 결국 느부갓네살 왕의 꿈은 다니엘에게 세계경영권이 제국이 아닌 하나님 손에 달려 있다는 것을 알려주시는 '하나님의 선물'이었던 것입니다.

그리고 다니엘은 예레미야의 서책을 공부해서 바벨론 제국이 70년이면 문을 닫을 것을 알았습니다. 제국의 수명이 하나님의 손에 있다는 것을 확인했던 것입니다.

"메대 족속 아하수에로의 아들 다리오가 갈대아 나라 왕으로 세움을 받던 첫 해 곧 그 통치 원년에 나 다니엘이 책을 통해 여호와께서 말씀으로 선지자 예레미야에게 알려 주신 그 연수를 깨달았나니 곧 예루살렘의 황폐함이 칠십 년 만에 그치리라 하신 것이니라"(단 9:1~2).

다니엘은 어린 나이에 앗수르 제국이 망하는 것을 보았고, 청소년기에 바벨론으로 끌려가 바벨론 제국을 온몸으로 경험했으며, 그 대단한 바벨론 제국이 70년 만에 무너지는 것도 보게 됩니다. 그리고 노년에는 페르시아 제국에서도 총리로 세워져 페르시아 제국의 정점에도 있었습니다.

다시 말해 다니엘 한 사람이 앗수르, 바벨론, 페르시아 제국의 변동 속에서 3대 제국을 온몸으로 체험한 것이지요.

그렇다면 다니엘만큼 제국에 대해 많은 것을 알고 있는 사람도 없다는 것이겠지요. 그런 다니엘이 평생 하나님께 기도하며 영성과 사회성이 뛰어난 삶을 살았습니다.

우리는 여기에서 다니엘이 선지자였다는 사실을 잊어서는 안 됩니다. 제국의 정점에서 최고 행정가로서 그의 임무를 완벽하게 수행했고, 제국이 바뀌는 과정에서도 가장 중요한 인재로 쓰임 받을 만큼의 월등한 실력을 갖춘 최고 '행정가 다니엘'이 하나님의 말씀을 전하는 '선지자 다니엘'이었다는 점은 우리에게 시사하는 바가 매우 큽니다.

다니엘이 페르시아 제국에서도 쓰임 받은 기록은 다음과 같습니다.

"다리오가 자기의 뜻대로 고관 백이십 명을 세워 전국을 통치하게 하고 또 그들 위에 총리 셋을 두었으니 다니엘이 그 중의 하나이라 이는 고관들로 총리에게 자기의 직무를 보고하게 하여 왕에게 손해가 없게 하려 함이었더라 다니엘은 마음이 민첩하여 총리들과 고관들 위에 뛰어나므로 왕이 그를 세워 전국을 다스리게 하고자 한지라"(단 6:1~3).

그리고 페르시아의 다리오 왕은 공식문건을 통해서 다니엘이 섬기는 하나님이 다니엘을 사자 굴에서 건져냈음을 기록해 놓았습니다.

"내가 이제 조서를 내리노라 내 나라 관할 아래에 있는 사람들은 다 다니엘의 하나님 앞에서 떨며 두려워할지니 그는 살아 계시는 하나님이시요, 영원히 변하지 않으실 이시며 그의 나라는 멸망하지 아니할 것이요 그의 권세는 무궁할 것이며 그는 구원도 하시며 건져내기도 하시며 하늘에서든지 땅에서든지 이적과 기사를 행하시는 이로서 다니엘을 구원하여 사자의 입에서 벗어나게 하셨음이라 하였더라"(단 6:26~27).

평생 공직에 있었음에도 고발할 근거나 허물이 없었다는 것이 다니엘에 관한 기록입니다. 이것이 청소년 시절 하나님의 말씀대로 살겠다고 뜻을 정한 사람의 놀라운 모습입니다.

페르시아의 다리오가 자기의 뜻대로 고관 120명을 세워 전국을 통치하게 하고, 또 그들 위에 총리 셋을 두었는데 다니엘이 그 가운데 하나입니다.

이는 고관들로 하여금 총리에게 자기의 직무를 보고하게 하여 왕에게 손해가 없게 하려 함이었습니다. 다니엘은 마음이 민첩하여 총리들과 고관들 위에 뛰어나므로 왕이 그를 세워 전국을 다스리게 하고자 합니다.

다니엘이 페르시아 제국의 3명의 총리 중에 수석 총리로 물망에 오르자, 이를 시기한 총리들과 고관들이 국사에 대하여 다니엘을 고발할 근거를 찾고자 했지만 아무 근거, 아무 허물도 찾지 못합니다. 누구나 털면 먼지가 난다고 하지요. 그러나 다니엘은 인사 청문회를 열었어도 잡을 만한 꼬투리가 전혀 발견되지 않았다는 것입니다. 이는 다니엘이 충성되어 아무 그릇됨도 없고 아무 허물도 없었기 때문이지요(단 6:1~4 참고).

다니엘의 허물을 찾는 데 실패한 페르시아의 고위직 공무원들은 다니엘을 함정에 빠뜨리기 위해 다리오 왕을 위한다는 취지의 엉뚱한 법을 하나 만듭니다.

페르시아의 신하들이 30일간 페르시아에 다리오 왕에게만 절하게 하자는 법을 만든 것은, 사실은 다리오 왕을 우롱하는 일이었고, 다니엘에게는 우상에게 절하지 않을 것을 알기에 사형에 처하게 할 수 있는 그들만의 묘수였습니다.

다니엘은 이 조서에 왕의 도장이 찍힌 것을 알고도 자기 집에 돌아가서는 윗방에 올라가 예루살렘으로 향한 창문을 열고 전에 하던 대로 하루 세 번씩 무릎을 꿇고 기도하며 그의 하나님께 감사했습니다(단 6:10 참고).

결국 페르시아 신하들의 계획대로 다니엘은 이 법에 걸려들고 사자 굴에 던져지게 됩니다. 이 사건이 얼마나 큰 사건인지 오늘날도 우리는 다니엘 하면 주변에 함께한 사자들이 생각납니다. 그림만 봐서는 다니엘이 라이온킹 같습니다.

어쨌든 법에 따라 집행을 하고 나서야 페르시아 신하들의 속마음을 알게 된 다리오 왕은 다니엘을 사자 굴에 넣어놓고, 철야와 금식을 합니다. 이렇게 다니엘은 왕에게 '필요한' 신하였습니다. 왕은 충성하는 신하를 사랑합니다. 다니엘은 왕에게, 그리고 하나님에게 충성하여 사랑받았던 사람이었습니다.

이제 에스겔을 살펴보겠습니다.

바벨론으로의 2차 포로는 B.C.598년 즉, 예루살렘이 완전히 함락되기 12년 전에 일어났습니다. 여호야긴 왕을 바벨론으로 끌어가면서 당시 25세였던 제사장 에스겔을 포함해 1만여 명을 끌어간 것입니다. 에스겔은 그의 예언서의 시작을 바벨론으로 끌려간 지 5년째부터 시작하고 있습니다.

"서른째 해 넷째 달 초닷새에 내가 그발 강 가 사로잡힌 자 중에 있을 때에 하늘이 열리며 하나님의 모습이 내게 보이니, 여호야긴 왕이 사로잡힌 지 오 년 그 달 초닷새라. 갈대아 땅 그발 강 가에서 여호와의 말씀이 부시의 아들 제사장 나 에스겔에게 특별히 임하고, 여호와의 권능이 내 위에 있으니라"(겔 1:1~3).

에스겔은 바벨론으로 끌려간 1만여 명의 남유다 사람들에게 하나님의 뜻을 전하기가 쉽지 않았습니다. 에스겔이 하나님께로부터 받은 사명은, 2차 포로로 끌려온 사람들이 바벨론에서 앞으로 몇십 년을 살아야 한다는 사실을 알리는 것과 예루살렘이 완전히 멸망한 후, 3차로 끌려온 사람들을 위로하는 것이었습니다.

사실 예레미야 선지자를 통해서 주셨던 말씀처럼, 하나님께서 그들을 바벨론으로 보내신 것은 재앙이 아니라 평안이며 장래의 소망을 주기 위함이었습니다.

하나님께서 예레미야를 통해 말씀하십니다.
"너희를 향한 나의 생각을 내가 아나니 평안이요 재앙이 아니니라.
너희에게 미래와 희망을 주는 것이니라.
너희가 내게 부르짖으며 내게 와서 기도하면
내가 너희들의 기도를 들을 것이요,
너희가 온 마음으로 나를 구하면 나를 찾을 것이요
나를 만나리라. 이것은 여호와의 말씀이니라.
나는 너희들을 만날 것이며,

너희를 포로된 중에서 다시 돌아오게 하되
내가 쫓아 보내었던 나라들과 모든 곳에서 모아
사로잡혀 떠났던 그 곳으로 돌아오게 하리라.
이것은 여호와의 말씀이니라"(렘 29:11~14).

그런데 끌려온 포로들의 생각은 달랐습니다.

1만여 명의 남유다 포로들은 자신들이 끌려온 이유가 첫째는 하나님께서 힘이 없으셔서 자신들을 내어주셨다는 것이고, 둘째는 조상들이 잘못을 했는데 처벌은 자신들이 받는다는 것입니다. 따라서 자신들은 억울하다는 것입니다. 바로 이런 생각을 가진 이들을 에스겔이 설득해야 했습니다. 이것이 에스겔서에서 보여주는 것처럼 에스겔이 그렇게도 많은(?) 말을 한 이유입니다. 즉, 그는 하나님께서 예레미야 선지자를 통해 밝히신 하나님의 생각을 알리는 일을 해야 했습니다.

그러다가 바벨론으로 끌려간 지 12년째에 예루살렘이 완전히 함락되었다는 소식이 전해집니다.

"우리가 사로잡힌 지 열두째 해 열째 달 다섯째 날에 예루살렘에서부터 도망하여 온 자가 내게 나아와 말하기를, 그 성이 함락되었다 하였는데 그 도망한 자가 내게 나아오기 전날 저녁에 여호와의 손이 내게 임하여 내 입을 여시더니, 다음 아침 그 사람이 내게 나아올 그 때에 내 입이 열리기로 내가 다시는 잠잠하지 아니하였노라"(겔 33:21~22).

이렇게 예루살렘이 완전히 멸망한 후부터는 남유다 사람들이 에스겔의 말에 귀를 기울이고 월등하게 살아남습니다. 그래서 총독 스룹바벨도 나타나고, 학개와 스가랴 같은 선지자들도 등장합니다. 페르시아에서 왕비가 된 에스더는 목숨을 걸고 민족을 구하기도 하고, 에스라와 같은 학자와 총독 느헤미야 같은 월등한 인재들도 페르시아에서 출현하게 되는 것입니다.

선지자 예레미야와 거짓 선지자 하나냐

예레미야는 눈물의 선지자라는 별명을 가지고 있습니다. 나라와 민족의 현재와 장래를 위해 참 많이도 울었던 선지자이지요. 하나님의 뜻은 예루살렘을 비우고, 바벨론으로 70년간 다녀오라는 것입니다. 바벨론에게 빨리 항복하면 할수록 피해가 적을 테니 빨리 항복하라는 것이었습니다.

그러나 남유다 사람들은 왕에서부터 백성까지 예레미야가 친바벨론주의자이고, 매국노라고 미워하며, 폭행하고, 감금하기까지 했습니다. 성경은 예레미야의 가슴 아픈 상황을 다음과 같이 기록하고 있습니다.

"어찌 악으로 선을 갚으리이까마는 그들이 나의 생명을 해하려고 구덩이를 팠나이다. 내가 주의 분노를 그들에게서 돌이키려 하고 주의 앞에 서서 그들을 위하여 유익한 말을 한 것을 기억하옵소서"(렘 18:20).

"바스훌이 선지자 예레미야를 때리고 여호와의 성전에 있는 베냐민 문 위층에 목에 씌우는 나무 고랑으로 채워 두었더니"(렘 20:2).

"고관들이 노여워하여 예레미야를 때려서 서기관 요나단의 집에 가두었으니 이는 그들이 이 집을 옥으로 삼았음이더라. 예레미야가 뚜껑 씌운 웅덩이에 들어간 지 여러 날 만에"(렘 37:15~16).

"그들이 예레미야를 끌어다가 감옥 뜰에 있는 왕의 아들 말기야의 구덩이에 던져 넣을 때에 예레미야를 줄로 달아내렸는데 그 구덩이에는 물이 없고 진창뿐이므로 예레미야가 진창 속에 빠졌더라"(렘 38:6).

상황이 이러하니 예레미야는 하나님의 예언을 그만하려고까지 했습니다. 그러나 하나님의 말씀을 전하지 않으면 자기의 중심이 불붙는 것 같아서 그만둘 수가 없었노라고 선지자로서의 사명을 토해내기도 했습니다.

"여호와여 주께서 나를 권유하시므로 내가 그 권유를 받았사오며,
주께서 나보다 강하사 이기셨으므로 내가 조롱 거리가 되니
사람마다 종일토록 나를 조롱하나이다.
내가 말할 때마다 외치며 파멸과 멸망을 선포하므로,
여호와의 말씀으로 말미암아
내가 종일토록 치욕과 모욕 거리가 됨이니이다.
내가 다시는 여호와를 선포하지 아니하며
그의 이름으로 말하지 아니하리라 하면,
나의 마음이 불붙는 것 같아서 골수에 사무치니
답답하여 견딜 수 없나이다"(렘 20:7~9).

그런데 예레미야를 더 힘들게 한 것은 거짓 선지자들의 거짓 예언이었습니다.

"여호와께서 내게 이르시되 선지자들이 내 이름으로 거짓 예언을 하도다. 나는 그들을 보내지 아니하였고 그들에게 명령하거나 이르지 아니하였거늘 그들이 거짓 계시와 점술과 헛된 것과 자기 마음의 거짓으로 너희에게 예언하는도다.

그러므로 내가 보내지 아니하였어도 내 이름으로 예언하여 이르기를 칼과 기근이 이 땅에 이르지 아니하리라 하는 선지자들에 대하여 여호와께서 이와 같이 말씀하셨노라.

그 선지자들은 칼과 기근에 멸망할 것이요, 그들의 예언을 받은 백성은 기근과 칼로 말미암아 예루살렘 거리에 던짐을 당할 것인즉 그들을 장사할 자가 없을 것이요, 그들의 아내와 아들과 딸이 그렇게 되리니 이는 내가 그들의 악을 그 위에 부음이니라.

너는 이 말로 그들에게 이르라. 내 눈이 밤낮으로 그치지 아니하고 눈물을 흘리리니 이는 처녀 딸 내 백성이 큰 파멸, 중한 상처로 말미암아 망함이라. 내가 들에 나간즉 칼에 죽은 자요, 내가 성읍에 들어간즉 기근으로 병든 자며 선지자나 제사장이나 알지 못하는 땅으로 두루 다니도다"(렘 14:14~18).

남유다의 마지막 왕인 시드기야가 왕이 된 지 4년째에, 거짓 선지자 하나냐는 성전에서 제사장들과 백성을 대규모로 모아 놓고 다음과 같이 거짓 예언을 늘어놓습니다.

"그 해 곧 유다 왕 시드기야가 다스리기 시작한 지 사 년 다섯째 달 기브온앗술의 아들 선지자 하나냐가 여호와의 성전에서 제사장들과 모든 백성이 보는 앞에서 내게 말하여 이르되,

만군의 여호와 이스라엘의 하나님이 이같이 일러 말씀하시기를 내가

바벨론의 왕의 멍에를 꺾었느니라. 내가 바벨론의 왕 느부갓네살이 이 곳에서 빼앗아 바벨론으로 옮겨 간 여호와의 성전 모든 기구를 이 년 안에 다시 이 곳으로 되돌려 오리라. 내가 또 유다의 왕 여호야김의 아들 여고니야와 바벨론으로 간 유다 모든 포로를 다시 이 곳으로 돌아오게 하

리니 이는 내가 바벨론의 왕의 멍에를 꺾을 것임이라. 여호와의 말씀이니라 하시니라"(렘 28:1~4).

이 본문을 읽고 나서 절대로 '아멘' 해서는 안 됩니다. 이 본문은 거짓 선지자의 거짓말이기 때문입니다.

당시는 1차와 2차로 포로들이 바벨론으로 끌려간 상태입니다. 그런데 거짓 선지자 하나냐는 하나님께서 2년 안에 바벨론을 망하게 하시고, 끌려간 포로들과 성전 기구들이 다 돌아오게 될 것이라고 거짓 예언을 합니다. 그러자 백성은 하나냐의 말에 환호를 합니다. 하나냐의 말이 귓가에 달콤했기 때문이지요.

하나님께서는 예레미야를 통해 거짓 예언을 한 하나냐가 그 해에 죽을 것이라고 말씀하십니다. 그리고 그 해 7월에 하나냐는 죽습니다.

"그러므로 여호와께서 이와 같이 말씀하시되,
내가 너를 지면에서 제하리니 네가 여호와께 패역한 말을 하였음이라

네가 금년에 죽으리라 하셨느니라 …… 선지자 하나냐가 그 해 일곱째 달에 죽었더라"(렘 28:16~17).

'징계'를 말씀하시더라도 하나님께서 하신 말씀만이 하나님의 말씀인 것입니다. 하나님께서는 예레미야를 통해 바벨론으로의 포로 기간이 '2년 만에'가 아니라, '70년'이라고 정확하게 말씀하십니다.

하나님께서 예루살렘에서 바벨론으로 사로잡혀 가게 한 모든 포로에게 이와 같이 말씀하십니다.

"너희는 집을 짓고 거기에 살며 텃밭을 만들고 그 열매를 먹으라. 아내를 맞이하여 자녀를 낳으며 너희 아들이 아내를 맞이하며 너희 딸이 남편을 맞아 그들로 자녀를 낳게 하여 너희가 거기에서 번성하고 줄어들지 아니하게 하라. 너희는 내가 사로잡혀 가게 한 그 성읍의 평안을 구하고 그를 위하여 여호와께 기도하라. 이는 그 성읍이 평안함으로 너희도 평안할 것임이라. 만군의 여호와 이스라엘의 하나님께서 이와 같이 말하노라.

너희 중에 있는 선지자들에게와 점쟁이에게 미혹되지 말며 너희가 꾼 꿈도 곧이 듣고 믿지 말라. 내가 그들을 보내지 아니하였어도 그들이 내 이름으로 거짓을 예언함이라."

또 여호와께서 말씀하십니다.

"바벨론에서 칠십 년이 차면 내가 너희를 돌보고 나의 선한 말을 너희에게 성취하여 너희를 이곳으로 돌아오게 하리라"(렘 29:4~10 참고).

레위기 토지 정책과 포로 70년의 비밀

그렇다면 왜 굳이 '70년'일까요? 이는 수학 천재 하나님의 정확한 계수 때문입니다. 하나님께서는 레위기를 통해 출애굽한 이스라엘이 가나안에 들어가면 반드시 안식일과 안식년과 희년을 지켜 행하라고 말씀하셨습니다.

'안식일'에 대한 하나님의 말씀입니다.

"엿새 동안은 일할 것이요 일곱째 날은 쉴 안식일이니 성회의 날이라. 너희는 아무 일도 하지 말라. 이는 너희가 거주하는 각처에서 지킬 여호와의 안식일이니라"(레 23:3).

'안식년'에 대한 하나님의 말씀입니다.

"이스라엘 자손에게 말하여 이르라. 너희는 내가 너희에게 주는 땅에 들어간 후에 그 땅으로 여호와 앞에 안식하게 하라. 너는 육 년 동안 그 밭에 파종하며 육 년 동안 그 포도원을 가꾸어 그 소출을 거둘 것이나 일곱째 해에는 그 땅이 쉬어 안식하게 할지니 여호와께 대한 안식이라. 너는 그 밭에 파종하거나 포도원을 가꾸지 말며, 네가 거둔 후에 자라난 것을 거두지 말고 가꾸지 아니한 포도나무가 맺은 열매를 거두지 말라. 이는 땅의 안식년임이니라"(레 25:2~5).

'희년'에 관한 하나님의 말씀입니다.

"너는 일곱 안식년을 계수할지니 이는 칠 년이 일곱 번인즉 안식년 일곱 번 동안 곧 사십구 년이라. 일곱째 달 열흘날은 속죄일이니 너는 뿔나

팔 소리를 내되 전국에서 뿔나팔을 크게 불지며 너희는 오십 년째 해를 거룩하게 하여 그 땅에 있는 모든 주민을 위하여 자유를 공포하라.

이 해는 너희에게 희년이니 너희는 각각 자기의 소유지로 돌아가며 각각 자기의 가족에게로 돌아갈지며 그 오십 년째 해는 너희의 희년이니 너희는 파종하지 말며 스스로 난 것을 거두지 말며 가꾸지 아니한 포도를 거두지 말라. 이는 희년이니 너희에게 거룩함이니라. 너희는 밭의 소출을 먹으리라"(레 25:8~12).

하나님께서는 이스라엘이 이와 같이 안식일과 안식년과 희년을 지키지 않으면, 땅을 안식하게 하기 위하여 그동안 이스라엘이 원수의 땅에 거하게 될 것임을 레위기 26장에서 언급하십니다.

"그러나 너희가 내게 청종하지 아니하여 이 모든 명령을 준행하지 아니하며"(레 26:14).

"너희가 원수의 땅에 살 동안에 너희의 본토가 황무할 것이므로 땅이 안식을 누릴 것이라. 그 때에 땅이 안식을 누리리니 너희가 그 땅에 거주하는 동안 너희가 안식할 때에 땅은 쉬지 못하였으나 그 땅이 황무할 동안에는 쉬게 되리라"(레 26:34~35).

그런데 출애굽한 이스라엘은 가나안에 살게 되면서부터 남유다의 시드기야 왕 때까지 안식일과 안식년과 희년을 제대로 지키지 않고 살아왔습니다. 그래서 하나님께서는 날 수를 모두 계수하시고 70년간 땅을 안식하게 하시겠다고 말씀하시는 것입니다.

"칼에서 살아남은 자를 그가 바벨론으로 사로잡아가매 무리가 거기서 갈대아 왕과 그의 자손의 노예가 되어 바사국이 통치할 때까지 이르니라. 이에 토지가 황폐하여 땅이 안식년을 누림 같이 안식하여 칠십 년을 지냈으니 여호와께서 예레미야의 입으로 하신 말씀이 이루어졌더라"(대하 36:20~21).

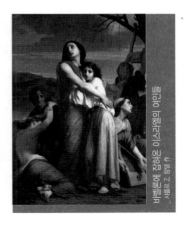

하나님께서 계수하시고, 예루살렘 땅을 안식하시기로 작정하신 기간은 2년이 아니라, 70년입니다. 예레미야는 이 사실을 편지로 써서 바벨론에 포로로 끌려가 있는 동족들에게도 전했습니다. 그 편지를 다니엘이 받아서 읽고 바벨론 포로 기간이 70년이면 끝날 것임을 알았던 것이지요.

"나 다니엘이 책을 통해 여호와께서 말씀으로 선지자 예레미야에게 알려 주신 그 연수를 깨달았나니 곧 예루살렘의 황폐함이 칠십 년만에 그치리라 하신 것이니라"(단 9:2).

그리고 남유다의 백성이 예루살렘으로 돌아오는 것 외에도, 바벨론 제국이 70년이면 망할 것이라는 것도 하나님께서는 예레미야 선지자에게 알려주셨습니다.
"이 모든 땅이 폐허가 되어 놀랄 일이 될 것이며
이 민족들은 칠십 년 동안 바벨론의 왕을 섬기리라.
여호와의 말씀이니라.

칠십 년이 끝나면 내가 바벨론의 왕과 그의 나라와

갈대아인의 땅을 그 죄악으로 말미암아 벌하여

영원히 폐허가 되게 하되"(렘 25:11~12).

왕과 선지자의 비밀 회동

남유다의 고관들은 그들 귀에 듣고 싶지 않은 예언을 계속한다는 이유
로 예레미야를 때리고 감금하는 일을 빈번히 행하고 있었습니다. 그날도
예레미야가 서기관 요나단의 집 토굴에 갇혀 있었습니다. 토굴 속에 예레
미야를 가둔 서기관 요나단이 음식조차 주지 않고 여러 날을 방치하고 있
었습니다.

"고관들이 노여워하여 예레미야를 때려서 서기관 요나단의 집에 가두
었으니 이는 그들이 이 집을 옥으로 삼았음이더라. 예레미야가 뚜껑 씌운
웅덩이에 들어간 지 여러 날 만에"(렘 37:15~16).

그때 시드기야 왕이 비밀리에 예레미야를 불러서 하나님께서 하신 말
씀을 묻습니다. 예레미야의 말은 한결같습니다. 하나님께서 시드기야를
바벨론 왕의 손에 붙이셨다는 것이지요(렘 37:17 참고).

급기야 예레미야가 시드기야 왕에게 탄원을 합니다. "내 주 왕이여 이
제 청하건대 내게 들으시며 나의 탄원을 받으사 나를 서기관 요나단의 집
으로 돌려보내지 마옵소서. 내가 거기에서 죽을까 두려워하나이다." 하나

님의 말씀을 전한다는 이유로 목숨을 지킬 수가 없었기 때문입니다.

그러자 시드기야가 예레미야를 시위대의 뜰에 머물게 하면서 하루에 떡 한 덩이씩 주는 자비(?)를 베풉니다(렘 37:20~21 참고).

그런데 예레미야가 또 하나님의 말씀, 곧 남유다가 바벨론의 손에 망하고 예루살렘 성이 바벨론 군대의 손에 넘겨지리라는 말씀을 전하자, 고관들이 이를 참지 못하고 시드기야를 협박해 예레미야를 다시 구덩이에 던져버립니다.

그러나 다행히 구스 출신, 왕궁 환관 에벳멜렉이 예레미야를 구덩이에 던진 것은 잘못된 일이라고 시드기야 왕에게 충언을 합니다.

"내 주 왕이여, 저 사람들이 선지자 예레미야에게 행한 모든 일은 악하니이다. 성 중에 떡이 떨어졌거늘 그들이 그를 구덩이에 던져 넣었으니 그가 거기에서 굶어 죽으리이다."

그러자 왕이 구스 사람 에벳멜렉에게 명령하여 이릅니다.

"너는 여기서 삼십 명을 데리고 가서 선지자 예레미야가 죽기 전에 그를 구덩이에서 끌어내라."

에벳멜렉이 사람들을 데리고 왕궁 곳간 밑 방에 들어가서 거기에서 헝겊과 낡은 옷을 가져다가 그것을 구덩이에 있는 예레미야에게 밧줄로 내리며 예레미야에게 이릅니다.

"당신은 이 헝겊과 낡은 옷을 당신의 겨드랑이에 대고 줄을 그 아래에 대시오."

덕분에 예레미야는 에벳멜렉의 도움으로 그가 내려준 줄을 타고 겨우 구덩이 밖으로 나오게 됩니다(렘 38:7~13 참고).

그러자 이번에도 시드기야가 예레미야를 비밀리에 부르면서 자기와의 회동을 비밀에 부쳐준다면 살려주겠다는 약속을 합니다.

"우리에게 이 영혼을 지으신 여호와께서 살아 계심을 두고 맹세하노니 내가 너를 죽이지도 아니하겠으며 네 생명을 찾는 그 사람들의 손에 넘기지도 아니하리라 하는지라"(렘 38:16).

시드기야는 다시 한 번 하나님의 뜻을 예레미야를 통해 확인하고 싶어 합니다. 그러자, 예레미야가 하나님의 뜻이 확고하심을 말합니다.

"만군의 하나님이신 이스라엘의 하나님 여호와께서
이와 같이 말씀하시되,
네가 만일 바벨론의 왕의 고관들에게 항복하면,
네 생명이 살겠고,
이 성이 불사름을 당하지 아니하겠고,
너와 네 가족이 살려니와
네가 만일 나가서
바벨론의 왕의 고관들에게 항복하지 아니하면
이 성이 갈대아인의 손에 넘어가리니
그들이 이 성을 불사를 것이며
너는 그들의 손을 벗어나지 못하리라"(렘 38:17~18).

이 말을 들은 시드기야가 예레미야에게 자신의 속내를 털어 놓습니다. 예레미야의 말대로 바벨론에 항복을 하고 싶지만, 만일 자기가 항복했다가 바벨론으로 끌려갈 경우 바벨론에 이미 잡혀가 있는 남유다의 백성이 자신을 조롱할 것이 오히려 걱정이라는 것입니다.

나라의 책임자가 자신에게 미칠 조롱이 두려워, 항복하지 않은 백성이 당하게 될 처참한 살육과 약탈을 외면하겠다는 것입니다. 그리고 시드기야는 예레미야에게 이 비밀 회동에 대해 발설하지 말 것을 철저하게 요구합니다.

"시드기야가 예레미야에게 이르되, 너는 이 말을 어느 사람에게도 알리지 말라. 그리하면 네가 죽지 아니하리라"(렘 38:24).

이토록 시드기야가 중요하게 여긴 그의 체면은 비참한 그의 최후와 크게 반비례됩니다.

시드기야 왕과 그의 아들들의 비참한 최후

드디어 바벨론이 전 군대를 이끌고 와서 예루살렘을 포위합니다. 예루살렘을 바로 점령하지 못하고 포위했다는 것은 예루살렘 성이 그만큼 난공불락의 성이었다는 증거입니다. 바벨론의 느부갓네살 왕은 시드기야에게 항복을 요구합니다. 항복할 경우 그에 합당한 예우를 하겠다면서요.

그러나 시드기야는 끝내 바벨론 왕의 회유나, 예레미야의 조언도 듣지 않고 18개월을 성 안에서 버팁니다. 18개월을 한뎃잠을 자면서 예루살렘만을 노려보았던 바벨론 군사들은 18개월 만에 성을 함락시키고 결국 참았던 분노를 뿜어냅니다.

"유다의 시드기야 왕의 제구년 열째 달에 바벨론의 느부갓네살 왕과 그의 모든 군대가 와서 예루살렘을 에워싸고 치더니 시드기야의 제십일

년 넷째 달 아홉째 날에 성이 함락되니라. 예루살렘이 함락되매"(렘 39:1~2).

"갈대아인들이 왕궁과 백성의 집을 불사르며 예루살렘 성벽을 헐었고 사령관 느부사라단이 성중에 남아 있는 백성과 자기에게 항복한 자와 그 외의 남은 백성을 잡아 바벨론으로 옮겼으며 사령관 느부사라단이 아무 소유가 없는 빈민을 유다 땅에 남겨 두고 그 날에 포도원과 밭을 그들에게 주었더라"(렘 39:8~10).

예루살렘 성이 함락될 때 시드기야는 그의 군사들을 데리고 비밀 루트로 아라바까지 도망을 합니다.

요세푸스의 기록에 의하면, 시드기야는 그의 가족들과 친구들과 신복들을 대동하고 참호를 통해 도시 밖으로 빠져나가 광야로 도망을 했는데, 이때 변절자 중에 한 사람이 이 사실을 바벨론인에게 고해 바쳤다고 합니다.

이에 바벨론 병사들이 날이 밝자, 급히 시드기야를 추격했고, 결국 시드기야가 여리고에서 멀지 않은 곳에서 사로잡혔다고 합니다.[2] 그리고 시드기야는 바벨론의 왕 앞으로 끌려가 심문을 받습니다(렘 39:4~5 참고).

조롱을 두려워했던 시드기야의 눈 앞에서 어린 두 아들의 목이 달아납니다. 시드기야의 신하들이 살해당합니다. 그리고 시드기야의 두 눈이 뽑힙니다. 이는 항복하지 않고 끝까지 버틴 나라의 왕에게 처해지는 일반적인 보복입니다.[3] 두 눈이 뽑힌 시드기야가 사슬에 결박당한 채 바벨론으

---

2) 플라비우스 요세푸스, 『요세푸스 I : 유대고대사』, 김지찬 옮김(서울: 생명의말씀사, 2010), p.643.
3) 폴 존슨, 『유대인의 역사 1』, 김한성 옮김(파주: 살림출판사, 2005), p.187.

로 끌려갑니다. 이 모습을 예레미야가 모두 기록합니다. 그러니 예레미야의 눈에 눈물이 그칠 수가 없었던 것입니다.

"바벨론의 왕이 립나에서 시드기야의 눈 앞에서 그의 아들들을 죽였고 왕이 또 유다의 모든 귀족을 죽였으며 왕이 또 시드기야의 눈을 빼게 하고 바벨론으로 옮기려고 사슬로 결박하였더라"(렘 39:6~7).

당시 시드기야의 나이는 32세였습니다. 21세에 왕이 되어서, 11년을 통치했을 때였으니까요. 그러니 그의 두 아들은 어린 소년들이었을 것입니다. 시드기야가 그의 두 눈으로 마지막에 본 것이 두 아들의 목이 달아나는 것이었습니다. 조롱을 두려워하던, 체면을 중요시하던 왕의 비참한 최후입니다.

그러나 2차 포로로 잡혀갔던 여호야긴 왕의 바벨론에서의 나중 모습을 보면, 시드기야가 예레미야의 조언을 들었더라면 얼마나 좋았을까 하는 마음이 들어 더 안쓰럽습니다.

'여호야긴 왕이 바벨론으로 잡혀간 지 37년째에 바벨론의 왕이 여호야긴 왕을 옥에서 풀어주어 다른 나라에서 잡혀온 왕들보다 높은 자리에 있게 하고, 죄수의 옷을 바꿔주었다. 여호야긴 왕은 남은 평생 연금을 받으며 바벨론 왕과 늘 식사를 함께하는 대접을 받았다'고 성경에 기록되어 있습니다.

시드기야가 예레미야의 조언을 들었더라면 여호야긴 왕과 같은 대접 정도는 받았을 것입니다. 물론 그의 아들들도 죽지 않았을 것이고 예루살렘 성과 성전이 그렇게 불타고 무너지지도 않았을 것입니다.

"유다 왕 여호야긴이 사로잡혀 간 지 삼십칠 년 곧 바벨론의 에윌므로
닥 왕의 즉위 원년 열두째 달 스물다섯째 날 그가 유다의 여호야긴 왕의
머리를 들어 주었고 감옥에서 풀어 주었더라. 그에게 친절하게 말하고 그
의 자리를 그와 함께 바벨론에 있는 왕들의 자리보다 높이고 그 죄수의
의복을 갈아 입혔고, 그의 평생 동안 항상 왕의 앞에서 먹게 하였으며 그
가 날마다 쓸 것을 바벨론의 왕에게서 받는 정량이 있었고 죽는 날까지
곧 종신토록 받았더라"(렘 52:31~34).

예루살렘 성전의 멸망과 에스겔이 그린 성전 조감도:
3차 포로(B.C.586)

18개월이나 예루살렘을 포위하고 한뎃잠을 자야 했던 바벨론 군인들
이 예루살렘을 함락하자, 그들의 분노가 일시에 폭발했습니다. 예루살렘
성전을 불사릅니다. 왕궁도 불사릅니다. 예루살렘의 모든 집과 귀족들의
집들을 하나도 남김없이 다 부수고 불지릅니다. 그리고 예루살렘 성벽을
다 부수어 헐어버립니다.

"바벨론의 느부갓네살 왕의 열아홉째 해 다섯째 달 열째 날에 바벨론
왕의 어전 사령관 느부사라단이 예루살렘에 이르러 여호와의 성전과 왕
궁을 불사르고 예루살렘의 모든 집과 고관들의 집까지 불살랐으며 사령
관을 따르는 갈대아 사람의 모든 군대가 예루살렘 사면 성벽을 헐었더라"
(렘 52:12~14).

그리고 비천한 자들 소수만을 포도 농사를 위해 남겨두고, 모조리 잡아 끌고 바벨론으로 데려갑니다. 이것이 '바벨론 3차 포로'입니다.

전쟁사를 보면 "3일, 혹은 5일 이렇게 약탈을 허용한다."라는 말이 있습니다. 이는 표면적으로는 군인들의 사기를 위해 허용한다고 말합니다. 그런데 이 약탈에서 가장 취약한 곳에 있는 자들은 여성들과 아이들입니다. 남자들은 일단 보이는 대로 죽이고, 여인들은 무차별적으로 폭행에 내몰립니다. 아이들은 고아가 되고, 쓸 만한 것들은 다 빼앗기는 것입니다. 이런 약탈이 며칠간 계속되니 말 그대로 쑥대밭이 되는 것입니다.

예루살렘이 온통 불에 타고, 무너지고, 시체가 나뒹굴고 있었습니다. 예레미야가 우는 아이가 있기에 가보니 그 아이가 어머니의 젖을 빨고 있는데 그 어머니의 젖에서는 피가 나고 있습니다. 그 아이는 죽은 어머니의 젖을 빨고 있던 것입니다.

그런데 그런 아이들이 하나 둘이 아닙니다. 어디에서부터 손을 써야 할지 알 수가 없습니다. 그래서 예레미야가 계속 웁니다.

"내 눈이 눈물에 상하며
내 창자가 끊어지며,
내 간이 땅에 쏟아졌으니,
이는 딸 내 백성이 패망하여
어린 자녀와 젖 먹는 아이들이
성읍 길거리에 기절함이로다"(애 2:11).

북이스라엘이 망한 지 150여 년 만에, 남유다도 이렇게 비참하게 나라

BIBLE with BABYLONIAN EMPIRE

의 문을 닫았습니다. 이런 사태를 막기 위해 예레미야가 그렇게 바벨론에 항복할 것을 부탁했던 것입니다. 하나님의 뜻은 70년간 예루살렘 땅을 안식시키신다는 것이고, 그 뜻은 돌이키시지 않겠다고 계속 말씀하셨기 때문입니다.

그래서 남유다가 바벨론에 항복했다면, 시드기야에게 말했듯이 예루살렘 성이 불타지 않고 백성도 이렇게까지 참담하게 죽어나가지 않았을 것입니다. 밤이 새도록 울다 지친 예레미야가 새벽이 되자, 몸을 다시 추스릅니다. 그리고 있는 힘을 다해 하나님을 찬양합니다. 그래도 감사하다는 것입니다. '진멸'되지 않고 살아남은 백성이 있다는 것이 희망이 된다는 것을 발견한 것입니다.

"내 고초와 재난 곧 쑥과 담즙을 기억하소서.
내 마음이 그것을 기억하고 내가 낙심이 되오나
이것을 내가 내 마음에 담아 두었더니
그것이 오히려 나의 소망이 되었사옴은
여호와의 인자와 긍휼이 무궁하시므로
우리가 진멸되지 아니함이니이다.
이것들이 아침마다 새로우니 주의 성실하심이 크시도소이다"(애 3:19~23).

예루살렘이 불타고 예레미야가 이렇게도 아플 때, 바벨론에서는 이원생방송처럼 동시에 에스겔 37장의 마른 뼈들에 대한 이야기가 펼쳐집니다. 예루살렘에서 예레미야의 눈물과 바벨론에서 에스겔의 눈물이 동시에 흐르고 있는 중에, 하나님께서는 에스겔에게 마른 뼈들이 살아나는 환상들을 보여주시면서 또한 '희망'을 주시는 것입니다.

"여호와께서 권능으로 내게 임재하시고 그의 영으로 나를 데리고 가서 골짜기 가운데 두셨는데 거기 뼈가 가득하더라. 나를 그 뼈 사방으로 지나가게 하시기로 본즉 그 골짜기 지면에 뼈가 심히 많고 아주 말랐더라.

그가 내게 이르시되 인자야, 이 뼈들이 능히 살 수 있겠느냐 하시기로 내가 대답하되 주 여호와여 주께서 아시나이다.

또 내게 이르시되 너는 이 모든 뼈에게 대언하여 이르기를 너희 마른 뼈들아 여호와의 말씀을 들을지어다. 주 여호와께서 이 뼈들에게 이같이 말씀하시기를 내가 생기를 너희에게 들어가게 하리니 너희가 살아나리라. 너희 위에 힘줄을 두고 살을 입히고 가죽으로 덮고 너희 속에 생기를 넣으리니 너희가 살아나리라. 또 내가 여호와인 줄 너희가 알리라 하셨다 하라"(겔 37:1~6).

그 후 하나님께서는 에스겔을 통해 새로운 예루살렘 성전의 조감도(겔 40~44장 참고)를 주십니다. 전율이 느껴집니다.

하나님께서 에스겔을 통해 직접 주신 성전 조감도입니다. 앞으로 세워질 성전의 모습 – 동향한 문, 안뜰의 남문, 성소내부, 성전 곁의 건물들 – 을 보여주십니다. 그리고 하나님의 영광이 어떻게 나타날 것인지, 제단과 제단 봉헌에 관한 규례, 성전 출입에 관한 규례를 주시면서 결국 새 희망을 주십니다.

새 성전의 소망을 주신 것은 에스겔이 사로잡혀 간 지 25년이 되었을 때입니다. 에스겔은 자신이 본 환상을 이렇게 설명합니다.

"그 사람이 내게 이르되 인자야 내가 네게 보이는 그것을 눈으로 보고 귀로 들으며 네 마음으로 생각할지어다. 내가 이것을 보이려고 이리로 데리고 왔나니 너는 본 것을 다 이스라엘 족속에게 전할지어다 하더라"(겔 40:4).

그리고 나서 성전 조감도를 하나하나 자세히 설명해 주십니다. 한 가지만 예를 들면 다음과 같습니다.

"그가 나를 데리고 안뜰 동쪽으로 가서 그 문간을 측량하니 크기는 길이가 쉰 척이요 너비가 스물다섯 척이며 그 문지기 방과 벽과 현관이 먼저 측량한 것과 같고 그 문간과 그 현관 좌우에도 창이 있으며 그 현관이 바깥뜰로 향하였고 그 이쪽, 저쪽 문 벽 위에도 종려나무를 새겼으며 그 문간으로 올라가는 여덟 층계가 있더라"(겔 40:32~34).

그래서 하나님께서는 바벨론 70년 포로 기간이 징계가 아닌 평안이요, 장래에 소망을 주시기 위함이라고 말씀하셨던 것입니다. 하나님의 속성은 결국 '그 크신 사랑' 이시기 때문입니다.

바벨론에 보낸 예레미야의 편지

예레미야가 하나님께 기도합니다. 그렇게 오랫동안 친바벨론주의자로 오해를 받으며 매국노로 취급받았음에도 불구하고 민족을 위한 눈물의 기도가 끝나지 않는 예레미야의 모습을 볼 수 있습니다.

"여호와여 우리를 주께로 돌이키소서. 그리하시면 우리가 주께로 돌아가겠사오니 우리의 날들을 다시 새롭게 하사 옛적 같게 하옵소서.

주께서 우리를 아주 버리셨사오며 우리에게 진노하심이 참으로 크시니이다"(애 5:21~22).

그리고 또 예레미야가 힘을 내서 바벨론에 끌려간 백성에게 편지를 써서 보내기 시작합니다. 바벨론에 끌려가 절망 중에 살고 있을 동족들에게 소망을 이야기하기 위해서입니다. 왜냐하면 하나님께서 말씀하신 70년이 지나면 그들은 다시 고국으로 돌아올 수 있기 때문입니다.

하나님의 자비와 성실과 긍휼이 무궁하시기에 민족이 진멸되지 않았고, 70년이 차면 바벨론도 망하고 남유다 백성이 다시 고국으로 돌아올 수 있다는 것을 알려주기 위해서 예레미야는 부지런히 편지를 쓰고 또 씁니다.
앞에서 말씀드린 대로 그 편지가 다행히 다니엘의 손에 들어갑니다. 예레미야의 편지를 받은 다니엘이 바벨론에서의 포로 기간이 70년이라는 사실을 알게 되지요.

"메대 족속 아하수에로의 아들 다리오가 갈대아 나라 왕으로 세움을 받던 첫 해 곧 그 통치 원년에 나 다니엘이 책을 통해 여호와께서 말씀으로 선지자 예레미야에게 알려 주신 그 연수를 깨달았나니 곧 예루살렘의 황폐함이 칠십 년만에 그치리라 하신 것이니라"(단 9:1~2).

그래서 다니엘이 회복될 예루살렘을 기대하며, 평생 동안 예루살렘을 향하여 창을 열고, 하루 3번씩 무릎을 꿇고 하나님께 감사의 기도를 드리며 삽니다.

"다니엘이 이 조서에 왕의 도장이 찍힌 것을 알고도 자기 집에 돌아가서는 윗방에 올라가 예루살렘으로 향한 창문을 열고 전에 하던 대로 하루 세 번씩 무릎을 꿇고 기도하며 그의 하나님께 감사하였더라"(단 6:10).

바벨론 성(城) 스케치

헤로도토스의 『역사』에 의하면,[4] 바벨론 성은 광대한 평야 한가운데 있는 대도시로 사각형을 이루고 있었으며 각 변의 길이가 120스타디온(14마일)에 이르렀다고 합니다. 한 변의 길이가 14마일이라면 1마일이 1.6km이므로 한 쪽 변이 22.4km에 이른다는 것이지요. 이렇게 성 전체의 둘레를 합치면 56마일로, 90.16km입니다.

그리고 바벨론 성 둘레에는 100개의 성문이 있었는데 모두 청동으로 되어 있었으며, 문주와 상인방도 마찬가지로 청동이었다고 합니다. 또한

〈바벨론의 이쉬타르 문〉

바벨론은 아름답게 정비된 도시로, 물이 가득 차서 깊은 해자가 도시 주위를 돌고 있었고, 아스팔트도 이미 사용하고 있었다고 합니다.

성벽 위 양쪽 가장자리에는 연하여 두 채씩 마주보게 지었는데, 그 건물 사이로 사두 전차를 타고 지날 수 있을 만큼의

---

4) 헤로도토스, 『역사 (상)』, 박광순 옮김(서울: 범우사, 2005), pp.132~133.

빈 공간이 있었다고 합니다. 그리고 바벨론의 도시는 두 부분으로 나뉘어 있는데 도시 중앙으로는 유프라테스 강이 흘러 도시를 갈라놓았답니다.

후에 페르시아가 바벨론을 점령하고 나서 세금을 걷었을 때의 기록에 의하면, 바벨론의 국력은 전 아시아의 3분의 1에 해당했다고 합니다.[5] 그 만큼 바벨론이 막강한 나라였다는 것을 의미합니다.

두 프로젝트;
하나님의 인재 양성과 바벨론의 느부갓네살 학교

하나님의 율법 교육은 광야 40년 동안 모세를 통해 출애굽한 이스라엘 백성에게 집중적으로 이루어졌습니다. 특히 출애굽한 후 3개월 만에 도착한 시내 산에서 1년간 머무르면서 집중적으로 실시되었습니다.

후에 신약시대에 예수님께서는 당신 스스로가 율법과 선지자가 하신 말씀을 완성하기 위해 오셨다고 말씀하시며, 율법과 선지자들이 예언한 말씀에 큰 비중을 두셨습니다.

"내가 율법이나 선지자를 폐하러 온 줄로 생각하지 말라. 폐하러 온 것이 아니요 완전하게 하려 함이라"(마 5:17).

하나님께서 직접 주신 율법은 고칠 것이 없는 완벽하고 완전한 법이었습니다. 이 율법을 40년 동안 공부한 이스라엘 백성은 노예 민족에서 세

---

5) 헤로도토스, 『역사 (상)』, 박광순 옮김(서울: 범우사, 2005), p.141.

계 최강의 민족으로 거듭나게 되었던 것입니다.

그런데 바벨론 제국이 그들의 제국 정책으로 바벨론식 민족주의 교육이라는 것을 들고 나온 것입니다. 각 나라에서 끌어온 청소년들에게 바벨론 언어와 바벨론 교육을 시켜 제국 전체를 바벨론 민족주의화하겠다는 야심찬 정책을 들고 나온 것이지요.

그런데 예레미야는 이것에 대해서 걱정을 하지 않습니다. 오히려 바벨론에서 집을 짓고 전원을 만들며 그 열매를 먹으라고 말합니다. 월등하게 살아남은 다음에 돌아가서 새롭게 시작하자는 것이 하나님의 계획이라는 것이지요. 바벨론에서 결코 교육에 의해 남유다 사람들이 밀리지 않을 것을 확신하는 것입니다.

"너희는 집을 짓고 거기에 살며 텃밭을 만들고 그 열매를 먹으라.

아내를 맞이하여 자녀를 낳으며 너희 아들이 아내를 맞이하며 너희 딸이 남편을 맞아 그들로 자녀를 낳게 하여

너희가 거기에서 번성하고 줄어들지 아니하게 하라.

너희는 내가 사로잡혀 가게 한 그 성읍의 평안을 구하고 그를 위하여 여호와께 기도하라. 이는 그 성읍이 평안함으로 너희도 평안할 것임이라"(렘 29:5~7).

바벨론에 있는 유대인의 포로 _ 헤르트 구스타브 쉬룸소 作

그리고 남유다 백성을 바벨론으로 보낸 것이 재앙이 아니라 평안이며, 장래에 소망을 주시기 위함이라는 것입니다. 그래서 오히려 바벨론에서 하나님을 다시 찾고 기도하라고 말씀하시는 것입니다. 하나님께서

는 바벨론에서 70년간 지내고 오면 그들이 훨씬 좋아져서 하나님과의 관계가 회복될 것을 기대하시고 계셨던 것입니다.

하나님의 생각은 정확했습니다. 바벨론에 끌려간 청소년 다니엘은 바벨론 이데올로기에 동화되기는커녕 오히려 바벨론에서 선지자로 활동했고, 남유다 출신으로 후에 페르시아로부터 총독으로 임명받은 스룹바벨과 느헤미야는 월등한 행정가로, 그리고 민족의 지도자로서 두각을 나타냈습니다.

"다니엘은 뜻을 정하여 왕의 음식과 그가 마시는 포도주로 자기를 더럽히지 아니하리라 하고 자기를 더럽히지 아니하도록 환관장에게 구하니 하나님이 다니엘로 하여금 환관장에게 은혜와 긍휼을 얻게 하신지라"(단 1:8~9).

"스룹바벨 때와 느헤미야 때에는 온 이스라엘이 노래하는 자들과 문지기들에게 날마다 쓸 몫을 주되 그들이 성별한 것을 레위 사람들에게 주고 레위 사람들은 그것을 또 성별하여 아론 자손에게 주었느니라"(느 12:47).

또한 포로로 끌려간 곳에서 태어난 에스라는 그곳에서 율법을 공부하여 자신이 아론의 16대손임을 알아내고 남유다로 귀국해서는 유대의 3대 율법학자 중에 한 명으로 그의 인생을 월등하게 살아갔습니다.

"아비수아의 십삼대 손이요 비느하스의 십사대 손이요 엘르아살의 십오대 손이요 대제사장 아론의 십육대 손이라.

이 에스라가 바벨론에서 올라왔으니 그는 이스라엘의 하나님 여호와께서 주신 모세의 율법에 익숙한 학자로서 그의 하나님 여호와의 도우심을 입음으로 왕에게 구하는 것은 다 받는 자이더니"(스 7:5~6).

바벨론의 인재 양성 프로젝트는 언뜻 보아서는 남유다를 포함한 대부분의 민족들을 뿌리째 뽑을 만한 엄청난 프로젝트로 보였습니다. 그러나 바벨론에서 직접 맞닥뜨린 바벨론 제국 교육과 하나님의 율법 교육은 게임이 되지 못했고, 바벨론은 제국 중에서 가장 짧은 수명인 70년으로 끝나게 됩니다.

바벨론 제국의 멸망(B.C.539)

앗수르와 남유다와 애굽을 비롯해 고대 근동을 모두 손아귀에 넣은 무서운 제국 바벨론이 하나님께서 말씀하신 70년이 다 되어가면서 내리막 길로 치닫고 있습니다. 바벨론 제국의 문을 연 느부갓네살은 43년에 걸친 통치를 통해 군사적으로 무서운 힘을 발휘했고 어마어마한 건축 사업도 일으켰습니다. 그러나 느부갓네살이 죽자 바벨론도 쇠퇴의 길을 걷기 시작했습니다.

느부갓네살의 아들 마르둑(Amel-marduk)이 2년간 다스렸고, 마르둑을 살해한 마르둑의 매부 네리글리살(Neri-glissar)과 네리글리살의 아들 라바시마르둑(Labashi-marduk)이 나라를 다스리다가 신하들에게 암살당합니다. 그리고 느부갓네살의 집안이 아닌 나보니두스가 왕권을 차지하게 됩니다.

이 나보니두스(Nabonidus)는 하란 출신 귀족의 아들로, 느부갓네살 이후 가장 유능한 통치자로 평가받습니다.

그런데 느부갓네살과 그의 집안, 그리고 바벨론 백성은 '마르둑'이라는 신을 섬기는데 반해, 나보니두스는 '신'(Sin)이라는 신을 섬기면서 문제가 발생합니다. 그리고 나보니두스의 아들 벨사살 때에 '마르둑' 신을 섬기는 느부갓네살 집안과 바벨론 사람들이 나보니두스와 그의 아들 벨사살보다 오히려 페르시아의 고레스(키루스 2세) 쪽으로 마음을 돌립니다.[6] 그런 와중에 벨사살 왕이 귀족 1,000명을 초대해서 파티를 연 것이 성경에 기록되어 있습니다. 그날 술잔으로 사용된 것이 예루살렘 성전에서 탈취해 온 기명들이었습니다.

예루살렘 성전에서 하나님께 제사 드리면서 사용되는 그릇으로 술잔을 하고, 그들의 온갖 신들을 찬양하고 있는 모습은 다음과 같습니다.

벨사살 왕이 그의 귀족 1,000명을 위하여 큰 잔치를 베풀고 그 1,000명 앞에서 술을 마십니다. 벨사살이 술을 마실 때에 "느부갓네살이 예루살렘 성전에서 탈취하여 온 금, 은그릇을 가져오라."라고 명합니다. 이는 왕과 귀족들과 왕후들과 후궁들이 다 그것으로 마시려 했기 때문입니다.

이에 예루살렘 하나님의 전 성소 중에서 탈취하여 온 금 그릇을 가져오매 왕이 그 귀족들과 왕후들과 후궁들과 더불어 그것으로 술을 마시고는 그 금, 은, 구리, 쇠, 나무, 돌로 만든 신들을 찬양합니다(단 5:1~4 참고).

그런데 그때 갑자기 사람의 손가락이 나타나서 글씨를 쓰기 시작했습니다. 다들 얼마나 놀랐겠습니까? 왕의 얼굴빛이 변하고 넓적다리가 녹는

---

6) 레온 우드, 『이스라엘의 역사』, 김의원 옮김(서울: 기독교문서선교회, 1985), pp.421~423.

듯하고 무릎이 서로 부딪칠 만큼 벌벌
떨었다고 성경은 기록하고 있습니다.

"그 때에 사람의 손가락들이 나타나
서 왕궁 촛대 맞은편 석회벽에 글자를
쓰는데 왕이 그 글자 쓰는 손가락을 본지라"(단 5:5).

"이에 왕의 즐기던 얼굴빛이 변하고 그 생각이 번민하여 넓적다리 마
디가 녹는 듯하고 그의 무릎이 서로 부딪친지라"(단 5:6).

왕은 놀라 소리 지르며 술객과 술사와 점쟁이와 바벨론 박사들을 다 불
러 벽에 쓰인 글자가 무엇인지를 물으며, 맞추는 자에게 왕의 옷을 입히
고 나라의 서열 3위의 자리를 주겠다고 약속을 합니다. 그럼에도 불구하
고 아무도 벽에 쓰인 그 글자를 아는 사람이 없었습니다.

"그 때에 왕의 지혜자가 다 들어왔으나 능히 그 글자를 읽지 못하며 그
해석을 왕께 알려 주지 못하는지라"(단 5:8).

그러자 왕의 부인이 다니엘을 기억해 냅니다. 느부갓네살 때에도 다니
엘이 왕의 꿈과 해석을 맞추었던 경험이 있었기 때문입니다.
"왕의 나라에 거룩한 신들의 영이 있는 사람이 있으니 곧 왕의 부친 때
에 있던 자로서 명철과 총명과 지혜가 신들의 지혜와 같은 자니이다.
왕의 부친 느부갓네살 왕이 그를 세워 박수와 술객과 갈대아 술사와 점
쟁이의 어른을 삼으셨으니 왕이 벨드사살이라 이름하는 이 다니엘은 마

음이 민첩하고 지식과 총명이 있어 능히 꿈을 해석하며 은밀한 말을 밝히며 의문을 풀 수 있었나이다.

이제 다니엘을 부르소서. 그리하시면 그가 그 해석을 알려 드리리이다 하니라"(단 5:11~12).

불려온 다니엘은 벽에 쓰인 글자를 말하고 해석합니다.

"기록된 글자는 이것이니 곧 메네 메네 데겔 우바르신이라. 그 글을 해석하건대 메네는 하나님이 이미 왕의 나라의 시대를 세어서 그것을 끝나게 하셨다 함이요, 데겔은 왕을 저울에 달아 보니 부족함이 보였다 함이요, 베레스는 왕의 나라가 나뉘어서 메대와 바사 사람에게 준 바 되었다 함이니이다 하니"(단 5:25~28).

벨사살의 나라가 끝난다는 해석을 해주었음에도 벨사살은 다니엘에게 약속한 대로 왕의 옷을 입히고 조서를 내려 나라의 서열 3위 자리를 줍니다. 그러나 그날 밤 벨사살이 죽고 바벨론은 페르시아에게 망합니다.

"이에 벨사살이 명하여 그들이 다니엘에게 자주색 옷을 입히게 하며 금사슬을 그의 목에 걸어 주고 그를 위하여 조서를 내려 나라의 셋째 통치자로 삼으니라. 그 날 밤에 갈대아 왕 벨사살이 죽임을 당하였고"(단 5:29~30).

이 당시 벨사살은 이미 바벨론 국민들에게 부적당한 통치자로 낙인이 찍혔을 때입니다. 페르시아의 고레스(키루스 2세)는 바벨론을 침략해 오면서 티그리스 강의 오피스(Opis)에서 이미 승기를 잡고 바벨론 성으로 전투도 없이 무혈입성할 수 있었습니다. 이미 바벨론의 백성은 벨사살을 미워하고 오히려 고레스(키루스 2세)에게 희망을 두고 있었기 때문입니다.[7]

느부갓네살의 헌축형 비문 (부분)

하나님의 세계경영

바벨론 제국 경영 키워드는 '교육'이었습니다. 바벨론의 생각은 곰곰이 따져보면 정말 무서운 생각이었다고 봅니다. 무기 중에 가장 무서운 무기인 이데올로기 교육을 무기로 삼았기 때문입니다. 그러나 교육을 가장 중요하게 여기셨던 분은 오히려 하나님이십니다. 출애굽한 이스라엘 백성을 광야에서 40년간이나, 노동에서 해방시키시고, 하늘 양식으로 먹이시며 집중하셨던 것이 율법 교육이었기 때문입니다. 그런데 바벨론이 그들의 제국을 위해 이데올로기 교육이라는 카드를 들고 나왔던 것입니다.

교육은 백년대계(百年大計)라고 합니다. 그러나 바벨론 민족주의적인 이데올로기 교육을 제국의 정책으로 세운 바벨론은 오히려 제국들 가운데 가장 짧은 수명인 70년 만에 제국의 깃발을 내리고 말았습니다.

하나님의 율법 교육 대표 선수가 바로 다니엘이지요. 바벨론의 느부갓네살은 다니엘을 자기 계획대로 교육시켜서 바벨론 제국의 충성스런 식

---

7) 레온 우드, 『이스라엘의 역사』, 김의원 옮김(서울: 기독교문서선교회, 1985), p.431.

민 신하로 만들어 유대 민족 등 세계 모든 민족을 그들의 제국 깃발 아래 영원히 두려 했습니다.

그러자 하나님께서는 오히려 느부갓네살의 꿈을 통해 앗수르 제국의 끝을 본 다니엘에게 바벨론 제국의 끝이 어떠할지를 알게 하시고, 이어질 페르시아 제국과 헬라 제국, 그리고 로마 제국의 시작과 끝을 미리 다 보여주신 것입니다. 이렇게 앞으로 펼쳐질 제국들을 예언함으로 행정가인 다니엘이 선지자가 된 것입니다.

세계경영은 어떤 목적을 가진 세력의 이데올로기 교육으로 성공할 수 없습니다. 인간을 대상으로 하는 교육(가르침)은 어떤 이데올로기적 목적성을 이루는 도구가 아닌 인간을, 인간답게 하시려는 하나님의 노력이기 때문입니다.

BIBLE with PERSIAN EMPIRE
CHAPTER 3
페르시아 제국과 성경

페르시아는 오늘날 '이란'의 옛 이름입니다.

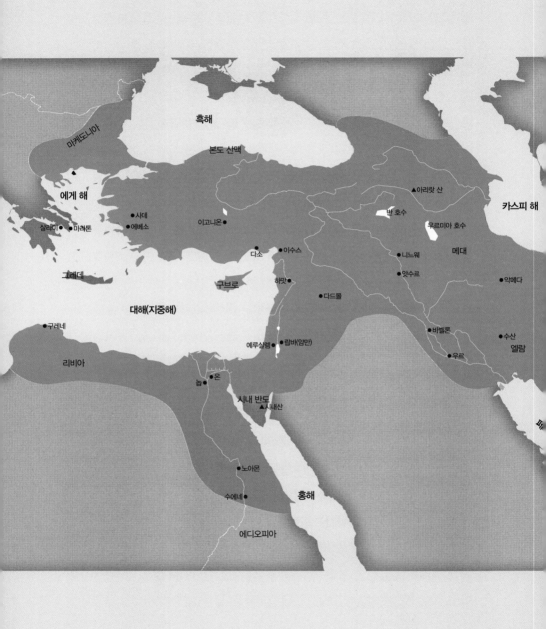

흑해

마케도니아

본도 산맥

▲아라랏 산

에게 해

반 호수

카스피 해

●사데

이고니온●

우르미아 호수

●에베소

메대

살라미●●마라톤

●다소

●이수스

●니느웨

그레데

구브로

하맛●

●앗수르

●악메다

대해(지중해)

●다드몰

●구레네

●바빌론

●수산

예루살렘●

●랍바(암만)

엘람

리비아

●우르

●놉●온

시내 반도

▲시내산

●노아몬

홍해

●수에네

에디오피아

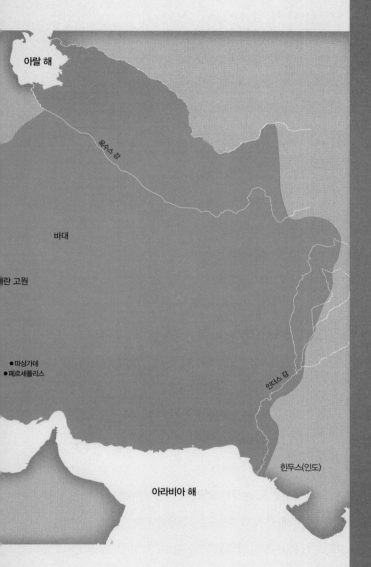

아랄 해

옥수스 강

바대

란 고원

●파상가데
●페르세폴리스

인더스 강

힌두스(인도)

아라비아 해

페르시아 제국

PERSIAN EMPIRE

❧ 페르시아와 관련된 성경 ❧

다니엘, 학개, 스가랴, 에스더
에스라, 느헤미야, 말라기, 역대하 등

Bible with
Persian Empire

● 페르시아 제국과 구약 7권의 성경

서울 강남구를 동서로 가로지르는 3.7km의 왕복 10차선 도로가 있는데, 그 도로의 이름이 바로 '테헤란로(路)' 입니다. 테헤란은 이란의 수도이지요. 1977년 이란의 수도인 테헤란의 시장이 방한하면서 삼릉로였던 그 길이 '테헤란로'로 바뀌게 되었답니다. 물론 테헤란에도 '서울로(路)'가 있다고 하더군요.

우리나라 어떤 도로명에도 워싱턴로(路)가 없고 베이징로(路)도 없는데 테헤란로가 있다니, 이란이 이렇게 우리와 가까운 나라였네요. 그런데 이란의 옛날 이름이 바로 페르시아입니다. 그 페르시아는 구약성경 39권 중에 7권과 직접적으로 관련이 있습니다.

바로 다니엘, 학개, 스가랴, 에스더, 에스라, 느헤미야, 말라기가 그 주인공들입니다.

제일 먼저는 바벨론과 페르시아 두 제국에서 행정가와 선지자로 활동한 '다니엘'이 페르시아와 관련이 있다고 볼 수 있지요.

그리고 바벨론으로 1차, 2차, 3차에 걸쳐 포로로 잡혀갔던 남유다 사람들은 그곳에서 바벨론이 페르시아에게 망하게 되는 것을 목격하게 되고, 페르시아의 왕은 다시 1차, 2차, 3차에 걸쳐 남유다 백성을 귀환시키는데 그 귀환과 성경은 깊은 관련이 있습니다.

1차 귀환 때에 돌아온 남유다 사람들이 성전을 건축하려다가 방해하는 세력이 있자, 16년간이나 성전 건축을 중단했었던 것을 기억할 것입니다. 그때 성전 건축을 다시 독려한 선지자가 바로 '학개'와 '스가랴'입니다. 따라서 다니엘을 포함해서 학개와 스가랴 벌써 3권이 페르시아와 관련이 있지요.

그리고 1차 포로 귀환과 2차 포로 귀환 사이에 일어난 사건이 바로 유대 민족이 말살될 뻔한 것을 페르시아의 왕비가 된 에스더가 민족을 구하게 되고, '부림절'이라는 명절을 탄생시킨 기록이 있는 '에스더'입니다. 그러니 '에스더는 4번째 책'이라고 할 수 있겠지요. 요세푸스는 에스더 왕비 이야기가 3차 포로 귀환이 일어난 뒤에 발생한 사건이라고 주장하기도 합니다.

그리고 2차 포로 귀환의 지도자는 학사 에스라입니다. 그리고 3차 포로 귀환의 지도자는 총독 느헤미야이고요. 그러니 5번째와 6번째로 페르시아와 관련한 책은 '에스라' 와 '느헤미야' 입니다.

그리고 구약의 마지막 책인 말라기에도 총독 이야기가 나 오는데 그 총독은 바로 페르시 아에서 파견한 총독입니다. 그래서 말라기도 페르시아와 관련이 있습니 다. 이렇게 7권의 성경과 페르시아는 깊은 관련이 있습니다.

다니엘서에 나오는 말씀입니다.
"메대 사람 다리오가 나라를 얻었는데 그 때에 다리오는 육십이 세였 더라"(단 5:31).

학개서에 나오는 말씀입니다.
"만군의 여호와가 이같이 말하여 이르노라. 이 백성이 말하기를 여호 와의 전을 건축할 시기가 이르지 아니하였다 하느니라"(학 1:2).

스가랴서에 나오는 말씀입니다.
"다리오 왕 제이년 여덟째 달에 여호와의 말씀이 잇도의 손자 베레갸 의 아들 선지자 스가랴에게 임하니라 이르시되"(슥 1:1).

에스더서에 나오는 말씀입니다.
"이 일은 아하수에로 왕 때에 있었던 일이니 아하수에로는 인도로부터 구스까지 백이십칠 지방을 다스리는 왕이라"(에 1:1).

에스라서에 나오는 말씀입니다.

"바사 왕 고레스 원년에 여호와께서 예레미야의 입을 통하여 하신 말씀을 이루게 하시려고 바사 왕 고레스의 마음을 감동시키시매 그가 온 나라에 공포도 하고 조서도 내려 이르되"(스 1:1).

느헤미야서에 나오는 말씀입니다.

"하가랴의 아들 느헤미야의 말이라. 아닥사스다 왕 제이십년 기슬르월에 내가 수산 궁에 있는데"(느 1:1).

말라기서에 나오는 말씀입니다.

"만군의 여호와가 이르노라. 너희가 눈 먼 희생제물을 바치는 것이 어찌 악하지 아니하며 저는 것, 병든 것을 드리는 것이 어찌 악하지 아니하냐. 이제 그것을 너희 총독에게 드려 보라. 그가 너를 기뻐하겠으며 너를 받아 주겠느냐"(말 1:8).

애굽의 바로(파라오)와 페르시아의 고레스(키루스 2세)

페르시아로 직접 가기 전에 잠깐 숨을 고르고 애굽의 바로 왕과 페르시아의 첫 번째 왕인 고레스(키루스 2세) 왕을 비교해서 먼저 살펴보겠습니다. 이 두 사람은 출(出)애굽과 출(出)페르시아라는 구약의 두 수레바퀴와 같은 사건의 중심에 있었던 왕들이기 때문입니다.

먼저 애굽의 바로 왕에 대해서 성경은 '하나님께서 바로의 마음을 강

팍하게 하셨다'고 기록하고 있습니다.

"여호와께서 바로의 마음을 완악하게 하셨으므로 그들의 말을 듣지 아니하였으니 여호와께서 모세에게 말씀하심과 같더라"(출 9:12).

그러나 페르시아의 고레스(키루스 2세) 왕에 대해서는 '하나님께서 고레스의 마음을 감동시키시매'라고 성경은 기록하고 있습니다.

"바사 왕 고레스 원년에 여호와께서 예레미야의 입을 통하여 하신 말씀을 이루게 하시려고 바사 왕 고레스의 마음을 감동시키시매 그가 온 나라에 공포도 하고 조서도 내려 이르되"(스 1:1).

출애굽과 출페르시아의 두 사건에는 하나님께서 왕들의 마음을 강퍅하게도 하시고, 감동시키기도 하셨다는 것입니다.

물론 요셉 때의 바로와 모세 때의 바로가 다른 사람이라는 것은 당연히 아시겠지만, 모세 때의 바로가 지금 이야기의 주인공이라는 사실을 확인하는 바입니다.

요셉 때의 바로 왕은 참 괜찮은 사람이었지요.

바로가 그의 신하들에게 이릅니다.

"이와 같이 하나님의 영에 감동된 사람을 우리가 어찌 찾을 수 있으리요."

그리고 요셉에게 이어서 바로가 말합니다.

"하나님이 이 모든 것을 네게 보이셨으니 너와 같이 명철하고 지혜 있는 자가 없도다. 너는 내 집을 다스리라. 내 백성이 다 네 명령에 복종하

리니 내가 너보다 높은 것은 내 왕좌뿐
이니라."

바로가 또 요셉에게 이릅니다.

"내가 너를 애굽 온 땅의 총리가 되게
하노라."

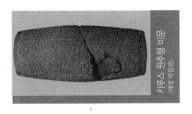

이 말을 마친 바로는 자기의 인장 반지를 빼어 요셉의 손에 끼우고 그에게 세마포 옷을 입히고 금 사슬을 목에 걸고, 자기에게 있는 버금 수레에 그를 태웁니다. 그리고 무리에게 그의 앞에서 엎드리라고 소리지릅니다. 바로가 그에게 애굽 전국을 총리로 다스리게 한 것입니다(창 41:38~43 참고).

그런데 모세 때의 바로 왕은 고약하기가 이를 데 없습니다.

바로는 모세에게 이릅니다.

"여호와가 누구이기에 내가 그의 목소리를 듣고 이스라엘을 보내겠느냐. 나는 여호와를 알지 못하니 이스라엘을 보내지 아니하리라"(출 5:2).

어쨌든 페르시아의 왕 고레스(키루스 2세)는 그 나라의 기록에도 '아버지' 라는 별명이 붙을 정도로 훌륭한 왕으로 기록되어 있습니다.[1]

페르시아 왕 고레스(키루스 2세)는 조서를 내려 이렇게 이릅니다.

"바사 왕 고레스는 말하노니 하늘의 하나님 여호와께서 세상 모든 나라를 내게 주셨고 나에게 명령하사 유다 예루살렘에 성전을 건축하라 하셨나니 이스라엘의 하나님은 참 신이시라.

---

1) 헤로도토스, 『역사 (상)』, 박광순 옮김(서울: 범우사, 2005), p.327.

너희 중에 그의 백성 된 자는 다 유다 예루살렘으로 올라가서 이스라엘의 하나님 여호와의 성전을 건축하라. 그는 예루살렘에 계신 하나님이시라. 그 남아 있는 백성이 어느 곳에 머물러 살든지 그 곳 사람들이 마땅히 은과 금과 그 밖의 물건과 짐승으로 도와주고 그 외에도 예루살렘에 세울 하나님의 성전을 위하여 예물을 기쁘게 드릴지니라"(스 1:1~4 참고).

페르시아의 두 도시 국가: 메대(메디아)와 바사(페르시아)

성경을 읽다보면 '메대와 바사의 고치지 아니하는 규례' 혹은 '바사와 메대'와 같은 말이 가끔 등장합니다. 그렇다면 메대와 바사는 어느 나라를 일컫는 것일까요?

"나라의 모든 총리와 지사와 총독과 법관과 관원이 의논하고 왕에게 한 법률을 세우며 한 금령을 정하실 것을 구하나이다. 왕이여 그것은 곧 이제부터 삼십일 동안에 누구든지 왕 외의 어떤 신에게나 사람에게 무엇을 구하면 사자 굴에 던져 넣기로 한 것이니이다.
그런즉 왕이여 원하건대 금령을 세우시고 그 조서에 왕의 도장을 찍어 '메대와 바사의 고치지 아니하는 규례'를 따라 그것을 다시 고치지 못하게 하옵소서 하매"(단 6:7~8).

"아하수에로 왕이 명령하여 왕후 와스디를 청하여도 오지 아니하였다 하는 왕후의 행위의 소문이 모든 여인들에게 전파되면 그들도 그들의 남편을 멸시할 것인즉 오늘이라도 '바사와 메대'의 귀부인들이 왕후의 행위를 듣고 왕의 모든 지방관들에게 그렇게 말하리니 멸시와 분노가 많이 일어나리이다"(에 1:17~18).

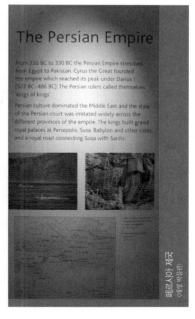

우리는 '그리스'라는 나라가 여러 개의 도시 국가였다는 것을 잘 압니다. 예를 들어, 아테네와 스파르타 그리고 테베와 고린도처럼 말입니다. 그것처럼 페르시아도 고레스(키루스 2세) 왕에 의해 통일이 되기 전까지는 B.C.3000년부터 시작된 나라였음에도 불구하고 여러 개의 도시 국가들로 구성되어 있었습니다. 그중 가장 힘이 센 두 국가가 바로 메대와 바사였지요.

세계 역사책을 보면 메대와 바사가 메디아와 페르시아라고 나와 있습니다. 아마 세계 역사와 성경이 함께 간다고 생각하지 못한 이유 중 하나는 우리 성경에 나와 있는 표기가 역사책의 표기와 다르기 때문일 것입니다.

페르시아가 제대로 나라의 기틀을 다지지 못하고 도시 국가의 형태로 있을 때에는 주로 메대가 바사를 다스리는 때가 많았습니다. 이를 반전시키고 나라를 처음으로 통일하여 제국으로까지 발전시킨 왕이 바로 페르시아의 고레스, 세계 역사에서는 키루스 2세라는 왕입니다.

페르시아의 왕, 리디아의 왕, 그리고 그리스의 현인 솔론 이 장은 세계 역사에서 다루는 이름으로 표기합니다.

페르시아가 아직 통일된 국가를 가지지 못하고 도시 국가 형태로 있을 당시, 메대(메디아)가 바사(페르시아)를 다스리고 있던 때입니다.

이때는 아스티아게스라는 메디아의 왕이 페르시아까지 다스리고 있을 때입니다. 그에게는 만다네라는 딸이 하나 있었습니다. 어느 날 아스티아게스 왕이 이상한 꿈을 꾸었습니다. 그의 딸 만다네가 소변을 누었는데 전 도시가 물에 잠기고, 아시아 전역에 물이 범람하는 꿈이었지요.

아스티아게스 왕은 메디아의 정치인들이자 해몽가들인 마고스들 즉, 사제들에게 이 꿈을 이야기하고 꿈의 해석을 청했습니다. 애굽의 바로, 바벨론의 느부갓네살 등 고대로부터 왕이 꿈을 꾸면 늘 이렇게 번거로워지나 봅니다.

사제들이 말한 꿈의 해몽은 만다네가 낳은 아이가 아스티아게스를 반역하고 결국은 아시아 전체를 점령하게 될 것이라는 해석이었습니다. 그러자 메디아의 왕 아스티아게스는 이 일에 대처하기 위해 메디아인들 중에서 사위를 고르지 않고, 페르시아에서도 중류층보다 훨씬 낮은 처지에 있었던 캄비세스라는 청년에게 딸을 시집보내기로 결심합니다.

그런데 결혼한 딸 만다네가 임신했을 때 아스티아게스 왕은 전보다 더 해괴한 꿈을 또 꾸게 됩니다. 그러자 그는 딸이 낳은 아이를 죽이는 것이 낫겠다고 생각합니다. 아스티아게스 왕은 그의 오른팔과 같은 신하 하르파고스라는 자에게 자신의 손자가 태어나면 죽이도록 명령을 내렸습니다. 그러나 하르파고스는 아스티아게스 왕의 명령을 듣지 않고 만다네의 아들을 산 속에 있는 소치기 내외에게 맡겼습니다.

때마침 소치기 집에서도 아들이 태어났는데 그 아들이 태어나자마자 죽고 말았습니다. 그러자 소치기의 아내는 만다네 공주가 낳은 아들을 자기 아들로 기르고, 자신의 죽은 아들의 시신을 왕자의 시신으로 하여 왕자의 장례를 치르게 합니다. 그리고 아들이 죽은 줄로만 알고 있는 만다네와 캄비세스는 페르시아로 이주를 하지요.

그렇게 메디아에서 소치기의 아들로 살고 있는 만다네 공주의 아들이 10살이 되었습니다. 그런데 그때 그 아이가 친구들과 놀면서 기이한 일이 벌어집니다. 아직 고레스(키루스 2세)라는 이름으로 불리지 못했던 소치기의 아들은 그날 그의 친구들과 함께 놀면서 왕으로 뽑혔는데 아이들에게 정확한 역할을 분담시키고, 보고하게 하고, 명령을 어긴 아이는 심하게 매질을 했던 것입니다.

그때 심하게 매질 당한 아이는 메디아 귀족인 왕의 신하의 아들이었습니다. 아들이 소치기의 아들에게 맞고 온 것에 대해 분했던 신하는 왕에게 소치기의 아들을 고발했고, 결국 아스티아게스 왕은 소치기의 아들을 만나게 되지요.

그런데 한눈에 자기의 손자임을 알아본 아스티아게스 왕은 늠름한 외손자를 보고 마음에 감동이 왔는지 고레스(키루스 2세)를 그의 친부모인 만다네와 캄비세스가 살고 있는 페르시아로 보냅니다. 그러나 아스티아게스 왕은 자신을 속인 신하 하르파고스만은 용서

세계 최초 금화
- 리디아에서

할 수가 없었습니다. 그래서 아스티아게스 왕은 하르파고스를 식사에 초대하여 하르파고스의 아들을 죽여 요리한 음식을 먹게 해서 처벌을 했습니다.

자기의 아들을 죽여 만든 요리를 먹고 원한을 품은 하르파고스는 결국 아스티아게스에 대한 반란을 꾀하고, 아스티아게스의 외손자 고레스(키루스 2세)를 메디아와 페르시아 전체의 왕이 되게 합니다. 아스티아게스 왕의 꿈이 현실이 되어가고 있던 것이지요.

고레스(키루스 2세)는 메디아의 도시 에크바타나로 진군하여 메디아를 차지한 후(B.C.550) 메디아와 페르시아의 힘을 합하여 29년간 재위하면서 리디아, 앗수르, 그리고 바벨론을 정복하고 박트리아와 소그디아나를 정복하여 제국의 영토를 동쪽으로 확장했습니다. 그리고 결국 아시아의 지배자가 됩니다.

고레스(키루스 2세 B.C.559~529)가 왕이 되어 리디아를 정복하기 전까지 페르시아는 시장도 없었고 사치와 낭비도 찾아볼 수 없을 만큼 가난한 나라였습니다.[2]

고레스(키루스 2세)의 리디아 정복은 페르시아 역사에서 매우 중요합니다. 왜냐하면 리디아 정복으로 말미암아 페르시아는 동방의 부를 대표하는 나라로 변할 수 있었기 때문입니다. 리디아는 오늘날의 터키인데 당시 리디아의 부는 근동 지역에서 손에 꼽힐 만큼 대단했습니다. 특히 가장 강력했던 리디아의 크로이소스 왕은 그리스를 정복해 조공을 받은 최초의 왕이였지요.[3]

---

2) 헤로도토스, 『역사 (상)』, 박광순 옮김(서울: 범우사, 2005), p.65.

고레스(키루스 2세)는 리디아의 수도인 사르디스로 쳐들어가 도시를 포위 공격하여 2주 만에 점령해 버렸습니다.[4] 고레스(키루스 2세)는 장작더미 위에 리디아의 왕인 크로이소스를 올려놓고 불에 태워 그를 처형하려 했지요.

그림 6. 크로이소스를 태우는 장작더미

그런데 그때 크로이소스가 모든 것을 체념한 채, 무엇인가 중얼거리는 것이었습니다. 그러자 그 말이 이상하게도 고레스(키루스 2세)의 가슴에 와닿았고, 고레스(키루스 2세)는 그가 무슨 말을 하는지 알고 싶어졌습니다.

통역을 통해서 리디아의 왕 크로이소스가 무슨 말을 하는지 알고 보니 크로이소스는 그리스의 7현인 중의 한 명인 솔론을 찾는 것이었습니다. 솔론을 찾는 크로이소스가 매우 신기하다고 생각한 고레스(키루스 2세)는 크로이소스를 장작더미 위에서 내려 그를 살리려 했으나, 이미 장작더미에는 불이 붙은 상태였습니다.

그런데 갑자기 하늘에서 비가 내려 장작더미의 불이 꺼졌습니다. 이에 하늘이 크로이소스를 살렸다고 생각한 고레스(키루스 2세)는 그를 장작더미에서 끌어내려 그와 대화를 시작했지요. 크로이소스는 오래전, 리디아를 방문했던 그리스의 철학자 솔론을 만났던 이야기를 전하며 인간의 진정

---

3) 헤로도토스, 『페르시아 전쟁사』, 우위펀 엮음, 강은영 옮김(서울: 시그마북스, 2007), p.30.
4) 필립 드 수자, 발데마르 헤켈, 로이드 루엘린-존스, 『그리스 전쟁』, 오태경 옮김(서울: 플래닛미디어, 2009), p.23.

한 행복과 철학적 사고에 대해 고레스(키루스 2세)와 대화를 나누기 시작했습니다.

당시 각국을 여행 중이던 그리스의 7현인 중의 1명인 솔론이 리디아를 방문해서 크로이소스를 만났을 때의 일입니다.

아테네의 델포이 신전에 가장 많은 봉납금을 바치고 있던 고대 근동의 최고의 부자 크로이소스는 아테네에서 온 솔론을 보자, 자신의 부를 은근히 드러내고 싶었습니다. 그래서 크로이소스는 솔론에게 한 가지 질문을 했습니다.

"솔론이시여, 여러 나라를 여행하시면서 지금까지 만났던 사람 중에 누가 가장 행복해 보였습니까?"

물론 이 질문은 원하는 대답이 이미 있었습니다. 솔론이 크로이소스를 지명해 주었으면 하는 마음이었습니다. 그러나 솔론은 아테네의 어떤 가난한 집안에 효자 2명을 둔 어머니가 가장 행복한 사람이라고 대답했습니다. 그러자 크로이소스는 두 번째는? 세 번째는? 하고 자기가 행복한 사람의 순서 안에 들었다는 대답을 듣고 싶어서 계속 질문을 했습니다. 그러자 솔론은 "끝까지 지켜야 할 것을 다 지킨 사람이 행복한 사람입니다."라고 대답했습니다.

이 일이 크로이소스에게는 매우 불쾌한 일이었습니다. 그러나 고레스(키루스 2세) 왕에게 죽임을 당하게 되자, "모든 것을 다 잃고 아무것도 지키지 못하는구나."라고 깨달은 크로이소스는 그제서야 솔론이 했던 말의 가치를 알게 되었던 것입니다. 이 이야기를 크로이소스가 고레스(키루스 2세)

에게 해주자, 고레스(키루스 2세)도 깊
은 감명을 받게 되었습니다.

루브르 박물관 소장(출처)

크로이소스와 대화를 하면서 고
레스(키루스 2세)는 생각이 깊어지기
시작했고, 그날 이후 크로이소스는
고레스(키루스 2세)의 평생 친구 겸 조
언자로 살게 됩니다. 나중에 고레스
(키루스 2세)는 그의 아들 캄비세스에
게 유언을 하면서도 크로이소스를
평생 가장 정중하게 모실 것을 유언할 정도였습니다.

그때 고레스(키루스 2세)의 병사들은 습관대로 리디아의 약탈을 시작했습
니다. 그러자 크로이소스가 고레스(키루스 2세)에게 제안을 했습니다. 리디
아의 모든 부가 이미 고레스(키루스 2세)의 것인데 왜 병사들을 통해서 약탈
을 하게 하느냐는 것이지요.

그러자 고레스(키루스 2세)는 크로이소스의 조언을 받아들여 병사들의 약
탈을 중지시켰고, 리디아의 모든 부가 그날부터 고레스(키루스 2세)의 것이
되었습니다. 리디아를 통해 어마어마한 부를 획득한 고레스(키루스 2세)는
엄청난 군자금을 확보하게 되고 제국의 길을 열 수 있게 되었습니다.

고레스(키루스 2세)는 후에 고레스(키루스 2세) 대왕으로 불리게 되고 페르
시아 백성은 고레스(키루스 2세)를 '아버지'라고 불렀습니다. 리디아의 크로
이소스를 통해 그리스의 철학과 학문을 접하게 된 고레스(키루스 2세)는 상
당한 지식과 교양을 갖추게 되었고, 앗수르 제국의 혼혈주의나 바벨론 제

국의 인질 교육 정책과는 다른 관용의 정책을 펴기로 결심하지요. 그래서 점령한 대부분의 지역에서 끌려온 인질들을 각 나라로 돌려보내는 정책을 펼친 것입니다.

페르시아의 아버지 고레스(키루스 2세) 왕

성경은 하나님께서 고레스(키루스 2세)의 마음을 감동시키셨다고 기록합니다. 페르시아 백성은 그를 '아버지' 라고 부르며 오랫동안 사랑했습니다.

그런데 성경은 '예레미야의 입을 통하여 하신 말씀을 이루게 하시려고' 라고 증언합니다(스 1:1).

이때 고레스(키루스 2세) 왕은 남유다 사람들 중에서 예루살렘으로 돌아가고 싶은 사람들은 돌아가서 성전을 건축하고, 페르시아 전역에서 현재 살던 그 삶의 자리를 지키고 싶은 사람은 또 그렇게 하라고 열어 놓았습니다.

그리고 예루살렘으로 돌아가지 않고 페르시아 제국에 사는 사람들도

고레스(키루스 2세)의 무덤
(파사르가대)

마음껏 예루살렘에 헌금과 헌물을 해도 된다는 길을 열어 놓았습니다. 이후 역사를 보면, 이들이 디아스포라 유대인들이 되어서 해외에서 살면서도 1년에 3차례(최소 1차례라도) 명절에 예루살렘을 방문하여 성전에 십일조

를 바칩니다. 그리고 제2의 십일조로 30일 동안 예루살렘에 머물면서 소비를 촉진시켜 예루살렘을 세계적인 도시로 만들어 가는 데 역할을 하는 것을 볼 수 있습니다.

참고로 '유대인' 이라는 말은 바벨론이 여러 나라에서 끌어온 각 나라의 사람들을 구분하며, 남유다 사람들을 그렇게 부르면서 시작된 말입니다. 남유다의 구성원이 유다 지파와 베냐민 지파였기 때문입니다. 애굽에서는 아브라함의 후손들을 '히브리인' 이라고 불렀고, 출애굽하면서 아브라함의 후손들은 그들 스스로를 '이스라엘' 이라 불렀었습니다.

그 후 북이스라엘과 남유다로 나뉜 두 민족은, 북이스라엘이 혼혈족 사마리아인으로, 바벨론으로 끌려갔던 남유다의 사람들은 '유대인' 으로 그명칭이 바뀌게 된 것이지요. 그래서 '유대인의 상술', '유대인의 탈무드' 라는 말이 나오게 된 것입니다.

고레스(키루스 2세)의 아들: 캄비세스

백성의 아버지로 존경을 한 몸에 받았던 고레스(키루스 2세) 왕이 29년간의 재위를 끝으로 죽고, 그의 아들 캄비세스(B.C.528~522)가 페르시아의 두 번째 왕이 됩니다. 캄비세스는 후손도 남기지 않았고, 재위 기간도 8년이 채 되지 않으나, 역사적으로 눈에 띌 만한 일을 한 가지 했는데, 그것은 바로 '이집트 점령' 입니다.

캄비세스의 아버지 고레스(키루스 2세)가 백성에게 '아버지' 로 불린 반면

페르시아 2세 캄비세스 문양

캄비세스는 '폭군'으로 불렸습니다. 그 뒤를 이은 다리오(다레이오스) 왕은 '장사꾼'으로 불렸고요.

캄비세스는 이집트로 원정을 떠나기 전, 자기 친남동생 스메르디스를 죽이도록 명령을 내렸었습니다. 그리고 자기의 친여동생 '아토사' (나중에 다레이오스의 왕비가 됨)와 '메로에'를 자기 아내로 삼았고요. 그러나 얼마 후 메로에는 그의 혈육 스메르디스가 죽었다는 소식에 눈물을 보였다는 이유로 가차 없이 죽임을 당하고 맙니다.

이집트 침략 중에 있던 캄비세스에게 어느 날 깜짝 놀랄 만한 소식이 들려왔습니다. 페르시아 수사 성에서 스메르디스가 왕이 되었다는 소식이었습니다. 이미 죽었다고 생각한 스메르디스가 왕이 되었다는 소식에 캄비세스는 스메르디스를 죽이라 명령을 내렸던 신하 프렉사스페스를 불러 확인을 해보았습니다. 그러나 프렉사스페스는 자기 손으로 분명히 스메르디스를 죽였다는 것입니다.[5]

그렇다면 그때 수사 성에서 왕 노릇하고 있는 스메르디스는 가짜인 것이겠지요. 이 일을 처리하려고 이집트에서 페르시아로 돌아가려고 말에 올라탔던 캄비세스는 갑자기 말에서 떨어져 재위 7년 5개월 만에 그 자리에서 죽고 맙니다.[6]

캄비세스가 죽고 나서도 페르시아에서는 가짜 왕 스메르디스의 통치가

5) 헤로도토스, 『페르시아 전쟁사』, 우위펀 엮음, 강은영 옮김(서울: 시그마북스, 2007), p.203.
6) 필립 드 수자, 발데마르 헤켈, 로이드 루엘린-존스, 『그리스 전쟁』, 오태경 옮김(서울: 플래닛미디어, 2009), p.43.

그 후 7개월간 계속됩니다. 캄비세스의 재위 기간은 7년 5개월이었고, 가짜 왕 스메르디스의 통치 7개월을 포함해서 보통 캄비세스의 재위 기간을 8년이라고 말하지요. 당시 페르시아의 가짜 왕 스메르디스는 메디아 출신 사제의 동생으로서 캄비세스가 죽였던 고레스(키루스 2세)의 아들과 이름도 같고 생김새도 비슷했다고 합니다.

그러나 스메르디스가 공식적인 자리에는 등장하지 않고, 모든 명령은 그의 형인 사제가 직접 내리자 이 일에 대해 의심하는 한 사람이 있었습니다.

그 사람은 페르시아의 귀족인 오타네스라는 사람인데, 그는 자기 딸을 스메르디스에게 시집보내 스메르디스가 가짜임을 밝혀내는 중요한 일을 한 사람입니다.[7] 오타네스는 자기의 두 명의 친구들에게 스메르디스가 가짜라는 사실을 알리고, 세 명이 각각 한 명씩을 추천하여 6명이 가짜 왕 스메르디스를 쫓아내기로 결의를 하게 됩니다. 이때 마침 페르시아의 총독이었던 다리오(다레이오스)가 페르시아의 수사 성에 도착함으로 그리하여 7명이 뜻을 모으게 된 것이지요.

그러나 7명이 스메르디스를 끌어내리고 반란을 꾀하려는데 쉽지가 않았습니다. 스메르디스의 형 마고스 즉, 사제가 너무나도 철저하게 방어를 하고 있었기 때문입니다. 그때 이집트로부터 캄비세스 왕의 신하인 프렉사스페스가 도착합니다.

스메르디스의 형은 오히려 프렉사스페스를 자기편으로 끌어들이려고 시도를 합니다. 프렉사스페스에게 백성 앞에서 지금의 스메르디스 왕이 고레스(키루스 2세)의 친아들임을 공포하도록 설득했습니다. 프렉사스페스

---

7) 헤로도토스, 『페르시아 전쟁사』, 우위펀 엮음, 강은영 옮김(서울: 시그마북스, 2007), p.206.

는 그렇게 하겠노라 대답했고요.

드디어 정해진 날 많은 백성이 왕궁 앞에 모였습니다. 그런데 프렉사스페스는 지금의 스메르디스는 가짜고, 고레스(키루스 2세)의 아들 스메르디스는 자신이 직접 죽였노라고 말하고 왕궁 밑으로 떨어져 자살을 해버린 것입니다.

이 일을 기회로 오타네스를 포함한 7명은 성으로 쳐들어가 스메르디스와 사제(마고스)들을 모두 죽이게 됩니다. 후에 모든 페르시아인은 이 날을 어느 날보다도 중요하게 여겨 성대한 축제를 벌였는데, 페르시아인들은 이 날을 사제들인 '마고스'들을 살해하는 축제 즉, '마고스 살해의 축제(마고포니아)'라고 부릅니다.[8]

이후 매년 이 축제일에는 어떠한 사제들도 문 밖에 나오지 못했으며, 집 밖으로 나오는 사제는 누구든지 죽일 수 있었습니다. 후에 에스더 시대에 하만이 유대 민족에게 이 법을 근거로 하여 유대 민족 살해 축제의 날을 만들려고 했었던 것이지요(에 3:6 참고).

왕이 없어진 상태에서 7명의 나라의 중진들은 민주 정치와 독재 정치에 대해 토론의 토론을 거듭하다 결국 한 사람 독재 체제로 나라의 통치를 결정합니다. 그중 처음 스메르디스가 가짜임을 밝혀낸 오타네스는 이 경쟁에서 먼저 물러나 그의 가문은 평생 치외 법권을 인정받기로 하고, 6명이 왕위를 두고 시합을 하기로 합의를 봅니다.

6명이 날을 정해, 말을 타고 정해진 곳까지 경주를 한 후 가장 먼저 크게 '히이잉' 하고 소리를 내는 말을 탄 주인을 왕으로 결정하기로 합의를

---

8) 헤로도토스, 『페르시아 전쟁사』, 우위펀 엮음, 강은영 옮김(서울: 시그마북스, 2007), p.210.

본 것입니다. 마침 다리오(다레이오스)의 하인 중에 뛰어난 마부가 한 명이 있었는데, 그가 다리오(다레이오스)를 크게 돕습니다.

다리오(다레이오스)의 말을 전날 밤 암말과 교배하게 한 후 그 암말의 소변을 도착 지점에 미리 뿌려놓았던 것이지요. 6명의 말 탄 사람들이 도착하자 다리오(다레이오스)가 탄 말이 자기 암말의 소변 냄새를 맡고 가장 먼저 크게 울어주어서 결국 다리오(다레이오스, B.C.521~486)가 페르시아의 세 번째 왕이 됩니다. 그래서 다리오(다레이오스)는 자기 비문에 다음과 같은 글을 새겨 놓았습니다.

"히스타스페스의 아들 다레이오스가 말과 마부의 공적으로 페르시아의 왕위를 얻었노라."[9]

애굽의 술 맡은 관원장과 페르시아의 술 맡은 관원장

또 조금 쉬어가겠습니다. '술 맡은 관원장'의 명예를 회복하고 이야기를 계속 이어가려고요.

성경에는 애굽과 페르시아에 '술 맡은 관원장'이라는 직책이 등장하고 있는데, 그 직책이 얼마나 높은 고위 관직인지 한번 살펴보려고 합니다. 왜냐하면 우리 어감으로는 '술 맡은 관원장'이라는 것이 왠지 썩 달갑게 다가오지 않기 때문입니다.

애굽의 역사에서 요셉이 감옥에 갇혔을 때, 술 맡은 관원장과 떡 굽는

9) 헤로도토스, 『역사 (상)』, 박광순 옮김(서울: 범우사, 2005), p.326.

천에 황금 술잔
(루브르 소장)

관원장이 함께 그 감옥에 갇혔던 것을 기억할 것입니다. 그들 중 술 맡은 관원장이 전직을 회복하고 다시 일을 하는데, 그 일이 '바로 왕의 잔을 받들어 드렸다'고 기록되어 있습니다. 이는 술 맡은 관원장이란 왕과 직접 대면하는 상당히 높은 관직이라는 사실입니다.

"바로의 술 맡은 관원장은 전직을 회복하매 그가 잔을 바로의 손에 받들어 드렸고"(창 40:21).

또한 페르시아 제국에서 느헤미야가 높은 고위직에 올라갔는데 그 직책이 술 맡은 관원장이라는 사실에 주목해야 합니다. 술 맡은 관원장에 관한 페르시아의 기록을 보면 다음과 같습니다. 캄비세스가 그의 동생 스메르디스를 몰래 죽이도록 명령을 내렸던 왕의 최고 측근 프렉사스페스의 아들이 술 맡은 관원장이었다는 기록이 있습니다.[10]

프렉사스페스는 캄비세스가 가장 믿었던 신하이고, 그 신하의 아들에게 은혜를 갚기 위해 캄비세스는 페르시아의 관직 중에서 매우 고위직을 그 아들에게 준 것입니다. 프렉사스페스의 아들은 왕에게 술을 따라 올리는 직책을 맡고 있었고, 왕의 총애도 지극했다고 역사는 기록하고 있습니다.

때문에 애굽과 페르시아에서 술 맡은 관원장은 지금의 어감을 가지고 판단해서는 안 될 높은 국가의 관직이었다는 사실을 알아야 합니다.

---

10) 헤로도토스, 『역사 (상)』, 박광순 옮김(서울: 범우사, 2005), p.287.

페르시아 총독 스룹바벨: 1차 포로 귀환(B.C.537)

바벨론에 의해 세 차례 걸쳐 포로로 끌려갔던 유대인들은 제국의 주인이 페르시아로 바뀌면서 다시 3차(1차: B.C.537년 총독 스룹바벨 인도, 2차: B.C.458년 제사장 에스라 인도, 3차: B.C.445년 총독 느헤미야 인도)에 걸쳐 귀환을 하게 됩니다.

1차 포로 귀환의 지도자는 페르시아가 유대의 총독으로 임명한 스룹바벨입니다.

스룹바벨은 유대인입니다. 그런데 유대인인 스룹바벨을 페르시아에서 유대 총독으로 파견했다는 것입니다. 이는 정말 대단한 일입니다.

우리는 일제강점기에 일본 총독을 경험한 민족입니다. 총독이란 왕 대신 통치를 위해 파견된 최고 권력자를 말합니다. 그런데 페르시아 제국에 많은 고위직 공무원들이 있었을 텐데 스룹바벨이 그들과 나란히 공직에 있다가 유대의 총독으로 보낼 적임자로 인정되어 공식적으로 유대 총독에 부임된 것입니다.

"바사 왕 고레스 원년에 여호와께서 예레미야의 입을 통하여 하신 말씀을 이루게 하시려고 바사 왕 고레스의 마음을 감동시키시매 그가 온 나라에 공포도 하고 조서도 내려 이르되, 바사 왕 고레스는 말하노니 하늘의 하나님 여호와께서 세상 모든 나라를 내게 주셨고 나에게 명령하사 유다 예루살렘에 성전을 건축하라 하셨나니"(스 1:1~2).

바사 왕 고레스 원년은, 페르시아의 왕 키루스 2세 왕이 통치하던 첫 해라는 뜻입니다. 그런데 여기서 말하는 원년은 고레스(키루스 2세)가 왕으로서의 통치를 시작하던 첫 해를 의미하는 것이 아니라, 바벨론 정복을 완전히 끝내고 페르시아를 제국으로 다시 시작한 원년 즉, B.C.539년을 말합니다.

요세푸스의 기록에 의하면 스룹바벨과 다리오 왕에 관련된 한 가지 에 피소드가 있습니다. 스룹바벨이 다리오(다레이오스)가 왕이 되기 전부터 오랜 친구 사이였다는 것입니다. 그런데 다리오(다레이오스)는 왕이 되기 전에 자기가 만약 왕이 된다면, '예루살렘 성전을 재건하고, 하나님의 모든 기물들을 예루살렘 성전으로 반환하겠다.' 는 맹세를 했다는 것입니다.[11]

그리고 마침내 다리오(다레이오스)가 페르시아의 3번째 왕이 되었습니다. 스룹바벨은 왕의 신변을 보호하는 호위직을 맡게 되었고요. 다리오(다레이오스)가 왕이 된 그해 어느 날, 그는 측근들과 가족들과 메대(메디아)와 바사(페르시아) 귀족들과 인도, 에티오피아의 최고 지도자들, 그리고 127개 지역의 군대 사령관들을 초대하여 잔치를 베풀었습니다. 그날 밤 다리오(다레이오스)는 잔치가 끝났음에도 잠이 오지 않자 세 경호원을 불러 대화를 나누었답니다.

다리오(다레이오스)는 대화를 하면서 가장 지혜로운 말을 하는 사람에게 자색 옷을 입히고, 금잔으로 마시게 하고, 금상 위에서 잠을 자게 해주고, 금 굴레를 단 병거를 타게 하고, 세마포 옷에 금사슬을 목에 걸게 할 것이며, 자신의 옆자리에 앉게 하고, 자신의 사촌으로 삼겠다고 했습니다.

다리오(다레이오스)는 첫 번째 경호원에게 "어째서 술이 가장 강하지?" 라고 물었고, 두 번째 경호원에게는 "어째서 왕이 가장 강하지?"라고 물었

11) 플라비우스 요세푸스, 『요세푸스 II : 유대고대사』, 김지찬 옮김(서울: 생명의말씀사, 2010), p.16.

습니다. 그리고 세 번째 경호원에
게는 "어째서 여자가 가장 강하
지?" 그리고 "어째서 진리가 모든
것 가운데서 가장 강하지?" 라는
질문을 주고 다음날 이를 두고 토
론을 하기로 했습니다.

다음날 술과 왕과 여자의 강함
에 대한 논리가 펼쳐졌습니다. 최후 승자는 스룹바벨이었습니다. 물론 술
도 강하고, 왕도 강하고, 여자도 강하지만, 이 모든 것은 진실하고 의로우
신 하나님의 뜻에 따라 움직이고 있다는 것입니다. 그러므로 모든 것은 일
시적이지만, 영원히 변하지 않는 하나님의 뜻을 따르는 것이 가장 중요한
것이라고 스룹바벨이 말했던 것입니다.

다리오(다레이오스)는 스룹바벨에게 어떤 소원이라도 들어주겠다고 말했
습니다. 그러자 스룹바벨은 다리오(다레이오스)가 왕이 되기 전 하나님께 맹
세한 것을 지켰으면 좋겠다고 말했습니다. 이에 다리오(다레이오스)가 이 일
을 좋게 여기고 예루살렘 성전을 재건하게 하고 성전의 모든 기물들을 반
환하겠다고 약속해 주었습니다. 덕분에 예루살렘에서는 중단되었던 성전
건축을 재개할 수 있게 되었습니다. 이는 고레스(키루스 2세)가 마음에 의도
했던 계획을 다리오(다레이오스)가 실천했음을 뜻합니다.[12]

어쨌든, 다리오(다레이오스) 왕 2년째에 중단되었던 예루살렘 성전의 건
축이 재개됨으로써 예루살렘에 큰 기쁨이 넘치게 되었습니다.

---

12) 플라비우스 요세푸스, 『요세푸스 II : 유대고대사』, 김지찬 옮김(서울: 생명의말씀사, 2010), pp.19~21.

요세푸스는 또한 총독 스룹바벨의 지도하에 페르시아로부터 귀환한 자들의 숫자를 그의 책에 자세히 언급했습니다.

"20세 이상의 장년만 계산해서 유다와 베냐민 지파 사람들이 46,280명이었습니다. 또한 레위인은 74명, 여자와 아이들은 40,742명이었습니다. 레위인 성가대가 128명, 짐꾼이 110명, 성무를 돌보는 사람이 392명, 그리고 이스라엘 사람이 아닌 족보를 알 수 없는 사람들이 662명이었습니다."[13]

그 외에도 종들과 짐승들도 많았고, 유대로 귀환하지 않은 사람들도 많은 돈을 기증했다고 기록하고 있습니다. 하나님을 향한 총독 스룹바벨의 믿음과 세상 한복판에서의 그의 탁월한 실력은 이렇게 놀라운 결과를 이끌어냈던 것입니다.

성경은 1차 귀환자가 '42,360명' 이라고 기록하고 있습니다(스 2:64 참고). 그 외에 노비가 7,337명, 노래하는 남녀가 200명, 말이 736마리, 노새가 245마리, 약대가 435마리, 나귀가 6,720마리였다고 기록하고 있습니다(스 2:65~67 참고).

그러나 1차 포로 귀환자들이 안타깝게도 성전의 기초 공사를 시작하다가 사마리아인들의 방해로 성전 건축을 중단하게 되었던 것은, 사마리아인들이 유대인 귀환 공동체가 성전을 짓는 것이 아니라 성벽을 짓는다는 거짓 보고를 페르시아의 왕에게로 보냈었기 때문이었습니다. 이후 중단된 성전 건축은 다리오(다레이오스)가 페르시아의 왕이 되고 나서야 다시 재개됩니다.[14]

---

13) 플라비우스 요세푸스, 『요세푸스 II : 유대고대사』, 김지찬 옮김(서울: 생명의말씀사, 2010), pp.21~22.

이때 페르시아의 초대 왕 고레스(키루스 2세) 왕의 문서까지 발견한 다리오(다레이오스)는 예루살렘 성전 건축을 신속히 재개하라는 명령을 내렸습니다. 그 문서에는 놀랍게도 예루살렘 성전의 재건에 필요한 경비까지 모두 페르시아 왕궁에서 감당하겠다는 내용이 포함되어 있었습니다.

"이에 다리오 왕이 조서를 내려 문서창고 곧 바벨론의 보물을 쌓아둔 보물전각에서 조사하게 하여 메대도 악메다 궁성에서 한 두루마리를 찾았으니 거기에 기록하였으되,

고레스 왕 원년에 조서를 내려 이르기를 예루살렘에 있는 하나님의 성전에 대하여 이르노니 이 성전 곧 제사 드리는 처소를 건축하되

지대를 견고히 쌓고 그 성전의 높이는 육십 규빗으로, 너비도 육십 규빗으로 하고 큰 돌 세 켜에 새 나무 한 켜를 놓으라. 그 경비는 다 왕실에서 내리라"(스 6:1~4).

다리오(다레이오스)의 명령이 내려지자, 그토록 성전 건축을 방해하던 자들이 달려와 오히려 성전 건축을 도와줍니다. 그리하여 마침내 불타 없어졌던 예루살렘 성전이 솔로몬 때와 비교해서는 너무나 작고 초라했지만, 그래도 다시 그 모습을 드러냅니다.

이것이 두 번째 예루살렘 성전 건축입니다. 이후 신약시대 헤롯 대왕 때의 예루살렘 성전은 두 번째 성전 건축의 증축이자, 동시에 건축으로는 세 번째 성전이라고 부르는 헤롯 성전을 말합니다. 이것은 로마 제국 때 자세히 다룰 것입니다.

---

14) 플라비우스 요세푸스, 『요세푸스 II : 유대고대사』, 김지찬 옮김(서울: 생명의말씀사, 2010), pp.14~15.

다리오(다레이오스) 궁전의 페르시아 병사 벽화
〈루브르 박물관〉

다리오(다레이오스)의 역사적 사건은 그리스를 점령하러 갔다가 '마라톤 전투'에서 패배하고 돌아온 일입니다. 그리고 다리오(다레이오스) 말년에 캄비세스에 의해 정복당한 이집트가 반란을 일으키자 다리오(다레이오스)는 이집트에 대한 응징을 준비했던 일이고요. 그러나 한창 원정 준비 중이던 다리오(다레이오스)는 B.C.486년, 36년간의 재위를 끝으로 죽고 맙니다.

그리고 그 뒤를 이어 아하수에로(크세르크세스) 왕이 페르시아의 4번째 왕이 됩니다. 이때 성경은 페르시아의 왕비 에스더 이야기를 우리에게 소개합니다.

페르시아 왕비 에스더와 아하수에로(크세르크세스) 왕

아버지 다리오(다레이오스)에 이어 왕이 된 아하수에로(크세르크세스)는 그의 재위 3년째에 자신의 부를 과시하고 싶은 생각에 페르시아의 모든 총독들을 초청했습니다. 이 잔치는 180일간이나 계속되었습니다.

"이 일은 아하수에로 왕 때에 있었던 일이니 아하수에로는 인도로부터 구스까지 백이십칠 지방을 다스리는 왕이라"(에 1:1).

아하수에로(크세르크세스)는 절세미인인 자신의 왕후를 총독들에게 자랑하고 싶었습니다. 그래서 왕후 와스디를 불렀습니다. 그런데 왕후는 '페르시아 법을 존중해야 한다'는 이유를 들어 왕의 요구를 거절했습니다.

"제칠일에 왕이 주흥이 일어나서 어전 내시 므후만과 비스다와 하르보나와 빅다와 아박다와 세달과 가르가스 일곱 사람을 명령하여 왕후 와스디를 청하여 왕후의 관을 정제하고 왕 앞으로 나아오게 하여 그의 아리따움을 뭇 백성과 지방관들에게 보이게 하라 하니 이는 왕후의 용모가 보기에 좋음이라. 그러나 왕후 와스디는 내시가 전하는 왕 명을 따르기를 싫어하니 왕이 진노하여 마음속이 불 붙는 듯하더라"(에 1:10~12).

"왕후 와스디가 내시가 전하는 아하수에로 왕의 명령을 따르지 아니하니 규례대로 하면 어떻게 처치할까 므무간이 왕과 지방관 앞에서 대답하여 이르되 왕후 와스디가 왕에게만 잘못했을 뿐 아니라 아하수에로 왕의 각 지방의 관리들과 뭇 백성에게도 잘못하였나이다"(에 1:15~16).

이를 두고 갈대아 주석가들(the Chaldee paraphrast)은 아하수에로(크세르크세스)가 왕후의 나체를 보여주려 했다고 기록하고 있습니다. 만일 그 기록이 옳다면, 아무리 왕의 요구라 할지라도 왕후가 수용할 수 없는 일이었겠지요. 한편 그때 아하수에로(크세르크세스)는 매일 계속되는 파티로 인해 술에 많이 취해 있었을 수도 있습니다.[15]

어쨌든 이 일로 와스디 왕비가 자기 얼굴에 먹칠을 했다고 생각한 아하수에로(크세르크세스)는 법률 해석과 자문을 맡은 고문들에게 이 일을 의논했고, 페르시아의 여인들이 남편을 존경하게 해야 한다는 고문들의 의견이 받아들여져 마침내 왕후는 왕실로부터 쫓겨납니다.

그러나 왕후를 매우 사랑했었던 아하수에로(크세르크세스)가 왕후를 그리워하고 괴로워하자, 왕의 친구들이 새로운 왕후를 맞이하도록 조언을 했습니다.

---

15) 플라비우스 요세푸스, 『요세푸스Ⅱ: 유대고대사』, 김지찬 옮김(서울: 생명의말씀사, 2010), pp.38~39.

"그 후에 아하수에로 왕의 노가 그치매 와스디와 그가 행한 일과 그에 대하여 내린 조서를 생각하거늘 왕의 측근 신하들이 아뢰되 왕은 왕을 위하여 아리따운 처녀들을 구하게 하

시되 전국 각 지방에 관리를 명령하여 아리따운 처녀를 다 도성 수산으로 모아 후궁으로 들여 궁녀를 주관하는 내시 헤개의 손에 맡겨 그 몸을 정결하게 하는 물품을 주게 하시고"(에 2:1~3).

그래서 에스더 왕비가 출현하게 된 것이지요. 레온 우드는 에스더가 1년간의 준비 끝에 가장 매력있는 여인으로 뽑혀 아하수에로(크세르크세스)가 4년간 그리스 원정을 마치고 돌아온 후 재위 7년째에 페르시아의 왕비가 되었다고 기록하고 있습니다.[16] 그러나 에스더 때에 하만과 모르드개의 갈등이 유대인들의 몰살로 이어지는 위기가 발생하게 됩니다. 요세푸스에 의하면, 하만은 유대가 몰살시킨 아말렉의 후손으로 유대에 대한 원한이 매우 컸었습니다.[17] 하만이 아하수에로(크세르크세스)에게 허락을 받은 조서(법)에 의하면, 유대인들을 그해 12월 13일에 노소나 어린아이나 부녀를 불문하고 모두 죽이고 도륙하고 진멸하며 그 재산을 탈취하도록 되어 있었습니다.

왕의 각 지방에 보낸 조서의 내용은 이렇습니다.

16) 레온 우드, 『이스라엘의 역사』, 김의원 옮김(서울: 기독교문서선교회, 1985), p.450.
17) 플라비우스 요세푸스, 『요세푸스 II: 유대고대사』, 김지찬 옮김(서울: 생명의말씀사, 2010), p.41.

"열두째 달 곧 아달월 십삼일 하루 동안에 모든 유다인을 젊은이, 늙은이, 어린이, 여인들을 막론하고 죽이고 도륙하고 진멸하고 또 그 재산을 탈취하라."

이 명령을 각 지방에 전하기 위하여 조서의 초본을 모든 민족에게 선포하여 그날을 준비하게 한 것입니다.

역졸이 왕의 명령을 받들어 급히 나가매 그 조서가 도성 수산에도 반포되니, 왕은 하만과 함께 앉아 마시되 수산 성은 어지러웠다고 성경은 기록합니다(에 3:13~15 참고).

그 엄청난 일을 에스더가 "죽으면 죽으리라." 하고 왕 앞에 나가 지혜를 모아 해결하고 민족을 구했던 것이지요. 그래서 생겨난 유대인의 명절이 바로 '부림절' 입니다. 부림절은 해마다 아달월 즉, 12월 14일과 15일 이틀에 걸쳐 잔치를 베풀고, 서로 예물을 주며, 가난한 자를 구제하는 날로 기념하며 지키게 됩니다.

"모르드개가 이 일을 기록하고 아하수에로 왕의 각 지방에 있는 모든 유다인에게 원근을 막론하고 글을 보내어 이르기를 한 규례를 세워 해마다 아달월 십사일과 십오일을 지키라. 이 달 이 날에 유다인들이 대적에게서 벗어나서 평안함을 얻어 슬픔이 변하여 기쁨이 되고 애통이 변하여 길한 날이 되었으니 이 두 날을 지켜 잔치를 베풀고 즐기며 서로 예물을 주며 가난한 자를 구제하라 하매"(에 9:20~22).

조금 다른 이야기인데 요세푸스는 에스더 이야기를 3차 포로 귀환 이후에 일어난 사건으로 기록하고 있습니다. 에스더의 남편의 이름도 크세르크세스가 아닌 아르타크세르크세스라고 기록해 놓았고요.

"크세르크세스가 죽자 왕위는 그의 아들 고레스에게 돌아가게 되었다. 고레스는 헬라인들이 아르타크세르크세스라고 부르는 인물이다. 이 왕이 바사(페르시아)의 통치를 장악했을 때 유대 전 민족은 멸절의 위기를 당했었다."[18]

세계 역사에서 다루는 아하수에로(크세르크세스) 왕

성경에서 말하는 아하수에로(크세르크세스)와 세계 역사에서 다루는 아하수에로(크세르크세스)는 마치 다른 두 사람 같습니다. 헤로도토스는 그의 『역사』에서 아하수에로(크세르크세스)가 매우 잔인한 왕이었다고 기록하고 있습니다.

몇 년 전 '300'이라는 영화에서 스파르타의 레오니다스와 그의 300명의 용사들과 맞서 싸운, 매우 잔인하게 묘사되었던 페르시아의 바로 그 왕이 아하수에로(크세르크세스)입니다.

다리오(다레이오스)는 왕이 되기 전 이미 결혼하여 3명의 자식이 있었으나, 왕이 된 후 고레스(키루스 2세) 대왕의 딸 아토사와 결혼하여 4명의 자식을 또 둡니다. 아하수에로(크세르크세스)는 다리오(다레이오스)와 아토사와의 사이에서 태어난 장남입니다.

---

18) 플라비우스 요세푸스, 『요세푸스 Ⅱ: 유대고대사』, 김지찬 옮김(서울: 생명의말씀사, 2010), pp.37~38.

아하수에로(크세르크세스)는 아버지의 뒤를 이어 페르시아의 왕이 되자, 그의 아버지가 '마라톤 전투'의 패배로 이루지 못한 그리스 정벌이라는 과제를 안게 되었습니다.

아하수에로(크세르크세스)는 그때 역사상 세계 최대의 제국을 거느리고 있었습니다. 그의 영토는 동쪽으로는 현재의 파키스탄, 서쪽으로는 중앙아시아와 서아시아, 북쪽으로는 마케도니아, 남쪽으로는 시나이 반도를 거쳐 이집트까지 뻗어 있었습니다.

아하수에로(크세르크세스)의 왕국은 길이가 대략 6,400km였고, 페르시아 제국의 총 면적은 480만km²였으며, 인구만도 2천여 만 명에 이르러 현재의 미국 대륙과 거의 맞먹을 정도였습니다.[19]

아하수에로(크세르크세스)는 먼저 이집트를 응징하려고 했으나, 그의 사촌동생이자 최측근인 마르도니오스의 설득으로 그리스 원정에 먼저 나서게 됩니다. 아하수에로(크세르크세스)는 약 70만 명의 군인들을 동원하여 그리스 원정을 떠났습니다.[20]

각 나라에서 징발한 군인들은 언어가 서로 달라서 명령의 하달조차 쉽지 않았다고 합니다. 70만 명을 어떻게 세었는지가 무척 재미있습니다.

처음에 1만 명을 세어서 원을 그린 후에, 다음부터는 그 원을 채우면 1만 명으로 계산하여 70만 명을 다 세었다는 것입니다. 70만 명이 지나가는 마을은 우물이 다 말랐다고 하니 그 원정이 얼마나 대단한 규모였는지 상상할 수 있을 것입니다.

---

19) 베리 스트라우스, 『살라미스 해전』, 이순호 옮김(서울: 갈라파고스, 2006), pp.79~80.
20) 헤로도토스, 『역사 (하)』, 박광순 옮김(서울: 범우사, 2005), p.197.

그 사이 그리스에서도 페르시아의 재침공에 나름대로 대비하고 있었습니다. 그리스의 아테네는 다리오(다레이오스)와의 마라톤 전투에서 기적적인 승리를 거두었지만, 그의 아들 아하수에로(크세르크세스)가 다시 공격해올 것이 자명한 일이었기 때문입니다.

그때 그리스 아테네의 라우레이온 광산에서 어마어마한 은광이 발견되었습니다.[21] 이 일은 후에 마케도니아의 알렉산더(알렉산드로스)의 아버지 필립포스 2세가 금광을 발견한 일과 견줄 수 있습니다.

아테네에서는 그 은을 가지고 한 사람당 10드라크마씩 분배하자는 것이 대세였으나, 아테네의 정치인 테미스토클레스가 이 분배를 중지시키고 전쟁에 대비하여 배를 만들자고 제안했습니다. 이는 페르시아와의 육전이 너무나도 불리하기 때문에 해전을 치러야 승산이 있다는 계산에서 비롯된 것이었습니다.

이 의견이 수렴되어 아테네는 200척의 배를 건조하게 됩니다. 덕분에 아테네는 해군국이 되었습니다. 얼마 후 페르시아의 아하수에로(크세르크세스)가 그리스로 침략해 왔을 때 그리스의 연합군은 해전을 치르기로 계획하고, 아하수에로(크세르크세스)를 살라미스로 유인해 대승을 거둡니다.

세계 4대 해전[22] 중 하나인 살라미스 해전은 그리스 연합군의 함대 380척과 페르시아 함대 600 내지 800척과의 싸움이었습니다. 페르시아는 그것도 얼마 전 어마어마한 폭풍으로 말미암아 400척의 손실을 입고 난 후의 전력입니다.

---

21) 필립 드 수자, 발데마르 헤켈, 로이드 루엘린–존스, 『그리스 전쟁』, 오태경 옮김(서울: 플래닛미디어, 2009), p.96.
22) 윤지강, 『세계 4대 해전』(고양: 느낌이 있는 책, 2007), p.92.

베리스트라우스에 의하면[23] 이때의 폭풍은 '몬스터 폭풍'이었고, 이 폭풍으로 페르시아 함대는 1,327척에서 400척이 침몰하고 927척으로 줄었다고 합니다. 그러나 결과적으로 살라미스 해전은 그리스 연합군의 승리로 끝납니다. 좁은 해안인 살라미스로 유인한 작전이 승리의 이유였습니다. 8시간 동안 치러진 살라미스 해전은 아프리카, 아시아, 유럽의 3개 대륙의 20만 명 이상의 군인이 투입된 역사상 유례가 없는 전쟁이었습니다.[24]

페르시아는 이렇게 엄청난 전쟁에서 패배했지만, 페르시아의 역사에서 이 살라미스 해전에 대한 기록은 거의 남겨놓지 않았습니다. 전쟁사를 보면 패전 국가에서는 패전 기록을 잘 남기지 않는 습관이 있습니다.

살라미스 해전에서의 패배에 이어 다음해 플라타이아 전투와 미카레 전투에서의 연이은 패배는 아하수에로(크세르크세스)에게 몹시 큰 실망을 안겨주었습니다. 이에 아하수에로(크세르크세스)는 그리스에서 퇴각합니다.

페르시아 왕의 자문 학사 겸 제사장 에스라: 2차 포로 귀환(B.C.458)

아닥사스다(아르타크세르크세스)는 2차 포로 귀환 때 제사장 에스라에게 많은 원조를 해준 왕으로 성경에 기록되어 있습니다. 요세푸스에 의하면, 아닥사스다는 "그 부친에게 왕위만 물려받은 것이 아니라 하나님께 대한

---

23) 베리 스트라우스, 『살라미스 해전』, 이순호 옮김(서울: 갈라파고스, 2006), p.50.
24) Ibid., pp.27~28.

경건한 신앙심까지 물려받았다."라고 기록하고 있습니다.[25]

1차 포로 귀환이 있은 지 79년 만인 B.C.458년 제사장 에스라의 인도로 2차 포로 귀환이 이루어집니다.

"이 일 후에 바사 왕 아닥사스다가 왕위에 있을 때에 에스라라 하는 자가 있으니라. 그는 스라야의 아들이요 아사랴의 손자요 힐기야의 증손이요"(스 7:1).

바벨론에서 예루살렘까지는 약 1,500km입니다. 걸어서 5개월이나 걸리는 거리입니다. 에스라는 그 먼 거리를 걸어서 돌아온 유대 공동체와 함께 부흥 운동과 공동체 정화 작업을 시작합니다.

에스라는 "여호와의 율법을 연구하고 준행하며 율례와 규례를 이스라엘에게 가르치기로 결심"(스 7:10)하고 예루살렘으로 귀환한 것입니다.

에스라는 예루살렘이 아닌 끌려간 곳, 바벨론에서 태어난 포로민 출신이었습니다. 그러나 에스라는 훌륭한 학자이며 제사장으로 자신이 아론의 16대 후손임을 스스로 공부해서 밝혀낸 사람입니다. 에스라는 높은 학식을 가진 학자로서 페르시아 왕의 자문을 맡았으며, 페르시아 왕의 존경을 받았습니다.

"이 에스라가 바벨론에서 올라왔으니 그는 이스라엘의 하나님 여호와께서 주신 모세의 율법에 익숙한 학자로서 그의 하나님 여호와의 도우심을 입음으로 왕에게 구하는 것은 다 받는 자이더니"(스 7:6).

---

25) 플라비우스 요세푸스, 『요세푸스 II : 유대고대사』, 김지찬 옮김(서울: 생명의말씀사, 2010), p.28.

에스라가 예루살렘으로 돌아가려는 생각을 왕에게 피력하자 페르시아 왕은 에스라를 위해 많은 원조를 아끼지 않았습니다.

에스라서 7장을 보면 아닥사스다(아르타크세르크세스)가 에스라에게 내린 조서의 초본이 기록되어 있는데 이 조서는 왕의 어인이 찍힌 공식 문서로 매우 소중한 사료가 아닐 수 없습니다. 이 조서는 읽으

아닥사스다이크세르크세스의 무덤
(출처: 해르크)

면 읽을수록 감동적입니다. 좀 길지만 전체를 소개하겠습니다.

"모든 왕의 왕 아닥사스다는 하늘의 하나님의 율법에 완전한 학자 겸 제사장 에스라에게 조서를 내리노니 우리 나라에 있는 이스라엘 백성과 그들 제사장들과 레위 사람들 중에 예루살렘으로 올라갈 뜻이 있는 자는 누구든지 너와 함께 갈지어다.

너는 네 손에 있는 네 하나님의 율법을 따라 유다와 예루살렘의 형편을 살피기 위하여 왕과 일곱 자문관의 보냄을 받았으니 왕과 자문관들이 예루살렘에 거하시는 이스라엘 하나님께 성심으로 드리는 은금을 가져가고,

또 네가 바벨론 온 도에서 얻을 모든 은금과 및 백성과 제사장들이 예루살렘에 있는 그들의 하나님의 성전을 위하여 기쁘게 드릴 예물을 가져다가 그들의 돈으로 수송아지와 숫양과 어린 양과 그 소제와 그 전제의 물품을 신속히 사서 예루살렘 네 하나님의 성전 제단 위에 드리고,

그 나머지 은금은 너와 너의 형제가 좋게 여기는 일에 너희 하나님의

뜻을 따라 쓸지며 네 하나님의 성전에서 섬기는 일을 위하여 네게 준 그릇은 예루살렘 하나님 앞에 드리고 그 외에도 네 하나님의 성전에 쓰일 것이 있어서 네가 드리고자 하거든 무엇이든지 궁중창고에서 내다가 드릴지니라.

나 곧 아닥사스다 왕이 유브라데 강 건너편 모든 창고지기에게 조서를 내려 이르기를 하늘의 하나님의 율법 학자 겸 제사장 에스라가 무릇 너희에게 구하는 것을 신속히 시행하되 은은 백 달란트까지, 밀은 백 고르까지, 포도주는 백 밧까지, 기름도 백 밧까지 하고 소금은 정량 없이 하라.

무릇 하늘의 하나님의 전을 위하여 하늘의 하나님이 명령하신 것은 삼가 행하라. 어찌하여 진노가 왕과 왕자의 나라에 임하게 하랴. 내가 너희에게 이르노니 제사장들이나 레위 사람들이나 노래하는 자들이나 문지기들이나 느디님 사람들이나 혹 하나님의 성전에서 일하는 자들에게 조공과 관세와 통행세를 받는 것이 옳지 않으니라 하였노라.

에스라여 너는 네 손에 있는 네 하나님의 지혜를 따라 네 하나님의 율법을 아는 자를 법관과 재판관을 삼아 강 건너편 모든 백성을 재판하게 하고 그 중 알지 못하는 자는 너희가 가르치라. 무릇 네 하나님의 명령과 왕의 명령을 준행하지 아니하는 자는 속히 그 죄를 정하여 혹 죽이거나 귀양 보내거나 가산을 몰수하거나 옥에 가둘지니라 하였더라"(스 7:12~26).

내용을 다시 요약하자면, 페르시아의 왕 아닥사스다가 율법에 정통한 대단한 학자이자 제사장인 에스라에게 직접 내린 공문이라는 것입니다. 페르시아에 있는 유대 백성과 제사장들과 레위 사람들 중에 예루살렘으로 돌아가고 싶은 사람은 누구든지 에스라가 데려갈 수 있다는 것을 확인해주고 있습니다.

에스라의 권한은 예루살렘 성전을 위해 필요한 모든 재물을 페르시아 궁중 창고에서 마음껏 가져다 쓸 수 있는, 말 그대로 무제한의 권한입니다. 이는 바로 왕이 애굽의 총리 요셉에게 전권을 주었던 것과 같은 무한 신뢰를 의미합니다.

그리고 유브라데 강 건너편 모든 창고지기에게도 공문을 보내 에스라가 요구하는 것은 우선적으로 그 필요를 채워주되 은은 100달란트까지, 밀은 100고르까지, 포도주는 100밧까지, 기름도 100밧까지, 그리고 소금은 무제한으로 제공하라는 내용입니다.

또한 페르시아의 아닥사스다 왕은 에스라에게 또 하나의 중요한 지위를 부여하는데, 바로 '재판권'입니다. 이후 유대의 산헤드린 공회가 갖는 권한 가운데 '재판권'이 있는데, 산헤드린 공회의 구성원이 유대 출신 페르시아 총독들과 장로들과 제사장들이었음에서 알 수 있듯이, 산헤드린 공회의 재판권은 아마도 에스라에서 시작된 것이 아닐까 싶습니다.

페르시아 총독 느헤미야: 3차 포로 귀환(B.C.445)

에스라에게 조서를 내려 예루살렘 성전을 재건하는 데 큰 도움을 주었던 아닥사스다(아르타크세르크세스)는 느헤미야와도 깊은 관련이 있습니다. 느헤미야는 아닥사스다 왕 20년째에 있었던 일을 기록하고 있습니다.

"하가랴의 아들 느헤미야의 말이라. 아닥사스다 왕 제이십년 기슬르월에 내가 수산 궁에 있는데"(느 1:1).

그때 느헤미야의 형제 중 한 명이 예루살렘을 방문하고 돌아온 사람이었기에 그에게 예루살렘의 형편을 물었던 것입니다. 그런데 예루살렘이 150년 전 바벨론에게 함락당한 후에 수많은 세월이 흘렀음에도 불구하고 아직도 환난 가운데 있고, 능욕을 받고 살고 있으며, 무너진 예루살렘의 성벽들은 아직도 화재의 복구조차 이루어지지 않고 있다는 비참한 이야기를 전해 듣게 되었습니다.

느헤미야서에 의하면 느헤미야는 형제들 가운데 하나인 하나니가 두어 사람과 함께 유다에서 이르자, 그 사로잡힘을 면하고 남아 있는 유다와 예루살렘 사람들의 형편을 묻습니다. 그러자 그들이 느헤미야에게 이렇게 대답합니다.
"사로잡힘을 면하고 남아 있는 자들이 그 지방 거기에서 큰 환난을 당하고 능욕을 받으며 예루살렘 성은 허물어지고 성문들은 불탔다"(느 1:2~3 참고).

그러자 느헤미야는 페르시아의 높은 관직에 올라 이 문제를 정치적으로 해결하려는 꿈을 갖습니다. 그리고 마침내 최종 목표인 예루살렘의 성벽 재건을 위해 중간 목표를 세웁니다.

"아닥사스다 왕 제이십년 니산월에 왕 앞에 포도주가 있기로 내가 그 포도주를 왕에게 드렸는데 이전에는 내가 왕 앞에서 수심이 없었더니"(느 2:1).

느헤미야는 오랫동안 계획한 일을 왕에게 드러내기 위해 평소에는 전혀 하지 않았던 태도, '수심'이라는 카드를 들고 나온 것입니다. 왕 앞에서 수심을 드러낸다는 것은 신하가 해서는 안 될 일입니다. 그런데도 느헤미야는 오랫동안 기도하고 준비한 계획을 실천에 옮기기 위해 왕과의 전면전을 시도합니다.

왕이 느헤미야의 심중을 살펴 요구를 묻습니다. 느헤미야가 이긴 것입니다. 그러자 느헤미야가 왕에게 예의를 갖추어 유다 성읍에 보내주실 것과 성을 중건하고 싶다는 부탁을 합니다. 이에 왕과 그 자리에 함께 자리한 왕후가 흔쾌히 느헤미야의 부탁을 들어주고, 언제 돌아올 수 있는가를 묻습니다.

느헤미야가 왕에게 이렇게 아룁니다. "왕이 만일 좋게 여기시고, 종이 왕의 목전에서 은혜를 얻었사오면 나를 유다 땅 나의 조상들의 묘실이 있는 성읍에 보내어 그 성을 건축하게 하옵소서."

그때에 왕후도 왕 곁에 앉아 있었는데, 왕이 느헤미야에게 이렇게 대답합니다.

"네가 몇 날에 다녀 올 길이며 어느 때에 돌아오겠느냐?"

왕이 느헤미야를 보내기를 좋게 여기자 느헤미야는 자신의 기한을 정합니다(느 2:5~6 참고).

이 대화를 보면, 그동안 페르시아 왕과 느헤미야 사이의 신뢰가 얼마나 깊었는지를 바로 알 수 있습니다. 그리고 느헤미야가 얼마나 충성스럽게 왕을 보필했으며, 왕의 큰 신뢰를 얻었는지를 보여줍니다. 그리고 유다에서 일을 마치고 꼭 돌아와야 한다는 그 대목이 매우 중요합니다. 왕에게 느헤미야가 꼭 필요한 사람이라는 것이지요.

왕에게는 무엇보다도 충성스럽고 믿을 만한 신하가 꼭 필요합니다. 페르시아는 당시 매우 큰 제국이었기에 인재를 고용하는 일이 어려운 일이 아니었을 것입니다. 그러나 왕이 정말로 신뢰할 만한 신하를 만나는 일은 왕에게 '행운'이라고 할 만큼 쉽게 할 수 있는 일이 아니라는 것이겠지요.

왕이 무한 신뢰를 보이자, 느헤미야는 왕에게 유다 성읍 즉, 예루살렘 성벽을 건축하기 위해 필요한 것들을 말합니다. 그 내용을 보면 느헤미야가 충성심뿐 아니라, 뛰어난 행정력을 가진 자였다는 것을 알 수 있습니다.

느헤미야는 또 왕에게 이렇게 아룁니다.

"왕이 만일 좋게 여기시거든 강 서쪽 총독들에게 내리시는 조서를 내게 주사 그들이 나를 용납하여 유다에 들어가기까지 통과하게 하소서.

또 왕의 삼림 감독 아삽에게 조서를 내리사 그가 성전에 속한 영문의 문과 성곽과 내가 들어갈 집을 위하여 들보로 쓸 재목을 내게 주게 하옵소서."

그러자 느헤미야의 이 부탁도 왕이 허락합니다. 이에 대해 느헤미야는 하나님의 선한 손이 자신을 도왔다고 기록하고 있습니다(느 2:7~8 참고).

느헤미야는 아닥사스다(아르타크세르크세스)에게 무한 신뢰를 받고 있었던 것입니다. 뛰어난 행정가이자 월등한 실력을 갖춘 느헤미야는 총독으로 예루살렘에 돌아와 많은 방해에도 불구하고 52일 만에 예루살렘 성벽 재건을 마칩니다.

"성벽 역사가 오십이 일 만인 엘룰월 이십오일에 끝나매"(느 6:15).

느헤미야의 능력과 추진력이 이 정도로 대단했기에 페르시아의 왕까지도 그의 능력을 높이 샀던 것입니다. 바벨론 포로로 끌려갔을 때, 예레미야는 이러한 미래를 내다본 적이 있습니다.

그는 포로 생활 70년의 훈련을 마치고 돌아온 후, 유대인들이 월등한 실력을 갖추고 귀환해서 하나님께 다시 쓰임 받을 만한 백성으로 바뀌게 될 것이라고 말했습니다. 바벨론으로 끌려갔다가, 페르시아에서 돌아온 유대 백성은 그 후 최소한 다시는 우상에 빠지지는 않습니다.

페르시아 제국의 멸망(B.C.333)

페르시아는 천인 대장이었던 환관 바고아스가 아닥사스다(아르타크세르크세스)와 그의 아들들을 모두 살해하는 끔찍한 일이 벌어지면서 위기로 치닫게 됩니다. 그 후 아닥사스다(아르타크세르크세스)의 유일하게 살아남은 40대 초반의 성숙한 인격을 가진 아들 아르타샤타가 왕위를 물려받습니다.[26]

이후 몇 명의 왕을 거쳐 다리오(다레이오스 3세) 때, 마케도니아의 알렉산더(알렉산드로스)가 페르시아로 침략을 해옵니다. 이수스 전투(B.C.333)에서 다리오(다레이오스 3세)는 많은 용병을 구해 31만 2천 명에서 60만 명으로 추산되는 군대를 동원해 알렉산더(알렉산드로스)와 싸웠으나 결국 패배하여 죽고 맙니다.

---

26) 필립 드 수자, 발데마르 헤켈, 로이드 루엘린−존스, 『그리스 전쟁』, 오태경 옮김(서울: 플래닛미디어, 2009), pp.356~357.

이수스 전투는 페르시아 보병 10만 명과 기병 1만여 명이 전사하거나 포로가 되는 기록을 남겼습니다.[27] 다리오(다레이오스 3세)가 페르시아의 마지막 왕으로 역사에 기록되면서 페르시아는 결국 제국의 문을 닫을 수밖에 없게 됩니다.

70년 만에 제국의 문을 닫은 바벨론에 이어, 페르시아 제국도 (B.C.539~333) 206년 만에 다리오(다레이오스 3세) 때 마케도니아의 알렉산더(알렉산드로스)에 의해 제국의 깃발을 내리고, 헬라 제국이 역사에 등장하게 됩니다.

하나님의 세계경영

페르시아 제국 경영 키워드는 '숫자'였습니다. 일반적으로 제국의 기본 동력은 경제 숫자와 국방 숫자입니다. 원래 페르시아는 변변한 시장도

---

27) 필립 드 수자, 발데마르 헤켈, 로이드 루엘린–존스, 『그리스 전쟁』, 오태경 옮김(서울: 플래닛미디어, 2009), p.394.

하나 없을 정도로 가난한 나라였습니다. 그런데 고레스(키루스 2세) 왕의 제국 건설로 나라가 부강해지기 시작하더니 마침내 '황금의 제국'이라는 별명이 붙을 정도로 부자 나라가 되었습니다.

그러자, 다리오(다레이오스) 왕 때에 30만 내지 40만에 가까운 군인들을 데리고 그리스를 점령하러 원정을 떠났었습니다. 그 점령은 실패했음에도 불구하고 페르시아의 부는 점점 늘어갔습니다.

아하수에로(크세르크세스) 왕은 그의 아버지 다리오(다레이오스) 왕이 못 다 한 그리스 점령을 위해 70만 명을 동원했습니다. 70만 명의 군인들이 페르시아에서 그리스까지 머문 도시들은 우물이 다 말랐다고 합니다. 각기 다른 언어를 사용하는 군인들이 모였기에 명령도 다 하달되지 못했다고 합니다.

페르시아는 군인들의 숫자에 늘 자신이 넘쳤습니다. 알렉산더(알렉산드로스)의 4만의 군대를 무시했던 다리오(다레이오스 3세)는 알렉산더(알렉산드로스)의 군대가 자기 군인들을 보면 모두 무서워 도망갈 것이라고 장담했었습니다.

그러나 페르시아 군대의 숫자를 보면 도망갈 것이라고 했던 알렉산더(알렉산드로스)의 군대에게 페르시아는 무참히 지고 말았습니다.

하나님께서는 레위기를 통해 하나님의 율법을 다 지켜 행하면, 묵은 곡식을 먹다가 새 곡식이 나서 묵은 곡식을 그만 먹을 것이며, 적이 침략해도 다섯이 백을 쫓고, 백이 만을 쫓을 것이라고 이미 말씀해 주셨습니다. 각 나라와 민족의 경제적 안정과 국가방위는 숫자의 많고 적음에 달려 있지 않습니다. 하나님 손에 있습니다.

한 사람, 하나의 숫자가 소중하다는 생각 없이 사람 숫자의 많음과 경제 수치의 크기로 제국주의를 꿈꾸는 꿈은 결국 하룻밤의 꿈에 불과합니다. 하나님의 세계경영에 대한 생각은 한 영혼이 천하보다 소중하다는 것입니다.

BIBLE with HELLENISTIC EMPIRE
CHAPTER 4
헬라 제국과 성경

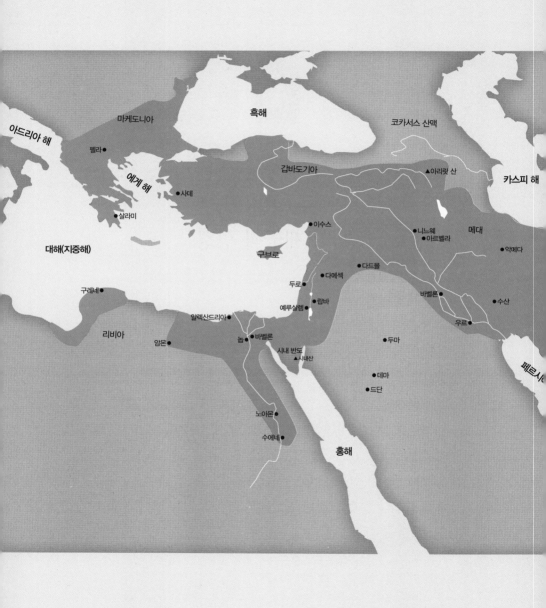

아드리아 해

마케도니아

흑해

코카서스 산맥

카스피 해

펠라●

에게 해

●사데

갑바도기아

▲아리랏 산

메대

살라미

구브로

이수스

●니느웨
●아르벨라

●악메다

대해(지중해)

구레네

두로

●다메섹
예루살렘

●랍바

●다드몰

바벨론

●수산

●우르

리비아

알렉산드리아

암몬●

놉●바벨론

두마●

페르시아

시내 반도
▲시내산

데마●

드단●

노아몬●

수에네●

홍해

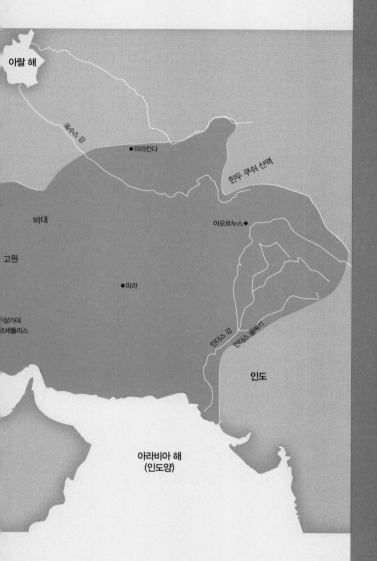

아랄 해

옥수스 강

●마라칸다

힌두 쿠쉬 산맥

바대

고원

아오르누스 ●

●파라

상가데
R세폴리스

인더스 강

인더스 골짜기

인도

아라비아 해
(인도양)

헬라 제국

HELLENISTIC
EMPIRE

❧ 헬라와 관련된 성경 ❧

아모스, 이사야, 예레미야, 에스겔
다니엘, 신구약 중간사 400년 등

Bible with Hellenistic Empire

헬라 제국과 신구약 중간사

구약의 마지막 책은 말라기이고, 신약의 첫 번째 책은 마태복음입니다. 말라기에서 마태복음으로 넘어가는 데는 1초가 채 안 걸리지요. 그러나 그 사이에 400년이라는 세월이 숨어 있습니다. 그리고 헬라 제국도 성경 안에서는 숨어 있습니다.

아래 두 본문은 말라기의 마지막과, 마태복음의 시작입니다. 400년의 세월이 느껴지시나요?

"너희는 내가 호렙에서 온 이스라엘을 위하여 내 종 모세에게 명령한 법 곧 율례와 법도를 기억하라. 보라 여호와의 크고 두려운 날이 이르기

전에 내가 선지자 엘리야를 너희에게 보내리니, 그가 아버지의 마음을 자녀에게로 돌이키게 하고 자녀들의 마음을 그들의 아버지에게로 돌이키게 하리라. 돌이키지 아니하면 두렵건대 내가 와서 저주로 그 땅을 칠까 하노라 하시니라"(말 4:4~6).

"아브라함과 다윗의 자손 예수 그리스도의 계보라"(마 1:1).

그렇다면 구약과 신약 사이에 왜 400년이라는 시간이 필요했을까요? 이는 하나님의 침묵 때문입니다. 물론 이 시기에 유대교 안에 선지자들이 전혀 없었는지에 대해서는 이견이 많고 대체적으로 있었다는 견해가 우세합니다.[1] 어쨌든 이 시기 동안 정경(正經)을 기록한 예언자들은 더 이상 등장하지 않았습니다. B.C. 8세기, 하나님께서 북이스라엘에는 아모스와 호세아 선지자를, 남유다에는 이사야와 미가 선지자를 한꺼번에 보내셔서 당신의 자녀들을 설득하시느라 애를 쓰셨던 것을 보았습니다.

그리고 B.C. 6세기에는 예레미야와 에스겔과 같은 선지자들을 보내셔서 징계와 용서를 말씀하셨던 분이 바로 하나님이십니다. 그러나 70년의 포로 생활을 마치고 돌아온 유대인들과 하나님과의 관계가 차츰 냉소적으로 변해가는 상태입니다.

말라기를 보면, 하나님께서 당신의 자녀들인 이스라엘에게 "내가 너희를 사랑하노라."라고 말씀하십니다. 그러자 이스라엘이 "주께서 어떻게 우리를 사랑하셨나이까?"라고 대꾸하듯 묻습니다. 아니, 하나님께서 아브라함부터 1,600년 동안 이 한 민족을 안고 보듬어 울며 사랑해 오셨는

---

1) David Aune, *Prophecy in Early Christianity and Ancient Mediterranean World* (Grand Rapids, Mich: Eerdmans, 1983) 이 책은 위 점에 대한 연구서입니다.

데, '어떻게' 사랑하셨냐고 되묻는다니요. 가슴이 턱 막히는 순간이지요.

그러자 하나님께서 그동안 섭섭하셨던 것을 말씀하십니다. 이스라엘이 더러운 떡을 가지고 단에 드리면서 "우리가 주를 더럽게 하였나이까?"라고 했었다는 것입니다. 이스라엘이 눈 멀고 병든 것으로 희생제물을 가지고 와서 하나님 앞에 드리니 그것이 어떻게 악하다고 하지 않겠냐는 것입니다. 급기야 하나님께서는 이스라엘이 하나님께 제물로 가져오는 것들을 페르시아 총독에게 가져갈 수 있겠느냐고 되물으셨던 것입니다.

"주께서 어떻게 우리를 사랑하셨나이까?"(말 1:2).

이 질문에 대해 하나님께서는 400년 만에 결정적인 대답을 하셨습니다.

"하나님이 세상을 이처럼 사랑하사 독생자를 주셨으니 이는 그를 믿는 자마다 멸망하지 않고 영생을 얻게 하려 하심이라"(요 3:16).

'어떻게'에 대해서 '이렇게' 사랑하신다고 말씀하시기 위해 400년간 침묵하셨다는 것이지요. 이 기간을 통상 신구약 중간사라고 합니다. 그러나 이 시기 세계 역사는 엄청난 회오리가 치고 있었습니다. 영웅 알렉산더(알렉산드로스)가 등장해서 대제국 페르시아가 차지했던 모든 지역에 더 넓은 지역을 차지하며 그리스 철학과 동방의 오리엔트 문명을 합친 헬라 문화라는 것을 퍼뜨리고 있었기 때문입니다.

다니엘의 제국 그림과 마케도니아의 발흥

페르시아 제국이 그리스를 침략했을 때에 그리스의 연합군은 그때마다 놀라운 협력으로 기적과 같은 승리를 거두었습니다. 그리스는 페르시아와의 마라톤 전투,[2] 살라미스 해전,[3] 플라타이아 전투,[4] 그리고 미칼레 전투[5]의 승리까지 정말 흥미진진한 전쟁의 기록을 우리에게 남겨주었지요.

이 전쟁들의 패배 때문에 페르시아는 에게 해 진출이 좌절되고, 이후 헬라 제국의 알렉산더(알렉산드로스)에게 제국의 패권을 고스란히 넘기고 맙니다. 그런데 한편 강력한 육군을 가진 스파르타와 강력한 해군을 가진 아테네는 그 후 서로에 대한 경쟁심이 지나치게 증폭되었습니다. 결국 민주정을 대표하는 아테네 중심의 동맹 도시들과 과두정을 대표하는 스파르타 동맹 도시들이 B.C.431년부터 B.C.404년까지 27년간 전쟁을 치르게 되는데 이 전쟁이 바로 '펠로폰네소스 전쟁'입니다. 이 펠로폰네소스 전쟁을 기록하여 역사에 남긴 사람은 투키디데스라는 아테네인입니다.[6]

펠로폰네소스 전쟁은 스파르타가 승리하고 아테네가 패배함으로 종료

---

2) 헤로도토스, 『역사』(서울: 범우사, 1987), pp.133~144.
3) Ibid., pp.318~340.
4) Ibid., pp.382~422.
5) Ibid., pp.422~432.
6) 투키디데스, 『펠로폰네소스 전쟁사 (상)』, 박광순 옮김(서울: 범우사, 2006), p.17.

됩니다. 그러나 B.C. 4세기 무렵부터 스파르타는 오히려 더 많은 전쟁에 시달리게 됩니다.[7] 왜냐하면 전쟁의 경험을 통해 그리스의 도시 국가들이 전쟁의 기술을 더욱 발전시켰기 때문입니다. 그래서 전쟁이 종식되지 않고 계속 꼬리에 꼬리를 물게 된 것입니다.

이를 기회로 삼는 세력이 등장하는데, 바로 그리스인들이 야만인이라 무시했던 마케도니아였습니다. 그리스와 페르시아가 전쟁을 하는 동안 마케도니아는 페르시아의 속국이었습니다.[8]

마케도니아를 반석에 세운 왕인 알렉산더(알렉산드로스)의 아버지 필립포스 2세는 왕이 되기 전에 그 당시 그리스 세계에서 가장 막강한 도시 국가였던 테베에 인질로 잡혀 있었습니다. 그때 테베의 보병들이 재편성되는 것을 직접 목격했고, 후에 마케도니아 왕이 되었을 때 시민 병사들로 구성된 그리스의 전통적인 팔랑크스를 혁신적으로 개선하여 긴 창으로 무장한 보병 부대를 만들었지요.

이 보병 부대는 고용된 직업 군인으로서 귀족 지주 계층으로 이루어진 중장 기병과 함께 신생 마케도니아군의 핵심을 이루게 됩니다. 필립포스 2세는 마케도니아의 왕이 된 후 강력한 군대를 만들어 그리스의 도시들을 하나씩 삼켜 결국 코린토스 동맹을 조직함으로 그리스 세계에서 확실한 위치를 차지하게 되지요.

새로운 강력한 군대를 기반으로 필립포스 2세(B.C.382~336)와 그의 아들 알렉산더(알렉산드로스)는 전쟁을 위한 새로운 명분을 내세우고 페르시아를

---

7) 필립 드 수자, 발데마르 헤켈, 로이드 루엘린–존스, 『그리스 전쟁』, 오태경 옮김(서울: 플래닛미디어, 2009), p.7.
8) Ibid., p.346.

보복하기 위해 마케도니아 중심으로 그리스가 힘을 한데 모아야 한다는 주장을 했습니다. 전쟁의 명분은 바로 150년 전의 페르시아의 그리스 침략에 대해 보복해야 한다는 것이고요.[9]

그러나 알렉산더(알렉산드로스)의 헬라 제국의 등장은 이미 다니엘을 통해 예고 되었습니다. 물론 그 이후에 등장할 로마 제국도 예고되어 있었고요. 요세푸스에 의하면, 알렉산더(알렉산드로스)는 예루살렘에 가서 성전을 방문하고 하나님께 제사를 드린 적이 있는데, 그 때 알렉산더(알렉산드로스)는 다니엘서 7장 6절과, 8장 3~8절과 21절~22절, 그리고 11장 3절을 통해 자신의 등장이 하나님의 말씀을 통해 이미 예언되어 있음을 알고 크게 놀랐다고 합니다.[10]

알렉산더(알렉산드로스)가 유대에 갔을 때 읽었다는 성경 구절이 있는데 다음과 같습니다.

"그 후에 내가 또 본즉 다른 짐승 곧 표범과 같은 것이 있는데 그 등에는 새의 날개 넷이 있고 그 짐승에게 또 머리 넷이 있으며 권세를 받았더라"(단 7:6).

"털이 많은 숫염소는 곧 헬라 왕이요, 그의 두 눈 사이에 있는 큰 뿔은

9) 필립 드 수자, 발데마르 헤켈, 로이드 루엘린-존스, 『그리스 전쟁』, 오태경 옮김(서울: 플래닛미디어, 2009), p.8.
10) 플라비우스 요세푸스, 『요세푸스 II : 유대고대사』, 김지찬 옮김(서울: 생명의말씀사, 2010), p.58.

곧 그 첫째 왕이요, 이 뿔이 꺾이고 그 대신에 네 뿔이 났은즉 그 나라 가운데에서 네 나라가 일어나되 그의 권세만 못하리라"(단 8:21~22).

"장차 한 능력 있는 왕이 일어나서 큰 권세로 다스리며 자기 마음대로 행하리라"(단 11:3).

이 구절들의 일부 혹은 전부는 알렉산더(알렉산드로스)의 정복과 그의 후계자들을 매우 분명하게 예언하고 있다고 요세푸스의 책에 기록되어 있습니다.[11]

빌립보(필립포스) : 헬라 제국의 경제 동력과 유럽 복음의 출발지

필립포스 2세가 마케도니아를 반석 위에 세우고 강력한 국가를 꿈꾸던 중에 필립포스 2세는 크레니데스라는 곳에서 금광을 발견하여 엄청난 재력까지 확보하게 됩니다. 그러자 그 도시의 이름을 자신의 이름을 따라 필립포스(이후 신약성경에서 빌립보)라고 바꿉니다. 그리고 이후 필립포스에게 반기를 든 그리스 연합군을 카이로네이아 전투를 통해 철저하게 응징합니다. 그러나 얼마 지나지 않아 필립포스 2세는 갑작스럽게 암살당하여 죽게 되고, 그의 아들 알렉산더(알렉산드로스)가 23세의 젊은 나이에 나라를 물려받게 됩니다.[12]

이 빌립보(필립포스)는 신약시대에 사도 바울이 제2차 전도 여행 중에 유

---

11) 플라비우스 요세푸스, 『요세푸스Ⅱ: 유대고대사』, 김지찬 옮김(서울: 생명의말씀사, 2010), p.58.
12) 필립 드 수자, 발데마르 헤켈, 로이드 루엘린-존스, 『그리스 전쟁』, 오태경 옮김(서울: 플래닛미디어, 2009), p.364.

럽으로 복음이 넘어가면서 세워지는 유럽의 첫 교회가 됩니다.

"성령이 아시아에서 말씀을 전하지 못하게 하시거늘 그들이 브루기아와 갈라디아 땅으로 다녀가 무시아 앞에 이르러 비두니아로 가고자 애쓰되 예수의 영이 허락하지 아니하시는지라. 무시아를 지나 드로아로 내려갔는데 밤에 환상이 바울에게 보이니 마게도냐 사람 하나가 서서 그에게 청하여 이르되 마게도냐로 건너와서 우리를 도우라 하거늘 바울이 그 환상을 보았을 때 우리가 곧 마게도냐로 떠나기를 힘쓰니 이는 하나님이 저 사람들에게 복음을 전하라고 우리를 부르신 줄로 인정함이러라"(행 16:6~10).

"마게도냐로 건너와서 우리를 도우라."
우리는 이 본문에서 별다른 충격이 없으나, 사도 바울에게는 매우 중대한 사안이었습니다. 땅끝까지 복음을 전하려고 나선 바울 일행이 아시아를 넘어 유럽에 발을 내딛는다는 역사적 사건이기 때문입니다. 경계를 넘는 일이 일어난 것입니다. 바울이 그 환상을 보았을 때 그들이 곧 마게도냐로 떠나기를 힘쓰고, 이를 하나님이 마게도냐 사람들에게 복음을 전하라고 그들을 부르신 줄로 인정합니다.

"우리가 드로아에서 배로 떠나 사모드라게로 직행하여 이튿날 네압볼리로 가고, 거기서 빌립보에 이르니 이는 마게도냐 지방의 첫 성이요 또 로마의 식민지라. 이 성에서 수일을 유하다가"(행 16:11~12).

그런데 역사적인 유럽 복음 전파의 시작은 바울이 귀신 들린 여종을 고쳐주는 일로 시작됩니다. 문제는 이 사건으로 바울은 곧장 감옥행이 되고 맙니다. 그런데 밤에 옥문이 열립니다. 이에 바울 일행이 탈출한 줄 알고 자결하려 했던 간수장과 바울의 대화가 시작됩니다.

"어떻게 해야 구원을 받을 수 있습니까?"

"주 예수를 믿으라. 그리하면 너와 네 집이 구원을 받으리라"(행 16:31).

역사적인 유럽의 첫 교회, 빌립보(필립포스) 교회는 이렇게 탄생하게 된 것입니다. 빌립보(필립포스) 교회의 교인들의 면면을 보면, 귀신 들렸다가 나은 여종, 간수장 가족, 자주 장수 루디아 등이었습니다.

당시는 물감 중에서 자주색이 가장 비쌌기 때문에 자주색 옷은 금값과 동일했다는 기록이 있습니다. 해상 도시 두로가 자주색 물감 산업과 조선 산업으로 엄청난 부를 누렸다는 기록이 전해집니다. 그러므로 빌립보(필립포스) 교회의 자주 장수 루디아를 단순하게 지금의 옷감 장수와 같은 의미로 생각해서는 안 될 것입니다.

알렉산더(알렉산드로스)의 스승 아리스토텔레스

알렉산더(알렉산드로스)의 아버지인 필립포스 2세는 7명의 부인을 두었는데, 알렉산더(알렉산드로스)의 어머니인 올림피아스는 필립포스 2세의 5번째 부인이었습니다. 그런데 필립포스 2세의 모든 부인들은 모두 딸들만 출산했기 때문에 필립포스 2세의 후계자로서 알렉산더(알렉산드로스)의 자리는 매우 튼튼했습니다.[13] 다만 필립포스 2세가 7번째 부인을 맞이하면서 알

---

13) 필립 드 수자, 발데마르 헤켈, 로이드 루엘란-존스, 『그리스 전쟁』, 오태경 옮김(서울: 플래닛미디어, 2009), p.369.

렉산더(알렉산드로스)의 자리에 약간의 위기
가 있기는 했었습니다.

　필립포스 2세의 7번째 부인인 10대의
어린 클레오파트라가 임신했을 때의 일
입니다. 클레오파트라의 숙부인 아탈로
스가 클레오파트라의 자식이 아들일 경
우 필립포스 2세의 뒤를 이어야 한다고
주장하고 나섰기 때문입니다.[14]

　그러자, 알렉산더(알렉산드로스)가 아탈로스에게 술잔을 집어던지고 필
립포스　2세는 알렉산더(알렉산드로스)를 칼로 찌르려　했습니다.[15] 때문에
알렉산더(알렉산드로스)는 그의 어머니와 함께 어머니의 고향인 에피로스로
급히 도망해야만 했습니다. 그러나 다행히 이 일은 잘 마무리되고 알렉
산더(알렉산드로스)는 돌아와 아버지의 뒤를 이을 수 있게 됩니다. 게다가
클레오파트라는 딸을 낳아 더 이상의 문제도 발생하지 않았고요.

　어쨌든 필립포스는 하나밖에 없는 아들을 위해 좋은 스승을 찾아주려
는 생각을 했던 것 같습니다. 그가 바로 그리스의 유명한 철학자 아리스
토텔레스였습니다. 아리스토텔레스는 소크라테스와 플라톤과 함께 그리
스 철학의 거목이었습니다.

　그 당시 필립포스는 그리스를 점령하면서 아리스토텔레스의 고향 마을
인 스타기라 시를 모두 초토화시켰었다고 합니다. 그러나 나중에 그 마을
이 아리스토텔레스의 고향 마을인 것을 알게 되자, 필립포스는 아리스토

14) 필립 드 수자, 발데마르 헤켈, 로이드 루엘린–존스, 『그리스 전쟁』, 오태경 옮김(서울: 플래닛미디어, 2009),
　　p.366.
15) 플루타르코스, 『플루타르크 영웅전 II』, 홍시중 옮김(서울: 동서문화사, 2007), p.1213.

아리스토텔레스

텔레스의 마을을 모두 복원시켜주고 아리스토텔레스를 정중히 모셔와 자기 아들의 스승이 되게 했다는군요.

필립포스는 아들이 스승인 아리스토텔레스에게 학문을 배우는 곳을 '선녀의 성역'으로 정해주었답니다.[16] 그곳에는 아리스토텔레스가 걸었던 그늘진 산책로와 앉았던 자리가 지금도 남아 있답니다.

알렉산더(알렉산드로스)는 아리스토텔레스로부터 도덕이나 교리에 대한 것뿐 아니라, 그가 일반인에게는 공개하지 않은 심오한 교리들도 배웠다고 합니다. 그런데 알렉산더(알렉산드로스)가 뒷날 정복 전쟁을 위해 아시아에 있을 때 아리스토텔레스가 그런 교리들을 책으로 펴냈다는 소식이 들려오자 그런 것을 일반인들에게 공개한 것에 대해 불만어린 편지를 보냈는데 그 편지와 아리스토텔레스의 답장이 플루타르코스가 쓴 『플루타르크 영웅전』에 기록되어 있습니다.[17]

"아리스토텔레스 선생님께
건강하시리라 생각합니다.
선생님께서 친히 구전으로 가르치셔야 할 이론들을
책으로 발표한 것은 잘못하신 것 같습니다.
우리가 배운 지식들을 모든 사람들에게 공개해버린다면
우리가 무엇을 가지고 그들을 능가할 수 있겠습니까?

---

16) 플루타르코스, 『플루타르크 영웅전 II』, 홍사중 옮김(서울: 동서문화사, 2007), p.1211.
17) Ibid.

저는 다른 사람들보다 권력이나 영토로써가 아니라,
지식으로 뛰어나기를 원하기 때문에 이런 말씀을 드리는 것입니다.
안녕히 계십시오."

아리스토텔레스의 답장입니다.
"그 지식들은 발표되었다고 말할 수 없소.
왜냐하면 형이상학에 대한 이 책은
내게서 직접 가르침을 받지 않은 사람은
아무리 읽어보아도 그 뜻을 이해할 수 없기 때문이오."

아리스토텔레스에게 철학을 배운 알렉산더(알렉산드로스)는 이후 헬라 제국을 통치하면서 그 전 제국들의 통치자들에 비해 철학적인 통치자의 면모를 많이 보여줍니다.

에스겔 27장과 해양 도시 두로, 그리고 알렉산더(알렉산드로스)

에스겔서에 나타난 두로에 대한 예언입니다.
여호와의 말씀이 에스겔에게 임하여 이렇게 이르십니다.
"인자야, 너는 두로 왕에게 이르기를 주 여호와께서 이같이 말씀하시되 네 마음이 교만하여 말하기를 나는 신이라. 내가 하나님의 자리 곧 바다 가운데에 앉아 있다 하도다. 네 마음이 하나님의 마음 같은 체할지라도 너는 사람이요, 신이 아니거늘"(겔 28:2).

"그들이 두로의 성벽을 무너뜨리며 그 망대를 헐 것이요, 나도 티끌을 그 위에서 쓸어 버려 맨 바위가 되게 하며"(겔 26:4).

"인자야 너는 두로를 위하여 슬픈 노래를 지으라. 너는 두로를 향하여 이르기를 바다 어귀에 거주하면서 여러 섬 백성과 거래하는 자여, 주 여호와께서 이같이 말씀하시되 두로야 네가 말하기를 나는 온전히 아름답다 하였도다.

네 땅이 바다 가운데에 있음이여 너를 지은 자가 네 아름다움을 온전하게 하였도다. 스닐의 잣나무로 네 판자를 만들었음이여 너를 위하여 레바논의 백향목을 가져다 돛대를 만들었도다. 바산의 상수리나무로 네 노를 만들었음이여 깃딤 섬 황양목에 상아로 꾸며 갑판을 만들었도다. 애굽의 수 놓은 가는 베로 돛을 만들어 깃발을 삼았음이여 엘리사 섬의 청색 자색 베로 차일을 만들었도다. 시돈과 아르왓 주민들이 네 사공이 되었음이여 두로야 네 가운데에 있는 지혜자들이 네 선장이 되었도다"(겔 27:1~8).

당시 두로는 여러 섬들을 왕래하며 무역을 하여 상상을 초월하는 사치스러운 부자 나라로 살고 있었습니다. 두로는 배를 만들면서, 최고급 스닐의 잣나무로 판자를 만들고, 레바논의 백향목으로 배의 돛대를 만들었습니다. 바산의 상수리나무로 노를 만들어 저었으며, 상아를 가지고 갑판을 꾸몄습니다. 이집트산 옷감으로 돛을 만들고, 최고급 차일을 만들었으며, 시돈과 아르왓의 가장 힘센 사람들을 뱃사공으로 부리며 살고 있었습니다. 그들은 오늘날에도 상상하기 힘들 정도로 사치를 누렸으며, 그들의 부를 통해 세상에 두려울 것이 없다고 생각했었던 것입니다.

지중해를 주름잡으며 무역의 중심지로 우뚝섰던 두로는 자주색 물감 산업과 조선 산업, 카르타고를 비롯한 중동 각국과의 해상 무역으로 경제적 번영과 문화를 꽃피웠다는 기록을 남기고 있습니다. 특히 당시 자주색 물감의 값은 금의 가격과 같았다고 기록되어 있으니 두로가 무역을 통해 얼마나 큰돈을 움직였는지 상상할 수 있을 것입니다.

하지만 하나님께서는 두로가 반드시 멸망할 것이라고 선지자들을 통해 말씀하셨습니다. 에스겔 선지자는 당시 바벨론에 잡혀와 있던 1만여 명의 유대 지식인들에게 이같이 두로가 멸망할 것이라고 말했습니다. 왜냐하면 세계가 다 하나님께 속해 있고, 세계의 경영이 하나님의 손에 있음을 알려주기 위해서였습니다.

바벨론에 포로로 잡혀와 있던 당시의 유대 사람들은 두로가 멸망할 것이라는 말을 결코 믿을 수 없었을 것입니다. 두로가 너무나도 대단한 부자 나라였기 때문입니다. 재벌 나라의 위력에 기가 죽었던 것입니다. 그러나 그 대단한 부자 나라 두로도 하나님께서 말씀하신 그대로 성이 불타고, 그 교만이 결국 땅에 떨어지게 됩니다. 앗수르와 바벨론과 페르시아를 들어 쓰셨던 하나님께서 알렉산더(알렉산드로스)도 들어 사용하셨기 때문입니다.

필립포스 2세의 갑작스런 암살로 말미암아 알렉산더(알렉산드로스)는 23세의 나이에 마케도니아의 왕이 되었습니다. 그는 왕위뿐 아니라, 아버지가 이루지 못한 페르시아 원정까지 물려받게 되었습니다. 어린 시절부터 알렉산더(알렉산드로스)는 아버지가 너무 많은 땅을 정벌하는 것에 대해 걱정이 많았다고 합니다. 자신이 정복할 땅이 없을까봐 늘 조바심이 나있었다고 하더군요.[18]

---

18) 필립 드 수자, 발데마르 헤켈, 로이드 루엘린-존스, 『그리스 전쟁』, 오태경 옮김(서울: 플래닛미디어, 2009), p.372.

그러던 중 왕위를 물려받자, 알렉산더(알렉산드로스)는 즉시 원정을 떠나기로 결정합니다. 그러나 페르시아 원정보다 더 급히 꺼야 할 불이 일어났습니다. 그리스의 몇몇 도시국가들이 마케도니아에게 반란을 일으킨 것이었습니다. 그러자 알렉산더(알렉산드로스)는 테베와 아테네, 그리고 스파르타가 일으킨 반란을 초기에 진압하고 코린토스 동맹을 다시 소집했습니다. 그 후 또다시 반란을 일으킨 스파르타와 테베에 대해서는 본보기로 매우 잔혹한 대가를 치르게 했습니다.[19]

알렉산더(알렉산드로스)는 마케도니아와 그리스를 합쳐, 그리스 전체의 총사령관의 위치를 확실하게 확보해 놓은 뒤 페르시아 원정에 나섭니다. 알렉산더(알렉산드로스)는 4만 명 정도의 병력을 데리고 원정을 떠나는데, 이들은 모두 고용된 직업 군인들이었습니다.[20] 알렉산더(알렉산드로스)는 이들에게 먼저 일정의 급료를 주어야 했습니다. 알렉산더(알렉산드로스)는 마케도니아 왕궁의 대부분의 자금을 모두 그들에게 나누어주었습니다.[21] 그러자 군인들은 빈털터리가 된 알렉산더(알렉산드로스)의 경제에 대해 걱정을 했다고 합니다.

알렉산더(알렉산드로스)의 신하 페르디카스가 알렉산더(알렉산드로스)에게 물었습니다.

"전하 것으로는 무엇을 남겨 놓으셨습니까?"

알렉산더(알렉산드로스)가 대답했습니다.

---

19) 필립 드 수자, 발데마르 헤켈, 로이드 루엘린-존스, 『그리스 전쟁』, 오태경 옮김(서울: 플래닛미디어, 2009), p.373.
20) Ibid., p.381.
21) 플루타르코스, 『플루타르크 영웅전 II』, 홍사중 옮김(서울: 동서문화사, 2007), p.1219.

"희망이오."

알렉산더(알렉산드로스)의 이 말에 급료를 받았던 군인들이 다시 그 돈을 알렉산더(알렉산드로스)에게 반납하기 시작했답니다. 페르시아 점령 후 더 많은 급료를 받을 텐데 지금 받아서 무엇 하겠느냐는 것이며, 알렉산더(알렉산드로스)가 원정에 필요한 군자금으로 사용하도록 하기 위해서였다는 것입니다.[22]

이렇게 원정은 시작되었습니다. 알렉산더(알렉산드로스)는 페르시아로 가서 이수스 전투를 치루며 큰 승리를 거둡니다. 그러나 도망친 다리오(다레이오스 3세)를 추격하지 않고 이집트를 점령하기 위해 말머리를 아래로 향했습니다. 알렉산더(알렉산드로스)가 이집트로 향하자, 대부분의 나라들이 저항을 포기하며 속속 알렉산더(알렉산드로스)에게 항복하기 시작했습니다.

그러나 오직 두로(티루스)는 항복하지 않고 알렉산더(알렉산드로스)의 발목을 잡았습니다. 두로는 0.5마일(0.8km)넓이의 바다가 마케도니아군과 두로를 갈라놓고 있었기 때문에 자기네가 전쟁의 승기를 잡고 있다고 생각했습니다. 그리고 두로는 북아프리카의 식민지인 카르타고의 도움을 받을 수 있을 것이라 기대했습니다.

알렉산더(알렉산드로스)는 두로를 반드시 점령해야만 했습니다. 왜냐하면 두로는 메소포타미아, 아라비아, 소아시아, 이집트를 연결하는 교통의 요충이자 중심 무역항이었기 때문입니다. 알렉산더(알렉산드로스) 입장에선 정복 전쟁을 나서기 전 마게도냐로부터 오는 보급로를 확보하기 위해 두로 점령은 반드시 해야 할 일이었던 것입니다.

---

22) 플루타르코스, 『플루타르크 영웅전Ⅱ』, 홍사중 옮김(서울: 동서문화사, 2007), p.1219.

7개월간 버티던 두로는 알렉산더(알렉산드로스)에 의해 철저히 응징당합니다. 알렉산더(알렉산드로스)는 두로를 공략하지 못해 쩔쩔매다가 결국 좋은 아이디어를 냈는데, 바다 한가운데 있는 두로를 공격하기 위해 200척의 배와 군인 1만 명을 동원해 산에서부터 큰 바위를 굴려오게 한 것입니다.[23] 그리고 그 바위들을 바다에 깔아 길을 내어서, 결국 그 길로 사륜마차들을 끌고 두로로 들어갈 수 있었던 것이지요. 바다에 길을 내어서 육지처럼 쳐들어가 공격해서 이겨버린 것입니다(B.C.332). 이것은 이미 에스겔 선지자가 예언했던 것입니다.

　두로는 남쪽 성벽이 가장 취약했습니다. 때문에 알렉산더(알렉산드로스)는 그곳을 집중적으로 공격했던 것입니다. 끝까지 결사적으로 저항한 두로 사람들은 결국 끔찍한 학살로 인해 대부분 죽었으며, 두로는 불바다가 되는 운명을 맞았습니다.

　B.C. 8세기 북이스라엘이 멸망하기 직전 아모스 선지자는 두로에 대해 다음과 같이 예언했습니다.

　"두로의 서너 가지 죄로 말미암아 내가 그 벌을 돌이키지 아니하리니 이는 그들이 그 형제의 계약을 기억하지 아니하고 모든 사로잡은 자를 에돔에 넘겼음이라. 내가 두로 성에 불을 보내리니 그 궁궐들을 사르리라"(암 1:9~10).

　두로가 이스라엘과 맺은 약속을 저버리고 이스라엘 사람들을 잡아다가 에돔에게 노예로 팔아버린 죄에 대해 하나님께서 벌주시겠다는 것이었습니다. 그리고 B.C. 8세기 남유다의 이사야 선지자도 두로에 대해 하나님의 경고를 전했습니다. 무역으로 인해 큰 부자가 된 두로의 교만이 결국

---

23) 플루타르코스, 『플루타르크 영웅전 II』, 홍시중 옮김(서울: 동서문화사, 2007), p.1299.

은 황무해지고 슬퍼하며 울게 될 것이라는 사실입니다.

"두로에 관한 경고라. 다시스의 배들아, 너희는 슬피 부르짖을지어다. 두로가 황무하여 집이 없고 들어갈 곳도 없음이요. 이 소식이 깃딤 땅에서부터 그들에게 전파되었음이라. 바다에 왕래하는 시돈 상인들로 말미암아 부요하게 된 너희 해변 주민들아 잠잠하라. 시홀의 곡식 곧 나일의 추수를 큰 물로 수송하여 들였으니 열국의 시장이 되었도다"(사 23:1~3).

이후 두로는 로마에게 예속되어 로마의 많은 유물들이 지금도 발견되어진다고 합니다. 이 때문에 두로는 1984년 세계문화유산으로 등록되었습니다. 또한 두로는 예수님께서 방문하셨던 곳으로 기록되기도 합니다.

"예수님께서 두로와 시돈 지방에 들리셔서 이곳에서 귀신 들린 여인의 딸을 고쳐주셨다."(마 15:21~28 참고)라는 기록이 성경에 나와 있습니다.

두로는 원래 유대 땅과는 떨어져 있는 섬이었는데, 오랜 세월 토사가 쌓여 오늘날에는 반도가 되었고 티레(수르)라고 불립니다.

알렉산더(알렉산드로스)의 예루살렘 방문

겨우 4만 명으로 시작한 알렉산더(알렉산드로스) 군대는 무서운 기세로 그리스를 완전히 손에 넣고, B.C.336년 선발 부대를 페르시아로 먼저 보냅니다. 그리고 B.C.333년 4만 명의 군사를 이끌고 알렉산더(알렉산드로스)가 직접 페르시아로 넘어가 다리오(다레이오스 3세)와 이수스 전투에서 맞붙습니다. 이수스 전투에서 알렉산더(알렉산드로스)는 큰 승리를 거두었으나,

예루살렘 성전의 알렉산더 대왕
세바스티노 콩카 作

다리오(다레이오스 3세)는 전차를 버리고 말에 올라타고 왕의 표식까지 제거한 상태에서 야음을 틈타 도망해 버립니다. 그러나 알렉산더(알렉산드로스)는 다리오(다레이오스 3세)를 뒤쫓아가지 않고 말머리를 이집트로 향하면서 두로와 블레셋의 가자(Gaza)를 점령하고, 곧바로 이집트를 점령했습니다.[24] 다음 정복지는 누가 봐도 당연히 유대였습니다.

그러나 알렉산더(알렉산드로스)의 유대 점령은 다른 점령지에 비해 매우 다릅니다. 유대는 말라기서가 기록될 때까지도 페르시아의 총독 관할하에 있었습니다. 그러던 중 알렉산더(알렉산드로스)가 유대를 향해 진격해 온다는 소식이 들려왔습니다.

그런데 알렉산더(알렉산드로스)의 군대가 유대에 도착할 즈음, 유대의 대제사장은 자주색과 주홍색의 옷에다 하나님의 이름이 새겨진 금패가 달린 모자를 쓰고, 백성에게 흰 옷을 입히고 알렉산더(알렉산드로스)를 맞이했다고 합니다. 그러자 갑자기 알렉산더(알렉산드로스)가 하나님을 찬양하고 먼저 대제사장에게 안부를 물었다는 것입니다.

요세푸스에 의하면, 그 이유는 알렉산더(알렉산드로스)가 원정을 떠나기 전 마케도니아에 있을 때 꿈을 꾸었는데, 꿈속에서 '자신이 어떻게 하면 아시아를 제패할 수 있을까' 하고 궁리하던 중, 앞에서 말한 유대인들 가운데 대제사장 복장을 한 사람이 나타나 자기가 군대를 인도해 페르시아를 점령할 수 있게 해주겠노라고 말했었다는 것입니다. 그래서 알렉산더(알렉산드로스)는 그 꿈을 생각하며 예루살렘 성전에 올라가 대제사장의 지시대로 하나님께 제사를 드렸다고 합니다.[25]

---

24) 필립 드 수자, 발데마르 헤켈, 로이드 루엘린-존스, 『그리스 전쟁』, 오태경 옮김(서울: 플래닛미디어, 2009), pp.380~394.

그리고 더 나아가 유대인들에게는 매 7년마다 그들의 안식년에는 조공을 바치지 않아도 된다고까지 배려를 아끼지 않았다고 합니다.[26]

알렉산더(알렉산드로스)의 예루살렘 성전 방문에 대해서는 그 진위 문제를 가지고 논란이 있기는 하지만, 확실한 것은 알렉산더(알렉산드로스)가 유대에 대해서는 여타 나라와 비교해서 관대했다는 사실입니다.

알렉산더(알렉산드로스)와 트로이의 영웅 아킬레우스

알렉산더(알렉산드로스)가 정복 전쟁 중에도 항상 독서를 했다는 것은 유명한 이야기입니다. 책을 좋아한 알렉산더(알렉산드로스)가 이집트에 자기 이름을 딴 도시 알렉산드리아에 도서관을 세운 것이 유명한 것처럼 말입니다. 나중에 나폴레옹도 알렉산더를 흉내내어 전쟁 중에 이동도서관을 함께 움직였다고 하더군요.

어쨌든 알렉산더(알렉산드로스)는 매일 밤 책 읽어주는 담당 군인에게 호메로스의 『일리아드(Illiad)』를 읽게 했답니다. 그리고 잠들 때는 베개 아래에 그의 칼과 이 『일리아드』를 두고 잤답니다. 알렉산더의 롤모델이 바로 아킬레우스였기 때문입니다. 『일리아드』를 영화로 만든 '트로이'에서 바로 이 아킬레우스 역할을 브래드 피트가 해서 아주 인상적이었지요.

이렇게 호메로스의 『일리아드』를 좋아하던 알렉산더(알렉산드로스)가 페르시아의 수사 성을 점령하고 너무나도 아름다운 보석이 장식된 보석함

---

25) 플라비우스 요세푸스, 『요세푸스Ⅱ: 유대고대사』, 김지찬 옮김(서울: 생명의말씀사, 2010), p.58.
26) Ibid., p.59.

을 발견하고서는 그 보석함에 『일리아드』를
넣었다는군요. 알렉산더(알렉산드로스)에게 최
고의 보석이 바로 호메로스의 『일리아드』라
는 책이었다는 것입니다.[27]

알렉산더(알렉산드로스)의 책에 관한 에피소
드를 소개한 김에 또 하나의 에피소드를 소
개합니다. 이 에피소드도 수사 성에서 있었
던 일입니다.

수사 성에서 알렉산더(알렉산드로스)에게 아부를 하기 위해 페르시아 전체
에서 가장 요리를 잘하는 요리사를 알렉산더(알렉산드로스)에게 바치겠다고
했답니다. 그러자 알렉산더(알렉산드로스)는 곧 그 요리사 선물을 정중히 거
절했다고 합니다. 그리고 다음과 같이 말했다고 하더군요. "열심히 최선을
다해 땀 흘려 일하고 난 후에 먹는 음식이 최고의 요리이다."라고요.[28]

로마 시대의 한 장군에게 바쳤던 선물에 대해서도 하나 이야기하겠습
니다. 로마와 카르타고의 전쟁인 '포에니 전쟁' 때의 일입니다. 한니발을
물리쳐 로마의 영웅이 된 스키피오 아프리카누스에게 있었던 일인데요.
스키피오가 아프리카로 건너가 전쟁에서 큰 승리를 거두자, 아프리카의
한 마을에서 가장 아름다운 처녀를 스키피오에게 바치겠다는 연락을 해
왔다고 합니다.

그 여자는 이미 약혼자가 있었지만 스키피오에게 선물로 바치겠다는

27) 플라비우스 요세푸스, 『요세푸스 II : 유대고대사』, 김지찬 옮김(서울: 생명의말씀사, 2010), p.1231.
28) Ibid., p.1227.

것이었습니다. 그때 스키피오는 그 선물을 거절하면서 이렇게 말했다고 합니다. "젊은 남자에게 이보다 더 좋은 선물은 없겠지만, 전쟁을 계속해야 하는 장수에게 이보다 더 곤란한 선물은 또 없을 것이다."

알렉산더(알렉산드로스)의 죽음과 헬라 제국의 분열

알렉산더(알렉산드로스)의 정복 전쟁에 대해 폴 존슨은, 알렉산더(알렉산드로스)가 페르시아를 썩은 달걀처럼 깨뜨렸다고 표현합니다.[29] 알렉산더(알렉산드로스)가 점령하는 곳은 상당수가 저항보다는 해방군으로 맞이하는 곳이 많았습니다. 때문에 약탈을 면한 곳들도 많았지요.

그러나 그중 페르시아의 수사와 함께 또 하나의 대표적인 수도인 페르세폴리스는 다른 운명을 맞았습니다. 페르세폴리스는 다리오(다레이오스)와 그의 아들 아하수에로(크세르크세스)가 세운 도시로, 그 상징성이 '침공'을 의미하고 있었기 때문입니다. 페르세폴리스에서는 약탈과 학살이 잔인하게 이루어졌고, 궁궐은 불태워졌습니다.

그때 다리오(다레이오스 3세) 왕은 페르시아 제국의 4대 수도[30] 중 하나인 에크바타나에 있었습니다. 그러나 알렉산더(알렉산드로스)는 더 이상 다리오(다레이오스 3세)를 쫓지 않아도 되었습니다. 왜냐하면 도망하던 다리오(다레이오스 3세)가 그의 부하들에 의해 살해당했기 때문이었습니다. 다리오(다레이오스 3세)의 죽음으로 페르시아 제국은 문을 닫습니다. 그리고 이때부

---

29) 폴 존슨, 『유대인의 역사 1』, 김한성 옮김(파주: 살림출판사, 2005), p.225.
30) 수사, 페르세폴리스, 바벨론, 에크바타나(악메다).

터 본격적으로 세계는 헬라 제국의 패권 아래 놓이게 됩니다.

페르시아 전체를 점령한 알렉산더(알렉산드로스)는 동방으로 원정을 계속했습니다. 알렉산더(알렉산드로스)는 원정 중에 늘 학자들과 기술자들을 데리고 다녔다고 합니다. 그래서 정복한 지역의 문화와 그리스 문화 간의 교류를 시도하고 그리스 문화로 정복민들을 개화시키려 했습니다.

고대 동방의 문화를 오리엔트 문화라고 합니다. 그런데 알렉산더(알렉산드로스)는 오리엔트 문화와 그리스 문화를 합하여 헬라 문화를 만든 것입니다. 이것이 '헬레니즘'(Hellenism)입니다. 헬라 문화를 퍼뜨리며 원정을 계속하던 알렉산더(알렉산드로스)는 인도의 인더스 강 유역에서 원정을 중단해야만 했습니다. 오랜 전쟁과 원정에 지친 군인들이 더 이상의 종군을 거부했기 때문입니다.

결국 원정을 중단하고 돌아오던 알렉산더(알렉산드로스)는 B.C.323년 다이시우스달 30일에 32세의 젊은 나이에 원인 모를 병으로 요절하고 맙니다.[31] 어떤 이는 말라리아라고 하고, 또 어떤 이는 차가운 물에 목욕하고 난 후의 열병에 의한 죽음이라고 하기도 합니다.

어쨌든 알렉산더(알렉산드로스)의 갑작스런 죽음은 헬라 제국에 큰 변화를 가져오게 되지요. 알렉산더(알렉산드로스)가 죽자, 큰 제국은 그의 7명 장수에 의해 나뉘어 다스려지다가, 권력 싸움에 의해 3명은 도태되고 4명의 장수가 분할 통치를 하게 됩니다.

4명의 장수 가운데에서도 3명은 꽤 큰 규모의 나라를 세워 왕조를 이루고, 1명의 장수는 소아시아 북쪽에 작은 왕국인 페르가몬을 세워 이후

---

31) 플루타르코스, 『플루타르크 영웅전Ⅱ』, 홍사중 옮김(서울: 동서문화사, 2007), p.1283.

예술과 문학의 중심지로 헬레니즘의 수호자가 됩니다.[32]

3명의 장수들이 세운 헬라 제국의 왕조들은 다음과 같습니다.

알렉산더(알렉산드로스)의 고향인 마케도니아에는 안티고누스 왕조가 세워집니다. 그리고 애굽(이집트)과 퀴레네, 홍해와 동아프리카에 따라 설치된 교두보들, 페니키아, 에게 해의 여러 섬들, 그리고 소아시아 해안과 갈리폴리 반도의 일부에는 프톨레미 왕조가 세워져 그곳을 통치합니다. 그리고 셀루커스 왕조는 옛 페르시아 제국의 대부분과 시리아 북부, 메소포타미아, 인도 서북부, 아프카니스탄, 그리고 중앙아시아의 투르케스탄까지 통치합니다. 그러나 이들 세 왕조의 어느 누구도 제국의 유일한 군주로 우뚝 서서 통일을 이루지는 못했습니다.[33]

프톨레미 왕조와 셀루커스 왕조의 예루살렘 쟁탈전

B.C.301년, 이집트 지역을 다스리게 된 프톨레미 1세에 의해 유대는 프톨레미에 합병됩니다. 그래서 가나안 땅에 살고 있던 유대인들은 페르시아의 통치에 이어, 알렉산더(알렉산드로스)의 직접 통치, 그리고 헬라 제국의 프톨레미의 통치를 받게 되는 것이지요. 그러나 프톨레미 왕조는 통치보다는 오히려 유대의 종교적 전통에 대해 존중하는 자세를 취합니다.[34]

그러던 중 프톨레미 2세(프톨레미 필라델푸스) 때에는 히브리어로 기록된

---

32) 프리츠 하이켈하임, 『로마사』, 김덕수 옮김(서울: 현대지성사, 1999), p.224.
33) Ibid.
34) 아놀드 B.로드스, 『통독을 위한 성서해설』, 문희석, 황성규 옮김(서울: 대한기독교출판사, 1977), p.284.

구약성경을 헬라어로 번역하는 놀라운
작업이 이루어집니다. 왜냐하면 헬라
시대 당시 세계 공용어는 헬라어였기
때문에 히브리어로 된 구약성경을 헬
라 도시에 이민 가서 살고 있는 디아스

포라 유대인들이 읽기 위해서는 헬라어로의 번역은 매우 중요한 일이었
습니다.

이 번역본이 최초의 번역본인 칠십인역(Septuagint, LXX)입니다. 프톨레미
2세의 명령에 의해 율법서를 헬라어로 번역할 사람 70인을 선발해, 그들
로 하여금 각자가 성경을 번역하게 했는데, 유대교 전승에 따르면 모든
작업을 마친 후 70인의 번역을 한데 모아보니 한 치의 다름이 없었다고
합니다.[35]

이러한 주장에 70인의 번역이 성령의 역사하심으로 말미암았음을 강
조한 측면이 있기도 하지만, 이 시대에 이러한 번역 작업이 진행된 것은
분명 하나님의 섭리와 역사였다고 보아야 할 것입니다. 이 번역 작업으로
인해 많은 이방인들도 구약성경을 읽을 수 있게 되었습니다.

프톨레미 왕조의 왕들은 대체로 속국민들의 종교적 신념과 관습에 대
해 관대한 정책을 펼쳤습니다. 하지만 프톨레미 왕조와 셀루커스 왕조 사
이에 계속된 전쟁으로 인해 유대 땅은 양쪽 군대의 말발굽에 짓밟히면서
여러 차례 수난을 당합니다. 특히 이후 유대에 대한 통치가 프톨레미 왕
조에서 셀루커스 왕조로 넘어가게 되자 유대는 감당하기 힘든 상황으로
까지 가게 됩니다.

---

35) 플라비우스 요세푸스, 『요세푸스 Ⅱ: 유대고대사』, 김지찬 옮김(서울: 생명의말씀사, 2010), p.77.

프톨레미 왕조의 통치를 받으며 비교적 평온한 나날을 보내고 있던 유대 땅의 분위기는 B.C. 2세기 초를 전후하여 바뀌기 시작합니다. B.C.198년 셀루커스 왕조의 안티오쿠스 3세가 프톨레미 왕조로부터 유대 땅을 빼앗아 셀루커스 왕조에 합병시켰기 때문입니다.

유대를 점령한 안티오쿠스 3세도 처음에는 유대인들을 최대한 배려했습니다. 하지만 불행히도 유대인들에게 부여된 이런 호의들은 오래가지 못했습니다. 당시 정세는 하루가 다르게 변하고 있었기 때문에 안티오쿠스 3세는 그의 계획대로 유대인들을 통치할 수가 없게 된 것입니다.

그 이유는 다음과 같습니다.[36]

당시 서방에서는 로마와 카르타고의 23년에 걸친 제1차 포에니 전쟁(B.C.264~241)과 16년에 걸친 제2차 포에니 전쟁(B.C.218~202)으로 인해 지중해의 패권이 로마로 넘어가고 있었습니다. 제2차 포에니 전쟁이 끝나자, 그동안 마케도니아에 의해 통치를 받고 있던 그리스가 마케도니아로부터 독립하기 위해 지중해의 새로운 강자로 떠오른 로마에게 도움을 청하면서 문제가 발발합니다.

그리스 문화를 동경해 오던 로마는 그리스의 요청에 따라 마케도니아와 전쟁을 벌이게 되고 그 결과 로마가 승리함으로 말미암아 마케도니아는 그리스를 더이상 통치하지 못하게 됩니다(B.C.197).

그러나 그 후 사건은 그리스로부터 발단이 되어 또 큰 전쟁으로 이어지게 됩니다. 로마 덕분에 독립을 쟁취하게 된 그리스의 중부지역에 사는 아이톨리아인들은 그리스의 독립 정도에 만족하지 못하고, 자신들을 지

---

36) 프리츠 하이켈하임, 『로마사』, 김덕수 옮김(서울: 현대지성사, 1999), pp.226~246.

배했던 마케도니아를 응징하고 싶어했습니다.

그래서 아이톨리아인들이 이번에는 셀루커스 왕조에 개입을 요청한 것입니다. 로마의 도움 정도는 크게 만족하지 못했다는 표현이었지요. 이 일은 로마를 매우 불쾌하게 만들었습니다. B.C.197년 로마와 마케도니아와의 전쟁에서 승리한 로마는 전후 처리 과정을 통해 그리스의 확실한 독립과 마케도니아에 대한 승리자로서의 위치를 공고히 했었고, 그때까지 마케도니아는 로마와의 약속을 잘 이행해 오고 있었습니다. 이와 같은 이유 때문에 마케도니아에 대한 셀루커스 왕조의 공격은 곧 로마에 대한 공격을 의미하게 된 것입니다.

이때 마침 카르타고의 장수 한니발이 국내의 문제로 인해 셀루커스 왕조에 망명해 있었고 셀루커스 왕조의 경제력이 최고조에 달해 있었기 때문에 안티오쿠스 3세는 전쟁에 승리할 수 있을 것이라는 생각에 아이톨리아인들의 요구를 흔쾌히 받아들입니다.

B.C.191년, 안티오쿠스 3세는 6만 대군을 이끌고 그리스를 돕겠다는 명목으로 이미 쇠퇴의 길을 걷기 시작한 마케도니아를 공격해 알렉산더 (알렉산드로스)의 확실한 후계자의 자리를 잡고자 진격을 시작했습니다.

그러나 그리스 중부의 아이톨리아인들과 합세한 셀루커스 왕조의 안티오쿠스 3세는 로마에게 무참히 깨지고 살아남은 소수의 병력만 데리고 자기 나라로 도망하는 신세가 됩니다. 하지만 당시 헬라 왕조들 가운데 가장 넓은 땅을 차지하고 있었으며 가장 강력한 군주로 알려져 있던 안티오쿠스 3세는 본국으로 돌아가 다시 힘을 모으고, 자기 나라에 망명해 있는 한니발을 이 전쟁에 장수로 내세우려는 계획을 세웠습니다. 그러자 로마에서도 한니발과 맞상대하기 위해서는 스키피오 아프리카누스를 내세울 수밖에 없는 상황이 됩니다.

드디어 B.C.190년, 로마와 셀루커스 왕조의 안티오쿠스 3세가 격돌하는 전쟁을 위해 이번에는 로마가 먼저 진격하게 되지요. 결과는 로마의 대승으로 끝납니다. 전쟁의 결과로 인해 셀루커스 왕조는 로마에 전쟁 배상금을 지불해야만 했고, 에게 해의 제해권도 로마로 넘어가게 됩니다.

B.C.190년, 로마와의 전쟁에서 참패한 안티오쿠스 3세에게 5천 달란트라는 어마어마한 배상금이 부과되자, 이 막대한 배상금을 채우기 위하여 안티오쿠스 3세가 나라 안에 있는 신전들의 재산을 압류하기 시작했습니다. 예루살렘 성전도 예외일 수는 없었습니다. 그러자 곳곳에서 이에 대한 백성의 반대가 일어났고, 그는 결국 암살당하고 맙니다.[37]

그 뒤를 이은 셀루커스 4세 역시 많은 조공을 바치라는 로마의 압력을 받습니다. 얼마 후 셀루커스 4세는 한 장군에 의해 살해당하고, 그의 뒤를 이어 셀루커스 4세의 동생이며 '에피파네스'라고 불리는 안티오쿠스 4세(B.C.175~163)가 왕이 되는데, 이때부터 유대가 큰 곤경에 빠지게 됩니다.

안티오쿠스 4세는 특히 그의 영토 전역에 헬라적인 관습과 문화를 강요했습니다. 안티오쿠스 4세가 등극하면서부터 유대인들에게는 이전과 차원이 다른 험난한 세월이 시작됩니다. 바벨론 포로 귀환 이후 냉소적인 신앙일지라도, 유일신 사상만은 확고하게 지니고 있던 유대인 귀환 공동체는 헬레니즘 사상을 강하게 거부해왔기 때문입니다.

이때 안티오쿠스 4세는 프톨레미 왕조의 이집트 정복을 꿈꾸며 두 차

---

37) 아놀드 B.로드스, 『통독을 위한 성서해설』, 문희석, 황성규 옮김(서울: 대한기독교출판사, 1977), p.285.

례에 걸쳐 원정을 했고, 제2차 이집트 원정을 통해 이집트를 거의 제압하는 듯했습니다. 하지만 이처럼 안티오쿠스 4세가 이집트에 대해 정복의지를 불태우고 있을 때, 이미 다른 나라가 이집트에 대한 지배의 손길을 뻗치고 있었습니다. 바로 로마입니다. 거의 정복을 이루었다고 생각했던 안티오쿠스 4세는 로마의 출현 때문에 그의 숙원을 이루지 못하게 되었습니다. 지중해가 이미 로마의 손에 대부분 넘어가 버렸기 때문입니다.

안티오쿠스 4세는 이집트의 점령을 이루지 못하고 돌아가는 길에 예루살렘에 들릅니다. 이때 안티오쿠스 4세는 이집트 원정기간 동안 예루살렘에서 자신의 뜻에 맞지 않는 일들이 일어난 것에 분노했습니다. 유대가 그의 헬라 정책을 받아들이지 않았기 때문에 이러한 일이 발생했다고 억지를 부리기 시작한 것이지요.

안티오쿠스 4세는 예루살렘 성전에서 돼지를 잡아 제우스신에게 제사를 드렸습니다. 유대인들의 눈에는 우상숭배의 행위가 성전에서 일어난 것입니다.[38] 그리고 할례를 실시한 아이들을 찾아내어 그 아이를 죽이고 죽은 아이의 시체를 그 어머니 목에 걸어놓게 했습니다. 또한 제사장 600명을 묶어 그 위로 마차가 지나가게 해 그들을 참혹하게 죽게 했습니다.

안티오쿠스 4세는 스스로 에피파네스(신의 현현)라 불렀으나, 유대인들은 에피마네스(미친놈)라 고쳐 부르며 저항했습니다. 이 저항 세력이 하스몬 왕조를 세웠습니다.[39]

---

38) 아놀드 B.로드스, 『통독을 위한 성서해설』, 문희석, 황성규 옮김(서울: 대한기독교출판사, 1977), p.286.
39) Ibid.

애굽의 클레오파트라 여왕과 유대의 헤롯 대왕

셀루커스 왕조 아래 큰 고통을 겪은 유대를 살펴보기 전에 먼저, 헤롯과 클레오파트라 여왕과 관련된 에피소드를 잠시 소개하려고 합니다.

헤롯 가문은 로마 제국편에서 한 장을 할애하여 집중적으로 다룰 것입니다. 그때 다시 말씀드리겠지만, 헤롯은 로마 최초의 '제1차 삼두정치'를 실행했던 율리우스 카이사르와 폼페이우스, 그리고 크라수스와 절친한 친구였다는 것을 밝힙니다. 그리고 후에 '제2차 삼두정치'의 주인공들인 옥타비아누스, 안토니우스, 레피두스와도 절친한 친구였다는 사실을 알아두어야 합니다.

그런데 그들이 삼두정치로 서로 뜻을 같이할 때는 괜찮았습니다. 하지만 율리우스 카이사르가 루비콘 강을 건넌 후에, 율리우스 카이사르와 폼페이우스가 서로 적이 되어 칼을 겨누는 것이 문제이지요.

그런데 그때에도 헤롯과 율리우스 카이사르, 헤롯과 폼페이우스는 각각 계속 절친한 친구 관계를 유지했다는 것입니다. 그 이유는 예루살렘으로부터 어마어마한 금화가 율리우스 카이사르와 폼페이우스에게 각각 넘어갔기 때문입니다. 헤롯은 두 거두(巨頭) 모두에게 보험을 들었습니다.

'제2차 삼두정치' 때에도 마찬가지입니다. 옥타비아누스와 안토니우스가 칼을 겨누고 싸울 때에도 헤롯은 양쪽 모두에게 보험을 들었습니다. 옥타비아누스와 안토니우스 모두에게 어마어마한 금화를 군자금으로 보내 양쪽 모두를 크게 만족시켰기 때문입니다.

이때의 일입니다. 안토니우스가 클레오파트라와 함께 애굽(이집트)에서

로마의 옥타비아누스와 전쟁을 치루
는 중, 안토니우스는 클레오파트라
와 그녀의 자식들에게 많은 나라들
을 물려주기로 약속했습니다. 심지
어는 아직 정복하지 않은 나라까지
다 물려주겠다는 약속을 했다는군
요. 그때 클레오파트라가 매일 밤 요
구했던 나라가 바로 '유대'였습니다.

유대를 자신에게 달라고 안토니우스를 졸랐다는군요. 그러나 안토니우스
가 유대만은 절대로 클레오파트라에게 줄 수 없다고 했답니다. 아무리 사
랑하는 여인의 부탁이라 할지라도 헤롯과의 우정이 더 소중하다고 했다
는군요. 헤롯의 정치력이 이렇게 대단했다는 에피소드입니다.

마카비(마카베오) 혁명과 하스몬 왕조

유대에 하스몬 왕조가 들어서게 된 경위는 다음과 같습니다.

B.C.175년에 셀루커스의 안티오쿠스 4세가 그리스 문화를 바탕으로
유대교를 보편화하려는 유대의 개혁 운동 세력과 동맹을 맺습니다. 그 개
혁 세력은 예루살렘을 안디옥(안티오키아)이라 이름을 고치고, 대제사장을
개혁 성향의 야손으로 교체한 후, 대제사장이 공공기금을 관장하면서 성
전의 기금을 가지고 마음대로 하려고 했습니다.[40]

---

40) 폴 존슨, 『유대인의 역사 1』, 김한성 옮김(파주: 살림출판사, 2005), p.236.

그 후 유대에는 더욱더 친그리스적인 성향의 메넬라우스로 대제사장이 교체됐는데, 메넬라우스는 자신에 대한 지지를 과대평가하면서 많은 문제들을 야기하더니 드디어 성전의 희생제의까지 금지시켰습니다. 그러자 경건한 유대인들은 유대의 개혁운동 세력을 힘입은 메넬라우스와 바알 종교가 다른 것이 없다고 여기며 기꺼이 죽음을 택하겠다고 나섰습니다.

대제사장 메넬라우스에 반대하여 매를 맞아 죽는 사람들까지 생겨나자 이때부터 '순교자'라는 개념이 생겨났다고 합니다.[41]

그러던 중 '여호야립의 파수꾼'이라고 알려진 옛 제사장 가문 출신인 마타디아스 하스몬(Mattathias Hasmon)이 우상숭배를 요구하던 셀루커스 왕조의 관리와 우상숭배에 참여하려 한 유대인을 살해했습니다. 이를 기회로, 마타디아스 하스몬의 셋째 아들 유다 마카비는 형제들을 이끌고 셀루커스 왕조의 주둔군에 대한 게릴라전을 시작했습니다. 그로 말미암아 예루살렘 주변에서 그리스인들을 몰아내게 된 것입니다.

하스몬 왕조를 잠깐 살펴보면 다음과 같습니다.

마타디아스 하스몬은 우상에게 절하라고 유대를 압박한 안티오쿠스 4세의 명령에 도전한 연로한 제사장이었습니다. 그의 아들들이 아버지를 이어 혁명을 주도했는데, 처음에는 마타디아스 하스몬의 셋째 아들 유다 마카비가, 이어서는 막내아들 요나단이, 그리고 마지막에는 둘째 아들 시몬 마카비가 이 일을 맡았습니다.

유다 마카비와 그 형제들은 혁명을 주도하면서 개혁파 인물들을 구금

---

41) 폴 존슨, 『유대인의 역사 1』, 김한성 옮김(파주: 살림출판사, 2005), p.239.

하고, 셀루커스 왕조의 인물들을 감금했으며, 그 후 성전을 정화하여 B.C.164년 12월에 마침내 하나님께 드리는 제사를 다시 거행합니다.

그러자, B.C.162년 셀루커스 왕조의 안티오쿠스 5세는 유대의 대제사장 메넬라우스를 처형했습니다. 그러나 하스몬 가문은 B.C.161년 셀루커스 왕조가 아니라, 오히려 로마와 동맹을 맺어 로마로부터 독립 국가의 지배 가문으로 인정을 받게 됩니다. 사태가 이렇게 진행되자 유대에 대해 계속해서 영향력을 행사하고 싶은 셀루커스 왕조는 B.C.152년 유대를 그리스화하려는 시도를 포기하고 당시 하스몬 가문의 지도자였던 요나단을 대제사장으로 임명합니다.[42]

결국 유대와 계속해서 관련을 맺기 원했던 셀루커스 왕조는 B.C.142년 세금을 면제해 주는 방식으로 유대의 독립을 인정해 주었습니다. 이때 시몬 마카비가 유대 대제사장의 자리에 오르면서 유대 통치자의 자리를 겸하게 됨으로써 독립 국가의 면모를 확고하게 갖춥니다.[43] 이것이 다윗 왕조와는 다른 유대의 또 다른 왕조인 '하스몬 왕조'의 시작입니다. 마카비 혁명으로 말미암아 B.C.142년 유대는 마침내 셀루커스로부터 독립하여 독립 국가를 세우게 된 것입니다. 이때가 바로 유대가 페르시아와 헬라 제국에서 440년 만에 독립을 이룬 때입니다.

시몬 마카비 통치 이후, 하스몬 왕조는 요한 힐카누스(B.C.134~104)와 그의 장남 아리스토불루스(B.C.104~103), 아리스토불루스의 미망인 살로메 알렉산드라와 결혼한 아리스토불루스의 동생 알렉산드로 야나이우스

42) 폴 존슨, 『유대인의 역사 1』, 김한성 옮김(파주: 살림출판사, 2005), p.241.
43) Ibid.

(B.C.103~76), 그리고 직접 통치에 나선 살로메 알렉산드라(B.C.76~67)의 통치가 이어졌습니다. 그리고 하스몬 왕조의 마지막 왕은 살로메 알렉산드라의 두 아들, 힐카누스 2세와 아리스토불루스 2세(B.C.67~63)가 서로 다투면서 권력 싸움을 하다가 B.C.63년 유대는 결국 폼페이우스를 통해 로마의 통치로 넘어갑니다.

B.C.134년에서부터 B.C.104년까지 통치했던 하스몬 왕조의 요한 힐카누스를 잠시 살펴보려고 합니다. 그가 하나님의 뜻이 다윗 왕국을 회복하는 데 있다는 근본주의적인 신앙에 고취되었던 인물이었기 때문입니다.

그는 '여호수아'와 '사무엘상' 그리고 '사무엘하'에 특별히 집중했는데, 그 때문에 팔레스타인 전체를 하나님께서 유대 기업으로 주셨다는 생각에 유대 땅 전체의 정복을 자신의 의무로 받아들였습니다. 그래서 사마리아인의 성을 1년간 포위해서 완전히 파괴하기도 했습니다. 또한 그리스식 도시인 스키토폴리스를 약탈해 불태우고, 그리스어를 사용하는 사람들을 모조리 잡아 죽이는 일에 열심을 내기도 했습니다.[44]

이두매 지역을 정복하고, 정복민들에게는 유대교로 개종할 것인가, 아니면 학살을 당할 것인가를 선택하게 하기도 했습니다. 또한 페트라도 정복했습니다. 그러나 하스몬 왕조는 통치자와 왕과 정복자가 되면서 부패해가기 시작했습니다. 결국 유대는 내전이 일어나게 되고, 6년간 계속된 내전으로 5만 명이 죽는 끔찍한 사태가 벌어지게 됩니다. 이때 힐카누스 2세의 추종자 가운데 총리였던 한 사람을 주목해야 하는데, 그가 바로 헤롯 대왕의 아버지 '안티파터'입니다. 그는 하스몬가에 의해 강제적으로 유대교로 개종당한 '이두매 가문' 출신이었습니다.[45]

44) 폴 존슨, 『유대인의 역사 1』, 김한성 옮김(파주: 살림출판사, 2005), p.247.

그러나 요한 힐카누스의 두 손자인 힐카누스 2세와 아리스토불루스 2세가 권력 다툼으로 인해 6년간이나 내전이 계속되자, 안티파터는 내전보다는 유대가 로마에 귀속되는 것이 안전하겠다는 생각을 하게 됩니다. 그래서 그는 B.C.63년 로마의 폼페이우스 장군과 협정을 체결하여 유대를 로마의 '속국'이 되게 합니다. 그래서 유대는 하스몬 왕조가 끝나고, 로마의 지배하에 들어가게 된 것입니다.

헬라주의 정책과 유대 민족의 분파들: 바리새파, 사두개파, 에세네파

셀루커스 왕조인 안티오쿠스 4세가 유대인들을 헬라 문화로 개종시키기 위해, 유대인들에게 율법을 금지하고, 율법을 지키는 자들을 극심하게 핍박했을 때, 끝까지 정절을 지킨 사람들을 '하시딤'이라고 부릅니다. 바로 이 '하시딤'에서 '바리새파'가 나오게 되는 것입니다. '바리새'라는 말은 '분리하다'라는 뜻을 가지고 있습니다. 요아힘 예레미아스는 요세푸스의 기록을 받아들이며, A.D. 1세기에 바리새파는 '6천 명 이상'이었다고 합니다.[46]

그러나 한편, 당시 유대인들은 개종은 절대적으로 반대하면서도, 그리스의 선진 문명에 대해서는 배우려는 자세를 취했습니다. 그래서 많은 그리스 사상을 흡수하기도 했고요. 바리새인들이 '구전 율법'을 만들게 된 경위가 바로 이 때문입니다. 사두개인들이 기록된 율법만을 엄격하게

---

45) 폴 존슨, 『유대인의 역사 1』, 김한성 옮김(파주: 살림출판사, 2005), p.248.
46) 요아힘 예레미아스, 『예수시대의 예루살렘』, 한국신학연구소 옮김(서울: 한국신학연구소, 1988), p.322.

《율법서를 읽고 있는 유대인 제사장과 랍비》

고수한 점과는 이에 차별이 있다고 하겠습니다.[47]

사두개인들이 몇몇 부유한 가문, 지도적 제사장 가문으로 이루어진 반면, 바리새파는 도시 상인의 후손들이었습니다. 그들은 경제적으로 대단히 성공한 집단으로, 사회적 언어와 종교적 언어를 능숙하게 구사하는 사람들이었습니다. 예수님을 찾아왔던 니고데모나 사도 바울은 바로 바리새파 출신이었습니다.

사두개인들은 제사장의 후손들 가운데 헬라 사상의 일부를 받아들여 종교 권력을 유지했던 자들의 후손으로서 한마디로 최고 권력의 종교 지도자들입니다. 솔로몬 시대 대제사장이었던 사독의 후손들이라 하여 '사두개파'로 불렸고, 그들은 성전 관리 일체를 맡고 있었습니다. 그들은 종교 귀족으로서의 삶을 유지하기 위해 한쪽으로는 율법을 지키는 척하고, 다른 한쪽으로는 현실 권력과 타협하기도 했습니다. 그들의 생활은 현세적이었으며, 율법을 어기면서까지도 당시 정치적 힘을 행사하는 로마 총독이나 헤롯 왕과 타협했습니다.

사두개파는 바리새파와 달리, 전통을 거절하고, 기록된 율법만을 받아들였습니다. 또한 누가 돌에 맞아야 하며, 누가 화형에 처해져야 하며, 누가 참수를 당해야 하고, 누가 교수형에 처해야 하는지 등과 같은 처벌 체계를 만들어 문서로 보관하기도 했습니다. 사두개파는 구두상의 가르침

47) 폴 존슨, 『유대인의 역사 1』, 김한성 옮김(파주: 살림출판사, 2005), p.232.

을 통해 율법서를 발전시킬 수 있다는 바리새파의 견해를 전혀 인정하지 않았습니다.[48]

사두개파는 또한 육체의 부활이나 죽음 후의 심판, 천사와 악마의 존재를 부인했습니다. 특히 바리새파가 모세오경과 함께 묵시 문학을 권위 있는 문서로 받아들인 데 반해, 사두개파는 오직 모세오경만의 권위를 받아들이려 했었기 때문에 부활에 대해서 받아들이지 않으려 했던 것입니다.

"부활이 없다 하는 사두개인들이 예수께 와서 물어 이르되"(막 12:18).

그래서 그들에게는 죽음 이후 보다 현재가 더 중요했습니다. 이후에 사도 바울은 예루살렘에서 잡혀 공회에 서게 됐을 때, 이처럼 부활에 대한 사두개파와 바리새파의 다른 입장을 이용하여 그 자리를 빠져나오기도 했습니다.

"바울이 그 중 일부는 사두개인이요 다른 일부는 바리새인인 줄 알고 공회에서 외쳐 이르되 여러분 형제들아 나는 바리새인이요 또 바리새인의 아들이라. 죽은 자의 소망 곧 부활로 말미암아 내가 심문을 받노라. 그 말을 한즉 바리새인과 사두개인 사이에 다툼이 생겨 무리가 나누어지니 이는 사두개인은 부활도 없고 천사도 없고 영도 없다 하고 바리새인은 다 있다 함이라. 크게 떠들새 바리새인 편에서 몇 서기관이 일어나 다투어 이르되 우리가 이 사람을 보니 악한 것이 없도다"(행 23:6~9).

사두개파는 확실히 바리새인들에 비하면 율법이나 생활 전반에 있어서 융통성이 있었는데, 이는 사실 세속적이고 자유주의적인 태도였습니다.

---

48) 폴 존슨, 『유대인의 역사 1』, 김한성 옮김(파주: 살림출판사, 2005), p.244.

'에세네' 라는 이름은 '침묵', '경건' 을 의미합니다. 에세네파는 바리새 파와 사두개파로부터 자극을 받아 생겨난 새로운 종파라고 할 수 있습니다. 율법에 대해서는 바리새파와 비슷하게 엄격한 입장이었으나 현실도 피적이고 은둔적인 입장을 취하였습니다. 그들은 처음에 일단 광야로 후 퇴하여 열심을 되찾은 후 다시 예루살렘으로 돌아오려는 계획을 가졌습 니다. 그러나 일단 후퇴한 그들이 예루살렘으로 돌아오는 일은 그렇게 용 이하지 않았던 것입니다. 그들은 물도 나무도 거의 없는 사해의 북쪽 지 역에 모여 살았고, A.D.1947년 이후에 그들의 거주지 근처의 동굴에서는 사해 사본이라고 부르는 성경 사본이 발견되기도 했습니다.

그들은 농업 같은 종류의 일에 종사하고, 성경 해석을 포함하여, 도덕 적, 종교적 문제점들을 공동으로 연구하는 데 많은 시간을 할애했습니다. 모든 재산을 공유하고, 노예를 두지 않았으며, 정결 예식에 세심한 주의 를 기울이며 살았습니다.

헬라 제국의 멸망

알렉산더(알렉산드로스)의 페르시아에 대한 응징으로 시작한 정복 전쟁의 발발은 페르시아 제국의 멸망과 동시에 헬라 제국을 탄생하게 했습니다. 그때까지의 제국들은 애굽이나, 앗수르, 바벨론, 페르시아 모두 동방에서 탄생한 제국들이었습니다. 그러나 헬라 제국은 최초로 유럽에서 시작하 여, 동방으로까지 펼쳐진 제국이었습니다.

그러나 알렉산더(알렉산드로스)의 갑작스런 죽음으로 제국은 분할되고 결국 헬라 제국도 문을 닫게 됩니다.

애굽을 통치했던 프톨레미 왕조는 유명한 클레오파트라 여왕을 마지막으로 문을 닫았고, 셀루커스 왕조 또한 밀려오는 로마의 힘 앞에 결국 무릎을 끓고 맙니다.

유럽과 아시아와 아프리카 그리고 인도까지 두렵게 했던 헬라 제국도 이렇게 역사 속으로 사라졌습니다. 그렇게 계속 나타났다 사라지는 것이 제국이었고, 앞으로도 또 나타날지 모르지만, 또 사라질 것이 바로 제국입니다.

'제국이여, 영원하라.'는 이렇게 또 사라지는 구호가 되어 버리고 말았습니다.

하나님의 세계경영

헬라 제국 경영 키워드는 '융합'이었습니다. 헬라 제국을 세운 알렉산더(알렉산드로스)는 그리스의 철학과 동방의 문화를 융합해 새로운 문화인 헬레니즘을 만들어 널리 퍼뜨려 제국을 영원하게 만들려 했습니다.

앗수르가 강제 혼혈 방식의 계급을 전제로 민족의 경계를 허물었다면, 헬라는 수평적 세계동포주의(Cosmopolitanism)적 융합을 이루어 민족의 경계를 해체시키려고 했습니다. 그래서 알렉산더(알렉산드로스)는 마케도니아의 군인들과 페르시아의 여인들의 결혼을 장려하여 민족적 동등을 이루려 했습니다. 그러나 민족을 섞고 문화를 섞어 융합을 이룸으로 제국을 영원하게 하려는 인간의 시도는 성공하지 못합니다.

각 민족의 균형과 조화는 제국적 융합이 아닌, 제사장적 융합으로 가능합니다. 하나님께서 모든 만물을 각기 종류대로 창조하시고, 개인과 민족에게 각각 거주의 경계를 정해주셨습니다. 제사장 나라적 융합이란 '각기 종류대로' 이되, 수평적으로, 그리고 '하나님 앞으로' 라는 동질적 연대를 함축합니다.

사도 바울은 복음을 전하면서, 헬라인에게는 헬라인에 맞게, 그리고 유대인에게는 유대인에 맞게 하겠다고 말했습니다.

하나님의 세계경영의 두 기반은 천하보다 소중한 '한 개인' 과 모든 민족에 속하되 섞일 수 없는 유일한 '한 민족' 입니다. 각 민족은 독특한 하나님의 창조적 작품들이기 때문에, 서로 상대의 독특성을 인정하고 존중하며 함께 가는 것이 하나님의 세계경영의 내용입니다.

BIBLE with ROMAN EMPIRE
CHAPTER 5
로마 제국과 성경

흑해

카스피 해

악메다(엑바타나)

다메섹

두로

예루살렘
염해(사해)
페트라

알렉산드리아
놉

바벨론

수산

페르시아 만

홍해

노아몬

로마 제국

ROMAN
EMPIRE

✿ 로마와 관련된 성경 ✿

마태복음부터 요한계시록까지
27권 전체

Bible with
Roman Empire

마태복음부터 요한계시록까지

처음 책인 마태복음에서부터 마지막 책인 요한계시록까지 신약성경은 전체가 로마 제국의 연관성 속에 있습니다. 예를 들어, 우리나라의 1910년에서부터 1945년까지 일제강점기의 역사가 일본의 연관성 속에 있는 것과 마찬가지입니다.

마태복음에서 마태의 직업인 '세리'나, 요한계시록에서 요한이 유배되었던 밧모 섬의 '채석장'도 모두 로마와 깊은 관련이 있습니다. 사도 바울의 로마 시민권과 전도 여행의 루트들도 로마와 깊은 관련이 있고요.

예수님께서 이 땅에 태어나시기 전에 마리아와 요셉이 베들레헴으로 호적하러 간 것도 로마 황제의 명령이었습니다. 그리고 예수님의 십자가 처형도 로마의 사형법이었고요.

이렇게 신약성경은 로마 제국과 깊은 관련이 있습니다. 그래서 신약성경과 로마 제국을 함께 공부하는 것은 필요하다고 생각됩니다. 다행히 다른 제국들에 비해 로마 제국은 자료가 많습니다. 아마 여행으로만 생각한다면, 가장 흥미로운 여행이 될 것이라 생각합니다.

예수님께서 로마 제국의 속국인 유대 땅에서 태어나시면서 '유대인의 왕'으로 오시자, 온 예루살렘에 소동이 일어납니다. 당시 예루살렘에는 로마에 의해 세워진 분봉 왕 헤롯이 있었고, 로마 제국에서 보낸 총독도 있는데, 동방에서 온 박사들이 '유대인의 왕'을 찾으니 헤롯과 온 예루살렘이 극도로 긴장할 수밖에 없었습니다.

헤롯 왕 때에 동방으로부터 박사들이 예루살렘에 이르러 말합니다.
"유대인의 왕으로 나신 이가 어디 계시냐? 우리가 동방에서 그의 별을 보고 그에게 경배하러 왔노라"(마 2:1~3 참고).
그러자 헤롯 왕과 온 예루살렘이 듣고 소동할 수밖에요.

이후 예수님께서는 로마의 사형틀인 십자가에 못 박혀 죽으시는 형벌을 받으셨습니다. 유대의 전통적인 사형법은 돌로 쳐 죽이는 것이지요. 아간이나, 스데반 같은 경우가 돌에 맞아 죽임을 당했습니다.

예수님께서 십자가에 못 박혀 죽으시는 형벌을 받으셨을 때의 장면입니다. 총독의 군병들이 예수님을 데리고 관정 안으로 들어가서 온 군대를 그에게로 모으고 그의 옷을 벗기고 홍포를 입히며 가시관을 엮어 그 머리에 씌우고 갈대를 그 오른손에 들리고 그 앞에서 무릎을 꿇고 희롱하여 "유대인의 왕이여, 평안할지어다."라고 말하며 조롱합니다. 그리고 그에게 침 뱉고 갈대를 빼앗아 그의 머리를 칩니다. 희롱을 다한 후 홍포를 벗기고 도로 예수님의 옷을 입혀 십자가에 못 박으려고 끌고 나갑니다(마 27:27~31 참고).

신약성경에 나오는 지명 중에 '가이사랴'라는 도시가 있습니다. 이 도시는 '카이사르의 도시'라는 뜻으로, 헤롯이 유대 땅에 세운 신도시입니다. 로마의 총독과 군단이 이 도시에 머물렀습니다. 이 가이사랴라는 도시에 이탈리아 본토에서 온 백 명의 군인들의 대장이라는 뜻의, 로마식으로는 백인 대장, 성경에서는 백부장이라 부른 고넬료라는 사람이 살았다는 기록이 사도행전에 있습니다. 이 로마 출신, 로마 군대의 등뼈 같은 백인 대장이 기도와 구제에 힘쓰고 있었는데, 그를 사도 베드로가 만났다는 사실입니다.

"가이사랴에 고넬료라 하는 사람이 있으니 이달리야 부대라 하는 군대의 백부장이라. 그가 경건하여 온 집안과 더불어 하나님을 경외하며 백성을 많이 구제하고 하나님께 항상 기도하더니"(행 10:1~2).

이렇게 신약성경은 로마 제국과 밀접한 관련이 있습니다. 페르시아 제국을 다루면서 페르시아의 왕들을 살펴본 것처럼, 로마 제국도 황제들과의 관련성을 먼저 살피는 것이 좋겠습니다. 이제 로마 제국과 성경으로 떠나겠습니다.

로마 제국의 시작과 가이사(카이사르)

'로마는 하루아침에 이루어지지 않았다.' 라는 말이 있지요. 그렇습니다. 어떻게 나라가 하루아침에 이루어질 수 있겠습니까? '모든 길은 로마로 통한다.' 라는 말도 있습니다. 일찍이 그 옛날 배수로까지도 잘 정비된 고속도로(에그나티아 도로)를 만들어 로마를 중심으로 제국 전체가 인프라를 잘 정비했다는 사실입니다.

하루아침에 이루어지지 않은, 모든 길이 통한다는 로마는, B.C. 8세기 로물루스, 레무스 쌍둥이와 늑대의 신화에서 생겨났습니다. 마치 우리나라의 호랑이와 곰 신화와도 같습니다. 즉, 아모스, 호세아, 이사야, 미가와 같은 선지자들이 유대 땅에서 활발하게 활동할 때 로마의 시조는 늑대 젖을 먹고 있었다는 재미있는 이야기입니다.

그 후 로마는 왕정과 공화정을 거치고, 카르타고와의 3차에 걸친 120년간의 포에니 전쟁을 치르면서 무서운 나라로 급성장했습니다. 특히 B.C.100년에 태어난 율리우스 카이사르는 이전 로마와는 다른 새로운 로마 청사진을 그립니다. 마침내 로마는 대제국으로 변모해 오랜 전통의 애굽이나 고대 근동을 모두 발 아래 두고 마침내 지중해를 그들의 호수로 삼는 나라가 된 것이지요.

율리우스 카이사르
(대영박물관)

그렇다면 율리우스 카이사르가 왜 그

렇게 중요할까요? 율리우스 카이사르(Gaius Julius Caesar, B.C.100년 7월 2일~44년 3월 15일)는 영어로 '줄리어스 시저'(Julius Caesar)라고 불리기 때문에, 우리는 '시저'가 더 익숙하지요. 카이사르, 시저, 가이사 이 모두가 같은 이름입니다. 그는 신약성경에 '가이사'로 등장하는 인물이기 때문입니다. 가이사란, 율리우스 카이사르의 성(姓)을 가이사로 음역한 것입니다. 예를 들어 홍길동의 '홍'이라는 성(姓) 그 자체가 황제라는 칭호가 되었다는 것입니다. 누구나 '홍' 하면 '아! 황제'라고 인식하게 되었다는 것이지요. '카이사르'가 황제라는 의미로 로마 제국 전체에서 누구나 인정하게 되었다는 사실이지요.

율리우스 카이사르는 공식적으로는 그의 최종 직위를 '종신 독재관'[1] 으로 마쳤습니다. 그러나 실제적으로 율리우스 카이사르는 황제의 길을 열었고, 그의 양아들 옥타비아누스는 실제로 로마 제국의 초대 황제가 됩니다.

율리우스 카이사르는 동전에 자신의 얼굴을 새겨 넣어 로마 제국 전체

---

1) 플루타르코스, 『플루타르크 영웅전Ⅱ』, 홍사중 옮김(서울: 동서문화사, 2007), p.1323.

에 자신의 얼굴을 알렸습니다. 오늘날도 모든 나라의 돈에는 사람의 얼굴이 그려져 있지요. 돈에 사람 얼굴을 새김으로 PR을 해서 그 사람을 알리는 것은 율리우스 카이사르가 가장 먼저 했고, 2,000년이 지났음에도 모든 나라들이 따라한다고 볼 수 있습니다.

한번은 바리새인들이 예수님을 곤혹스럽게 하기 위해 "로마에 세금을 바쳐야 합니까? 혹은 바치지 말아야 합니까?" 하고 와서 물었던 적이 있습니다. 만약 예수님께서 로마에 세금을 바쳐야 한다고 대답하시면, 세금을 종교적 관점에서 또 경제적 관점에서 반대하던 유대인들이 예수님에게 등을 돌릴 것이었습니다. 당시 세금 문제는 경제적 문제를 넘어서 종교적 문제였습니다. 즉 열혈당 신학을 따른 유대인들은 로마에 세금을 바치는 것을 우상숭배의 관점에서 보았기 때문입니다. 만약 예수님께서 로마에 세금을 바치지 말아야 한다고 대답하시면 로마 제국에 반기를 든 것이기 때문에 예수님께서 로마에 잡혀 가시게 되는 것이었습니다.

그러자 예수님께서는 로마의 동전을 하나 가져오게 하시지요. "동전에 무엇이 그려져 있느냐?"라고 물으십니다. 모두 카이사르의 얼굴이 그려져 있다고 말했습니다. 그러자 예수님께서 말씀하십니다. "카이사르, 즉 가이사의 것은 가이사에게, 그리고 하나님께 바쳐야 할 것은 하나님께 바치라."라고 말입니다.

이 장면이 성경에는 다음과 같이 기록되어 있습니다.
바리새인들이 가서 어떻게 하면 예수님을 올무에 걸리게 할까 상의하고, 자기 제자들을 헤롯 당원들과 함께 예수님께 보내어 말합니다.

"선생님이여, 우리가 아노니 당신은 참되시고 진리로 하나님의 도를 가르치시며 아무도 꺼리는 일이 없으시니 이는 사람을 외모로 보지 아니하심이니이다. 그러면 당신의 생각에는 어떠한지 우리에게 이르소서. 가이사에게 세금을 바치는 것이 옳으니이까 옳지 아니하니이까?"

그러자 예수님께서 그들의 악함을 아시고 이르십니다.

"외식하는 자들아. 어찌하여 나를 시험하느냐.

세금 낼 돈을 내게 보이라."

데나리온 하나를 가져오자 예수님께서 다시 말씀하십니다.

"이 형상과 이 글이 누구의 것이냐?"

그들이 "가이사의 것이니이다."라고 대답합니다.

이에 예수님께서는 "그런즉 가이사의 것은 가이사에게, 하나님의 것은 하나님께 바치라."라고 말씀하십니다.

이 말씀을 들은 그들은 이를 놀랍게 여기고 예수님을 떠나갑니다
(마 22:15~22 참고).

율리우스 카이사르는 공화정의 로마가 체제의 수명을 다했음을 알고, 황제 체제로 가야 한다고 생각했습니다. 그러나 오랜 세월 원로원과 시민의 협의체인 공화정을 유지해온 세력들은 황제가 다스리는 제도를 받아들이기 싫었습니다. 그래서 원로원은 율리우스 카이사르를 암살했습니다.[2]

그럼에도 불구하고 로마는 더 이상 그 넓은 제국을 시민과 원로원의 협의체인 공화정으로는 다스릴 수 없을 정도가 되어 있었습니다. 그래서 율리우스 카이사르를 암살한 원로원은 아이러니하게도 이미 암살당한 율리우스 카이사르가 마련해 놓은 모든 계획을 따르기로 합니다.[3]

---

2) 플루타르코스, 『플루타르크 영웅전 II』, 홍사중 옮김(서울: 동서문화사, 2007), p.1332.

그들은 율리우스 카이사르의 양자로, 유언에 기록되어 있는 옥타비아 누스를 로마 제국의 첫 번째 황제로 삼습니다. 그리고 율리우스 카이사르가 그려 놓은 청사진대로 로마를 이끌어갑니다. 그러니 율리우스 카이사르를 말하지 않고는 로마 제국을 말할 수 없을 만큼 중요한 인물이라고 말할 수 있습니다.

여우 헤롯 가문과 로마 제국

그렇다면, 황제가 다스리는 로마 제국에서 왜 속국인 유대 나라에 총독을 둔 상태에서 또 분봉 왕이라는 독특한 제도를 둠으로 헤롯이 유대를 통치하고 있었을까요? 로마의 다른 모든 속국들은 황제가 파견한 총독의 통치로 충분했었는데 말입니다.

헬라 제국을 마무리하면서 우리는 유대의 하스몬 왕조를 살펴보았습니다. 그 하스몬 왕조를 끝나게 하고 B.C.63년 유대를 로마의 예속국으로 넘긴 인물이 바로 헤롯의 아버지 안티파터라고 언급했었습니다. 이에 이야기는 안티파터에서부터 시작됩니다.

안티파터는 유대를 로마에 넘기고 율리우스 카이사르와 폼페이우스가 내전을 할 때 율리우스 카이사르 편에 서게 됩니다. 이후 그는 유대 총독으로 부임하여 활동을 합니다. 그 후 안티파터의 아들 헤롯 대왕이 B.C.37년부터 B.C.4년까지 유대를 다스립니다. 이후 여러 헤롯이 등장하게 됨으로 안티파터의 아들을 헤롯 대왕으로 부릅니다. 헤롯 대왕은 친

---

3) 플루타르코스, 『플루타르크 영웅전 II』, 홍사중 옮김(서울: 동서문화사, 2007), p.1333.

유대적이기도 했고, 반유대적이기
도 했습니다.[4] 그는 유능했다는 평
가와 잔인했다는 평가를 동시에 받
았습니다.

헤롯 대왕은 하스몬 왕조의 당파
를 계속해서 지지했으며, 하스몬가
의 딸인 마리암네와 결혼함으로 유대 가문과 깊은 연관을 맺었습니다.

그런데 B.C.40년 헤롯 대왕과 경쟁 상대에 있었던 그의 조카가 파르티
아의 도움으로 쿠데타를 일으켜 예루살렘을 장악하자, 헤롯은 잠시 로마
로 피신합니다. 그러나 헤롯은 곧 로마의 도움으로 3만 명의 보병과 6천
기의 전차로 구성된 로마군을 앞세우고 예루살렘으로 귀환하여 더 강력
한 통치자로 자리잡습니다.[5]

이후 헤롯 대왕은 가이사랴(카이사레아: 카이사르의 도시)라는 이름의 신도시
들을 많이 건설하고,[6] 예루살렘 성전 건축이라는 큰 규모의 건축을 함으
로 로마와 유대의 환심을 동시에 삽니다.

헤롯 대왕은 그의 재위 15년째에 어마어마한 규모의 예루살렘 성전 건
축을 시작하여 성전 주위를 성벽으로 둘러쌓았습니다.[7] 그런데 예루살렘
성전을 완성하는 데는 46년이 소요되었고, 서기 A.D.70년 로마군에 의해
흔적도 없이 사라질 때까지도 장인들은 성전을 장식하는 일을 끝내지 못

4) 폴 존슨, 『유대인의 역사 1』, 김한성 옮김(파주: 살림출판사, 2005), p.254.
5) Ibid., p.255.
6) 플라비우스 요세푸스, 『요세푸스 III: 유대 전쟁사』, 김지찬 옮김(서울: 생명의말씀사, 2009), p.107.
7) Ibid., p.105.

했었습니다. 헤롯 대왕이 지었던 성벽의 일부가 현재까지도 남아 있는데, 높이가 12미터에 이르고 돌 하나의 길이가 7미터에 이를 정도로 그 규모가 대단합니다. 헤롯 성전은 세계적으로 유명했으며, 이방인들이 유대인들의 환심을 사기 위해 희생 제사를 드렸다고 기록하고 있습니다. 예를 들어 B.C.15년 헤롯의 친구이자 로마의 초대 황제 옥타비아누스의 정치적 오른팔인 마르쿠스 아그리파는 황소 100마리를 제물로 드리기도 했습니다.[8]

헤롯 대왕 외에도 신약성경에는 여러 명의 헤롯이 등장합니다. 모두 헤롯 가문의 사람들입니다.

아기 예수님이 피신했던 애굽에서 돌아오실 때의 헤롯은 헤롯 아켈라오(Herod Archelaus)입니다.

헤롯 대왕이 죽은 후에 주의 사자가 애굽에서 요셉에게 현몽하여 이릅니다.

"일어나 아기와 그의 어머니를 데리고 이스라엘 땅으로 가라. 아기의 목숨을 찾던 자들이 죽었느니라"(마 2:20).

이에 요셉이 일어나 아기와 마리아를 데리고 이스라엘 땅으로 들어갑니다. 그러나 아켈라오가 그의 아버지 헤롯에 이어 유대의 임금 됨을 듣고 거기로 가기를 무서워하더니 꿈에 지시하심을 받아 갈릴리 지방으로 갑니다.

여기에서의 헤롯은 헤롯 대왕이 죽은 후, 유대 예루살렘과 사마리아와 에돔 지역을 분할 받은 헤롯 아켈라오를 일컫습니다. 요셉과 마리아가 아

8) 폴 존슨, 『유대인의 역사 1』, 김한성 옮김(파주: 살림출판사, 2005), p.268.

기 예수님을 데리고 헤롯 대왕을 피해 애굽으로 갔다가 돌아올 때, 이 아켈라오의 눈을 피하여 유대로 가지 않고 갈릴리 나사렛으로 갔다고 성경은 기록하고 있습니다(마 2:22 참고). 왜냐하면 그만큼 헤롯 아켈라오는 매우 억압적이고 폭력적인 정치를 했기 때문입니다. 이에 참다못한 유대와 사마리아 귀족들이 로마 황제에게 대표단을 파견해서 그를 숙청해 달라고 요청할 정도였습니다. 결국 A.D.6년에 헤롯 아켈라오는 왕위에서 쫓겨났고, 그때부터 유대 지역은 로마 총독에 의해 통치를 받는 지역이 되었습니다.

또한 예수님께서 "저 여우"(눅 13:32 참고)라고까지 불렀던 헤롯은 헤롯 빌립 1세의 형으로 헤롯 안티파스입니다. 그는 자신의 동생의 아내였던 헤로디아와 결혼합니다. 이에 세례 요한은 헤롯 안티파스에게 "당신이 그 여자를 차지한 것이 옳지 않다."라고 주저하지 않고 말했습니다(마 14:3~4 참고). 그러자 헤롯 안티파스는 세례 요한을 죽입니다.

예수님께서 누군가에게 "저 여우"라고 부르신 것은 매우 이례적인 일입니다. 그토록 사람 사랑하시기에 힘을 쏟으셨던 예수님께서 헤롯 안티파스에게는 거침없이 "저 여우"라고까지 부르시며 잘못을 지적하셨습니다.

그때에 분봉 왕 헤롯 안티파스가 예수의 소문을 듣고 그 신하들에게 말합니다.

"이는 세례 요한이라. 그가 죽은 자 가운데서 살아났으니 그러므로 이런 능력이 그 속에서 역사하는도다"(마 14:2).

헤롯 안티파스(Herod Antipas)는 예수님께서 사역하실 당시 갈릴리와 베뢰아 지방의 분봉 왕이었습니다. 그래서 예수님의 공생애 3년을 기록할 때 나오는 헤롯 왕은 바로 이 헤롯 안
티파스입니다. 그는 처음에는 나바티
안 왕의 공주와 결혼했는데, 그의 동
생 헤롯 빌립 1세(헤롯 빌립 1세는 헤로디
아의 처음 남편이었고, 공직에 있지 않았음)의
아내 헤로디아를 아내로 삼기 위해
나바티안 공주와 이혼했습니다.

세례 요한이 이런 헤롯 안티파스의 부도덕함을 공개적으로 질책했다가
목 베임을 당해 죽었던 것입니다. 또한 예수님께서는 체포당하신 후, 갈
릴리 사람이라는 이유로 이 헤롯 안티파스에게 심문을 당하셨습니다. 누
가복음에서는 "헤롯과 빌라도가 전에는 원수였으나 당일에 서로 친구가
되니라"(눅 23:12)라고 기록하고 있습니다.

헤롯 빌립 2세와 헤롯 아그리파 1세, 헤롯 아그리파 2세에 대해서 간단
하게 정리하겠습니다.

헤롯 빌립 2세(Herod Philip Ⅱ)는 '이두래와 드라고닛 지방'을 다스렸다
고 성경은 기록하는데, 이곳은 요단 강 상류 지역의 상당 부분으로, 갈릴
리 북동부 지역입니다. 헤롯 빌립 2세는 로마 황제에게 잘 보이려고 파이
네온이라는 지역을 재건립한 후, 황제와 자신의 이름을 따서 '가이사랴
빌립보'라고 불렀습니다. 그는 그의 아버지 헤롯 대왕이 세운 '가이사
랴'와 구별하기 위해 가이사랴 빌립보라 불렀던 것입니다.

예수님께서 제자들에게 "사람들이 나를 누구라 하느냐?"라고 물으셨
던 곳이 가이사랴 빌립보였습니다(마 16:13 참고).

헤롯 빌립 2세는 헤롯 대왕의 아들들 가운데 가장 온순하고 사람들의 존경을 받는 사람이었습니다. 그래서 예수님은 이 지역에서 비교적 안정하게 활동하실 수 있었습니다.

헤롯 아그리파 1세(Herod Agrippa I)입니다. 헤롯 대왕의 손자이며, 헤로디아와는 친남매간으로, 헤롯 안티파스의 조카이기도 합니다. 그는 어린 시절에 로마로 보내져서 로마 황실에서 자랐기 때문에 로마의 3대 황제가 된 칼리굴라와 친분을 쌓을 기회가 있었고, 덕분에 헤롯 빌립 2세가 죽었을 때, 그 자리를 얻어낼 수 있었습니다. 그리고 헤롯 안티파스가 쫓겨났을 때, 그 땅까지 그 영토에 편입되었습니다.

이 헤롯 아그리파 1세가 바로 사도행전 12장에 나오는 헤롯으로, 사도 야고보를 처형한 사람입니다. 베드로를 옥에 가두기도 했고 초대 교회의 여러 지도자들을 괴롭혔습니다. 하지만 백성이 열렬히 환호할 때, 하나님께 영광을 돌리지 않다가 결국은 벌레에게 먹혀 죽고 말았습니다(행 12:21~23 참고).

헤롯 아그리파 1세가 죽자, 그의 아들 헤롯 아그리파 2세(Herod Agrippa II)가 17살의 어린 나이로 왕위에 오르는데, 그가 너무 어렸기 때문에 이때부터 유대는 거의 로마 총독의 관할하에 들어가게 됩니다. 이 헤롯 아그리파 2세는 이후에 가이사랴에 억류되어 있던 사도 바울로부터 베스도 총독과 함께 증언을 듣다가 "아그립바 왕이여, 선지자를 믿으시나이까?"라는 바울의 질문을 듣고 "네가 적은 말로 나를 권하여 그리스도인이 되게 하려 하는도다."라고 말했던 사람입니다.

바울의 이야기를 다 듣고, "이 사람이 만일 가이사에게 상소하지 아니하였더라면 석방될 수 있을 뻔하였다."라고 말하기도 했습니다(행 26:24~32 참고). 그는 헤롯 가문의 마지막 왕으로서, A.D.70년경에 예루살렘이 파괴된 후, 로마에서 살다가 죽었습니다.

이렇게 헤롯 가문은 하스몬 왕조 말기와 로마 제국 사이에서 절묘한 줄타기를 통해 이두매, 즉 에돔족임에도 불구하고 유대의 통치자 가문으로 역사에 남게 되었습니다. 놀라운 정치력을 발휘함으로 로마의 여타 다른 속국들과는 달리 총독 통치가 아닌 분봉 왕이라는 독특한 정치 형태를 유대에 세웠으며, 유대에서의 총독은 치안과 국방을 담당하게 하는 조절을 시행했습니다.

로마 황제가 파견한 유대의 총독은 빌라도와 벨릭스, 베스도 등이 성경에 등장하는데 이는 차차 살펴보겠습니다.

로마의 초대 황제 옥타비아누스와 베들레헴 마구간

예수님이 태어나신 곳은 유대 땅 베들레헴, 그것도 마구간입니다. 예수님께서 베들레헴에 태어나신 것은 선지자 미가의 예언을 이루려 하신 하나님의 계획이셨습니다(마 2:6 참고).

"그 때에 가이사 아구스도가 영을 내려 천하로 다 호적하라 하였으니 이 호적은 구레뇨가 수리아 총독이 되었을 때에 처음 한 것이라 모든 사

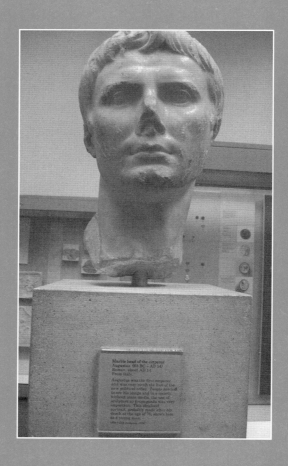

Marble head of the emperor
Augustus (63 BC – AD 14)
Roman, about AD 14
From Italy.

Augustus was the first emperor
and was very much the head of the
new political order. People needed
to see his image and in a society
without mass media, the use of
sculpture as propaganda was very
important. This idealised
portrait, probably made after his
death at the age of 76, shows him
as a young man.

로마의 초대 황제 옥타비아누스
〈대영 박물관〉

람이 호적하러 각각 고향으로 돌아가매 요셉도 다윗의 집 족속이므로 갈릴리 나사렛 동네에서 유대를 향하여 베들레헴이라 하는 다윗의 동네로 그 약혼한 마리아와 함께 호적하러 올라가니 마리아가 이미 잉태하였더라 거기 있을 그 때에 해산할 날이 차서 첫아들을 낳아 강보로 싸서 구유에 뉘었으니 이는 여관에 있을 곳이 없음이러라"(눅 2:1~7).

예수님의 어머니 마리아는 당시 해산을 앞두고 있었으나, 로마 제국 황제 '가이사 아구스도'의 명령으로 로마 제국 내의 모든 사람들이 다 호적해야만 했기에 베들레헴으로 가게 된 것입니다. 호적 등록은 고향에서 해야 하기 때문입니다. 명절도 아닌데 한꺼번에 사람들이 고향으로 몰리자, 여관이 꽉 차게 되고, 마리아는 할 수 없이 해산할 곳을 찾지 못해 마구간에서 해산을 하게 된 것입니다.

'가이사'는 카이사르 즉, 율리우스 카이사르의 성으로 황제를 지칭합니다. '아구스도'는 '아우구스투스'로 '존엄한 자'라는 뜻입니다. 다시 말해 '가이사 아구스도'는 '존엄하신 황제께서'라는 뜻입니다. 이 '아구스도'라는 말은 로마의 초대 황제 옥타비아누스(Gaius Julius Caesar Octavianus, B.C.29년 1월 16일~A.D.14년 8월 19일)에게 원로원이 바친 존칭입니다.

그러므로 로마의 초대 황제 옥타비아누스가 자기가 다스리게 된 로마 제국 전체의 인구를 확인하고 싶었다는 의미가 내포되어 있습니다. 이 명령이 로마 제국 전체에 그렇게 엄하게 시행된 것입니다. 출산을 코앞에 둔 임산부나 노약자에게도 어떤 예외 없이 말이지요.

'팍스 로마나'(Pax Romana)라는 말이 있습니다. 로마에 의한 평화라는 뜻으로 오늘날도 '평화론'을 말할 때에 반드시 개론에 언급되는 말입니다. 팍스 로마나는 B.C. 1세기 말 제정을 수립한 옥타비아누스 황제 때부터 5현제 시대까지 약 200년간 계속된 평화를 일컫습니다. 이후 '팍스 브리태니카' 혹은 '팍스 아메리카나'라는 말도 생겼습니다.

이 '팍스 로마나'라는 말은 로마의 초대 황제 옥타비아누스 때 생긴 말이라고 합니다. 옥타비아누스가 나이 들어 어느 날 바닷가를 거닐다 어부들을 만났답니다. 그 어부들이 옥타비아누스께 이렇게 감사의 인사를 드렸다고 하는군요.

"감사합니다. 요즘은 해적들도 안 나타나고 마음껏 고기를 잡을 수 있습니다. 이게 다 당신 덕분입니다."

이 말에 옥타비아누스가 매우 뿌듯해하고 감격했다고 합니다. 그리고 "이것이 로마에 의한 평화로구나."라고 했다는군요. 이런 유의 이야기로부터 '팍스 로마나'가 나왔다는 것은 맞는 것 같습니다. 그러나 팍스 로마나는 단지 로마 국민들의 평화였습니다. 과연 로마 제국의 속국민들은 평화를 누렸을까요?

요셉이 곧 해산할 마리아를 데리고 고향 베들레헴으로 호적하러 갑니다. 로마 황제의 명령이기 때문에 이는 누구도 거역할 수 없었습니다. 로마 제국은 정확하게 호적을 해서 세금의 누수가 없게 하겠다는 것이었습니다. 로마의 통치자인 황제들은 로마 제국 전체를 그의 발 아래 두고 예수님께서 나시기 전부터, 그리고 사도 바울과 사도 요한이 죽기까지 계속 이어집니다.

옥타비아누스의 통치 기간은 B.C.29년부터 A.D.14년까지로 예수님이 이 땅에 오시기 전과 탄생, 그리고 어린 시절이 이에 해당합니다.

로마의 2대 황제 디베료(티베리우스)와
총독 본디오 빌라도(폰티우스 필라투스)

옥타비아누스 황제에 이은 로마의 두 번째 황제의 이름은 티베리우스 (Tiberius Julius Caesar Augustus, A.D.14년 9월 17일~37년 3월 16일)로, 성경에는 디베료 황제로 기록되어 있습니다. 디베료 황제는 별명이 '테러블 티베리우스'입니다. 테러블(terrible)은 영어사전을 보면 '무서운', '소름끼치는' 이런 뜻으로 부정적인 의미로 쓰입니다. A.D.14년, 곧 예수님의 청소년 시기부터 십자가 처형과 사도행전의 초기에 해당하는 37년까지가 디베료 황제의 통치 기간입니다.

"디베료 황제가 통치한 지 열다섯 해 곧 본디오 빌라도가 유대의 총독으로, 헤롯이 갈릴리의 분봉 왕으로, 그 동생 빌립이 이두래와 드라고닛 지방의 분봉 왕으로, 루사니아가 아빌레네의 분봉 왕으로"(눅 3:1).

성경은 티베리우스가 황제가 된 지 15년째에 본디오 빌라도가 유대의 총독으로 부임했다고 기록하고 있습니다. 그 당시 유대는 헤롯 안티파스가 갈릴리 지역의 분봉 왕이었고, 헤롯 빌립 2세가 이두래와 드라고닛의 분봉 왕이었고, 루사니아가 아빌레네의 분봉 왕으로, 헤롯 가문이 유대와 그 근처를 다스렸다고 기록하고 있습니다.

그렇다면 디베료 황제는 왜 그렇게 '테러블(무서운)' 한 황제가 되었을까요? 디베료의 로마 이름인 티베리우스는 로마의 초대 황제인 옥타비아누스의 '의붓아들' 이었다는 데 열쇠가 있습니다.[9] 티베리우스의 의붓아버

---

9) 프리츠 하이켈하임, 『로마사』, 김덕수 옮김(서울: 현대지성사, 1999), p.613.

지인 옥타비아누스는 율리우스 카이사르의 누나의 손자로서 율리우스 카이사르의 '양자'가 된 덕분에 로마의 초대 황제가 된 사람입니다. 그런데 양자로 황제가 된 옥타비아누스는 아이러니하게도 혈연에 매우 연연했습니다.[10]

율리우스 카이사르가 갑자기 암살당한 상태에서 유언을 통해 후계자로 발표된 옥타비아누스는 당시 18세의 소년이었습니다. 그 후 옥타비아누스는 안토니우스, 레피두스와 함께 제2차 삼두정치를 통해 33세에 마침내 '평민을 보호하는 호민관 직권'이라는 공식적인 직함으로 로마의 최고 통치권자에 오릅니다.[11] 로마는 교묘하게 '황제'라는 칭호를 사용하지 않으면서 공화정에서 제정으로 바뀌었던 것입니다. 옥타비아누스가 그동안 놀라운 정치력으로 권력을 하나하나 손에 잡아가고 있었음은 당연하고요.

옥타비아누스는 23세 때 첫 부인과의 사이에서 율리아라는 딸 하나를 두고 난 후 이혼했습니다. 24세가 되던 해에 옥타비아누스는 19세이지만 이미 유부녀이자, 3살 된 아들을 두고, 둘째를 임신한 상태에 있는 리비아라는 여인을 사랑하게 되었습니다. 그래서 리비아의 남편을 권력의 힘으로 누르고 그녀를 데려와 결혼하기에 이릅니다. 그때 리비아의 3살 된 아들이 바로 디베료(티베리우스)입니다.

어머니 리비아가 옥타비아누스 황제와 결혼할 때 3살이었던 디베료(티베리우스)는 어머니와 떨어져 생부와 살았습니다. 얼마 후 그의 동생 드루수스가 태어나자, 드루수스도 생부와 함께 살았습니다. 두 아들과 함께 살 수 없었던 어머니 리비아는 매우 슬퍼했다고 합니다. 그러나 얼마 후

10) 프리츠 하이켈하임, 『로마사』, 김덕수 옮김(서울: 현대지성사, 1999), p.553.
11) 타키투스, 『타키투스의 연대기』, 박광순 옮김(파주: 범우사, 2005), p.43.

디베료(티베리우스)와 드루수스의 생부가 죽자, 두 아들은 어머니와 의붓아버지인 옥타비아누스와 황궁에서 살 수 있게 되었습니다.

옥타비아누스와 리비아는 평생 해로했음에도 불구하고 사는 동안 그들 사이에는 자녀가 없었습니다. 옥타비아누스는 자기의 혈육으로 다음 황제를 물려주려 무던히 애를 썼습니다. 옥타비아누스는 자신의 유일한 혈육인 딸 율리아를 자신의 정치 군사적 오른팔이자 자신의 동갑 친구인 아그리파와 결혼을 시켰습니다. 옥타비아누스의 딸은 아버지의 요구에 의해 아버지의 친구와 결혼했던 것입니다. 옥타비아누스는 그의 딸이 낳은 그의 외손자를 후계자로 삼으려 했습니다. 그러나 후계를 물려주려 했던 외손자들 2명이 모두 죽고 맙니다.

그때까지 디베료(티베리우스)는 군사적인 면에서 많은 업적을 세웠었습니다. 그럼에도 옥타비아누스는 어떻게든 디베료(티베리우스)에게는 후계를 물려주려 하지 않았습니다. 몹시 외로웠던 디베료(티베리우스)는 다행히 그때 사랑하는 여인과 결혼을 하여 행복을 맛보고 있었습니다.

옥타비아누스는 어떻게든 자기 핏줄로 후계 구도를 삼으려 온갖 노력을 다했으나, 자기의 모든 핏줄이 죽자, 마침내 디베료(티베리우스)에게 다음번 황제를 물려줄 수밖에 없는 상황에 이르게 됩니다.[12] 그러자 옥타비

---

12) 에드워드 기번, 『로마 제국 쇠망사』, 황진 옮김(서울: 청미래, 1991), p.102.

아누스는 후계를 물려주는 대신 조건
을 달았습니다. 디베료(티베리우스)가 그
의 아내와 이혼하고 아그리파와 결혼
했던 자신의 딸 율리아(당시 율리아는 아그
리파의 죽음으로 과부가 되어 있었음)와 다시
결혼하라는 것이었습니다.[13]

아내를 몹시 사랑했었지만, 디베료
(티베리우스)는 할 수 없이 옥타비아누스
의 요구를 받아들이고 아내와 이혼하면서 로마의 두 번째 황제 자리에 오
릅니다. 그러나 율리아는 간통죄에 걸려 아버지 옥타비아누스가 유배형
을 내릴 수밖에 없게 됩니다.

디베료(티베리우스)는 그 후 다시는 결혼하지 않았습니다. 의붓아버지 아
래에서 몹시 외로웠고, 강제로 이혼할 수밖에 없었던, 그리고 첫 부인을
평생 잊지 못했던 디베료(티베리우스)의 이러한 배경이 '테러블(terrible) 티베
리우스'를 만들었다고 합니다.

디베료(티베리우스)는 황제가 된 뒤에 얼마 지나지 않아 로마가 아닌 카
프리 섬에 은둔하며 어느 누구도 시행하지 않았던 문서 정치를 시작했습
니다.[14] 말 많은 원로원 의원들과 얼굴을 맞대지 않고, 보고서만 받고 답
신을 해주는 독특한 정치 형태를 펼친 것입니다. 섬에서의 문서 정치가
그 후에도 10년 이상 계속될 줄은 아무도 몰랐습니다.

디베료(티베리우스) 황제는 의외로 카프리 섬에서 정치를 잘했다고 합니

13) 프리츠 하이켈하임, 『로마사』, 김덕수 옮김(서울: 현대지성사, 1999), p.553.
14) 타키투스, 『타키투스의 연대기』, 박광순 옮김(파주: 범우사, 2005), p.321.

다. 그때에 디베료(티베리우스)의 명령으로 유대로 파견된 총독이 바로 '본디오 빌라도' (폰티우스 필라투스)입니다. 본디오 빌라도는 유대를 다스리기가 매우 힘들었습니다. 헤롯이라는 분봉 왕과 예루살렘 성전을 장악하고 있는 대제사장들, 그리고 바리새파와 사두개파, 서기관들로 대표되는 유대의 고위급들, 특히 가난한 민중들의 민란이라도 발생했다가는 보고서가 바로 카프리 섬으로 갈 것이라는 강박감 등이 빌라도를 압박했습니다.

카프리 섬에 은둔한 황제와는 얼굴을 맞대고 어떤 형편을 설명함으로 이해를 얻어낼 수도 없는, 그래서 오직 문서로만 황제를 설득해야 했던 빌라도 입장에서는 만약 민란이라도 발생해 커지면 그 뒷감당이 쉽지 않았을 것입니다. 그래서 대제사장 세력들의 민란 운운에 대해 고심이 컸던 것으로 짐작할 수 있습니다. 이러한 로마 정치 상황을 유대의 대제사장들 세력과 갈릴리의 분봉 왕 헤롯이 예수님의 숙청에 절묘하게 이용했던 것입니다.

애굽 제국에서 유월절과 로마 제국에서 유월절

성경에서 유월절은 매우 중요합니다. 유월절은 오순절, 장막절과 함께 유대의 3대 명절입니다. 우리는 설과 추석이라는 명절을 가지고 있지요. 우리 명절은 조상과 농경 사회를 중히 여기는 명절인데 반해, 유대는 하나님 중심의 명절이라는 점에서 매우 독특합니다.

예수님께서 12살 되시던 해 유월절에 예루살렘으로 올라가신 것이 성경에 기록되었습니다. 그리고 예수님의 십자가 사건도 유월절에 이루어 졌습니다. 거슬러 올라가면, 왕정 시대에 유월절을 지킨 왕과 지키지 않은 왕에 대한 하나님의 평가가 확연히 다름을 알 수 있습니다.

유월절은 애굽에서 시작된 명절입니다. 영어로는 'pass over', '넘어 갔다'는 뜻이지요. 죽음의 사자가 문에 양의 피를 바른 집은 넘어갔다는 것입니다. 문에 양의 피를 바르지 않은 애굽의 모든 집은 장자와 그 집의 초태생이 죽는 초유의 사건이 발생했지요.

첫 번째 유월절은 애굽에서 출애굽을 앞둔 그 긴박한 밤에 이루어졌습니다. 유월절의 규례는 하나님께서 직접 시행 규칙을 알려주셨습니다(출 12:1~14 참고). 애굽에서 첫 번째 유월절이 시작된 이래 1,400년이 지나, 예수님께서는 로마 제국하에서 그 유월절에 십자가형을 당하십니다.

그런데 로마 제국이 그들의 통치에 정치적 안정을 꾀하는 하나의 방법으로 유월절을 사용하는 것을 볼 수 있습니다. 즉 유대의 명절에 로마의 총독이 무리의 소원대로 죄수 한 명을 놓아주는 전례를 만들었다는 사실입니다.

유대 명절이 되면 로마 총독이 무리의 청원대로 죄수 한 사람을 놓아주는 전례가 있더니 그때에 빌라도가 물어 이릅니다.

"너희는 내가 누구를 너희에게 놓아 주기를 원하느냐. 바라바냐, 그리스도라 하는 예수냐?"(마 27:15~17 참고).

로마 제국의 총독이 속국의 죄수를 놓아주는 전례를 만든 것은, 요세푸스에 의하면, 그만큼 명절에 예루살렘에서 소동이 빈번했기 때문이라는 것입니다.[15] 유대인들이 명절에 예루살렘에 모여 하나님께 제사를 드리고 나면, 뒤이어 소동이 일어나는 경우가 많은데, 이 명절에 유대의 정치범 중에 한 명 정도는 놓아줌으로 로마 제국에 대한 불만을 조금이라도 감소시키겠다는 정책이었을 것입니다. 그러니 유대인의 유월절 명절이 로마 제국에게는 비상이었던 것입니다.

로마 총독 빌라도는 노련한 정치가이자, 행정가입니다. 유대의 대제사장 세력들이 그들의 종교권 내의 힘을 유지하기 위해 죄 없는 예수님을 죽이려 하자, 빌라도가 '유월절의 전례'라는 카드(일종의 광복절 특사 카드라고나 할까요.)를 써서 예수님을 구해주려 했었다는 것은 매우 주목할 만한 사실입니다.

그런데 대제사장 세력들은 오히려 유월절을 이용해서 예수님을 십자가에 못 박으려 했습니다.

그러나 유월절을 가장 깊이 생각하고 활용하신 분은 바로 예수님이십니다. 로마 제국 당시 유월절에 디아스포라 유대인들이 각국에서 모였고, 그때 일어난 사건은 유월절이 지나면 각국으로 알려지기 때문입니다. 예수님은 1,400년 전 명절인 유월절에 1,000년의 고도 예루살렘에서 로마의 형틀인 십자가를 지심으로, 그 소식이 로마 제국 전역에 가장 넓게 멀리 알려질 수 있는 기회로 삼으신 것입니다.

---

15) 플라비우스 요세푸스, 『요세푸스 II : 유대고대사』, 김지찬 옮김(서울: 생명의말씀사, 2010), p.506.

로마 총독 재판과 대제사장 재판:
십자가 처형과 돌 처형

예수님은 검과 몽치를 들고 자신을 잡으러 온 큰 무리들에게 체포당하셨습니다. 그들은 유대의 대제사장들과 백성의 장로들이 보낸 사람들이었습니다. 그리고 예수님은 대제사장 앞으로 끌려가셔서 심문 받으셨습니다. 당시 유대의 공식적인 지도부였던 산헤드린 공회는 대제사장이 재판관이었는데, 예수님께서 대제사장 가야바에게로 끌려가셨을 때 거기에 서기관들과 장로들이 모여 있었다고 성경은 기록하고 있습니다. 산헤드린 공회의 모든 회원들인 71명이 다 모였을 가능성이 적지 않습니다.

그들은 밤새 다음날 새벽까지 심문했지만 예수님의 죄를 밝혀낼 수가 없었습니다. 고작 새벽까지 심문해서 나온 죄목이 성전을 헐어서 사흘만에 다시 지으시겠다고 말씀하신 내용 정도입니다. 이마저도 예수님은 아무 대꾸조차 하지 않으십니다. 그러자 드디어 대제사장이 직접 예수님께 묻습니다.

"내가 너로 살아 계신 하나님께 맹세하게 하노니 네가 하나님의 아들 그리스도인지 우리에게 말하라."

예수님께서 대답하십니다.

"네가 말하였느니라. 그러나 내가 너희에게 이르노니 이 후에 인자가 권능의 우편에 앉아 있는 것과 하늘 구름을 타고 오는 것을 너희가

대제사장 앞의 예수 그리스도 _ 프란체스코 바자리가 作

보리라"(마 26:59~64 참고).

이에 대제사장이 자기 옷을 찢으며 산헤드린 공회원들에게 묻습니다.

"보라, 지금 너희가 참담한 말을 들었도다. 너희 생각이 어떠하뇨?"

공회원들이 대답합니다.

"사형에 해당됩니다."

그러자 주변에 있던 자들이 갑자기 달려들어 예수의 얼굴에 침 뱉으며 주먹으로 칩니다.

그 후 그들은 예수님을 로마 총독 빌라도에게 끌고 갔습니다.

"새벽에 모든 대제사장과 백성의 장로들이 예수를 죽이려고 함께 의논하고, 결박하여 끌고 가서 총독 빌라도에게 넘겨 주니라"(마 27:1~2).

그러자 빌라도는 법치국가 로마의 정치인답게 예수님을 심문합니다. 빌라도는 예수님께 묻습니다.

"네가 유대인의 왕이냐?"

그러자 예수님께서 빌라도의 질문에 즉답하십니다.

"네 말이 옳도다."

무엇이 진리냐 — 예수님과 빌라도_N.C.예레

이에 빌라도가 깜짝 놀랍니다. 아마도 이렇게 쉽게 예수님께서 유대인의 왕이냐는 자신의 질문에 답할 줄은 상상도 못했기 때문일 것입니다. 그러자 정작 당황한 빌라도는 한 발 물러서 다시 묻습니다.

"그들이 너를 쳐서 얼마나 많은 것으로 증언하는지 듣지 못하느냐?"

그러나 예수님께서는 이에 대해서는 한마디도 대답하지 않으십니다. 이에 총독이 크게 놀라워합니다(마 27:11~14 참고).

당시 유대는 로마의 속국입니다. 그런데 예수님이 로마 황제가 임명하지 않은 자칭 유대의 왕임을 시인했음에도 빌라도는 예수님을 바로 유죄라고 단정하지 않습니다. 그래서 유월절 전례에 따라 예수님을 '유월절 특사'로 사면해 주려 했습니다.

총독이 사람들에게 묻습니다.
"바라바와 예수 둘 중의 누구를 너희에게 놓아 주기를 원하느냐?"
그런데 무리들이 "바라바로소이다"(마 27:21)라고 대답합니다.

대제사장 세력들이 무리를 매수하여 유월절 특사로 강도 바라바를 요구하도록 음모를 꾸민 것입니다. 빌라도가 대제사장들이 조정하는 음모를 모를 리가 없습니다. 빌라도가 유대 민중의 원하는 바를 다시 묻습니다.
"예수를 어떻게 하는 것이 좋겠냐?"
그러자 무리가 약속이나 한 듯이 '십자가 처형'을 요구합니다. 로마의 사형법을 원한다는 것입니다. 그러자 빌라도가 무리에게 또 묻습니다.
"예수가 무슨 악한 일을 했느냐?"
그러나 민중들은 빌라도의 질문에 대답하지 않고 '십자가 처형'의 구호를 '소리 지르며' 요구합니다. 대제사장 세력에 의해 동원된 군중들이라는 확신이 이미 있는데 그 군중들에게 밀려 대혼란이 발생할 것 같은 직감이 들자, 이를 두려워한 빌라도는 그들의 요구를 결국 수락하고 맙니다.

빌라도가 아무 성과도 없이 도리어 민란이 나려는 것을 보고 물을 가져다가 무리 앞에서 손을 씻으며 이렇게 말합니다.

"이 사람의 피에 대하여 나는 무죄하니 너희가 당하라."

백성이 대답합니다.

"그 피를 우리와 우리 자손에게 돌릴지어다."

이에 빌라도는 바라바를 그들에게 놓아 주고 예수님을 채찍질하고 십자가에 못 박히도록 넘깁니다(마 27:24~26 참고).

그 결과 예수님은 로마의 사형법인 십자가형을 받게 된 것입니다. 이는 대제사장 세력들이 돌로 쳐 죽이는 유대의 전통적인 사형법 대신 로마인들의 손을 빌려 예수님을 나무에 달아 죽이는 십자가형에 처하려 한 것입니다. 예수님의 죽음을 로마에 전가시키기 위함이었습니다.

대제사장들은 아론의 후손들입니다. 서기관들은 예레미야의 비서 바룩처럼 주로 받아쓰는 일에 전념했던 사람들인데, 예루살렘 성전이 파괴된 후 포로로 끌려간 바벨론에서는 제사장들보다 오히려 서기관들의 필요성이 강화될 수밖에 없었습니다.[16] 서기관들은 율법을 연구하고 가르치게 된 사람들입니다. 그런데 그 대제사장들과 서기관들이 백성의 장로들과 힘을 합해 예수님을 로마의 재판정에 보내 십자가형에 처했던 것입니다.

이에 로마 총독의 군병들이 예수님을 데리고 관정 안으로 들어가서 온 군대를 모으고, 그의 옷을 벗기고 홍포를 입히며, 가시관을 엮어 그 머리에 씌우고 갈대를 그 오른손에 들리고 그 앞에서 무릎을 꿇고 희롱합니다.

---

16) 폴 존슨, 『유대인의 역사 1』, 김한성 옮김(파주: 살림출판사, 2005), p.193.

"유대인의 왕이여 평안할지어다."

그리고 그에게 침을 뱉고 갈대를 빼앗아 그의 머리를 칩니다. 희롱을
다한 후 예수님의 홍포를 벗기고 도로 그의 옷을 입혀 십자가에 못 박으
려고 끌고 나간 것입니다(마 27:27~31 참고).

예수 그리스도의 십자가: 선지자와 율법의 완성

"내가 율법이나 선지자를 폐하러 온 줄로 생각하지 말라.
폐하러 온 것이 아니요, 완전하게 하려 함이라.
진실로 너희에게 이르노니 천지가 없어지기 전에는
율법의 일점 일획도 결코 없어지지 아니하고 다 이루리라.
그러므로 누구든지 이 계명 중의 지극히 작은 것 하나라도 버리고
또 그같이 사람을 가르치는 자는
천국에서 지극히 작다 일컬음을 받을 것이요,
누구든지 이를 행하며 가르치는 자는
천국에서 크다 일컬음을 받으리라.
내가 너희에게 이르노니
너희 의가 서기관과 바리새인보다 더 낫지 못하면
결코 천국에 들어가지 못하리라"(마 5:17~20).

이는 예수님의 말씀의 핵심입니다. 예수님은 율법이나 선지자를 폐하
러 오신 것이 아니라, 완성하러 오신 것입니다.

예수님께서는 '율법과 선지자의 글'을 중요하게 여기셨습니다. 그래서

잡히실 때에 베드로가 칼을 뽑아 무리 중에 있는 사람의 귀를 잘랐을 때에도, 그의 귀를 고쳐주시며 "다 선지자의 글을 이루려 함이니라."라고 말씀하셨습니다(마 26:56 참고).

이 사건의 정황을 좀더 자세히 살피면 다음과 같습니다.

예수님께서는 제자들에게 "이틀이 지나면 유월절이라. 인자가 십자가에 못 박히기 위하여 팔리리라"(마 26:2)라고 말씀하셨습니다. 그런데 그 시간 예수님의 말씀을 듣기라도 한 것처럼, 산헤드린 공회는 예수님을 체포하기 위한 모임을 열고 있었습니다.

그날 모임의 결과는 "민중 폭동이 날지 모르니 유월절에는 하지 말자."(마 26:3~5 참고)였습니다. 그런데 가룟 유다가 대제사장을 찾아가 예수님을 은 30에 팔겠다는 제안을 한 것입니다. 산헤드린 공회는 귀가 번쩍 했을 것입니다. 그리고 가룟 유다가 예수님을 산헤드린 공회에 넘길 시기를 찾기 시작한 것입니다.

이후 예수님은 마지막 유월절을 보내시고, 겟세마네 동산에 기도하러 가십니다. 그런데 가룟 유다가 산헤드린 공회에서 보낸 큰 무리를 이끌고 겟세마네 동산으로 예수님을 찾아 넘겨 주겠다고 나선 것입니다. 가룟 유다가 산헤드린 공회가 파송한 무리들에게 "내가 입 맞추는 이가 예수니 그를 체포하시오."(마 26:48 참고)라고 사인을 줍니다. 그리고 가룟 유다가 "선생

십자가 위의 예수_미켈란젤로

님 안녕하세요?"라고 인사하며 예수님께 입을 맞춥니다. 세상에서 가장 쓸쓸한 입맞춤이었습니다.

그러자 약속한 대로 무리가 순식간에 예수님을 잡습니다. 그 순간 베드로가 전광석화처럼 어디선가 칼집에 꽂혀 있던 칼을 뽑아 대제사장의 종인 말고의 귀를 쳐서 떨어뜨립니다. 정말 눈 깜짝할 순간에 벌어진 일이었습니다. 누군가의 귀에서 피가 나고 귀가 땅에 떨어지고 하니 잠시 혼란스러웠겠지요. 잠시 예수님을 붙잡은 사람들은 움찔해서 즉시 다음 행동으로 가지 못하고 있었습니다.

그 순간 예수님께서 베드로에게 2가지를 말씀하십니다.

첫째, "칼집에 칼을 꽂아라. 칼을 가진 자는 다 칼로 망한다"(마 26:52 참고).

둘째, "내가 아버지께 구하면 지금 당장 천사들 열두 군단이라도 부를 수 있다. 내가 이 일을 할 수 있지만 하지 않는 것이다"(마 26:53 참고).

그리고 예수님을 잡으러 온 무리들에게는 이렇게 말씀하십니다.

"낮에 내가 성전에서 가르칠 때 잡아가지 않고, 왜 강도를 잡는 것처럼 칼과 망치를 가지고 나를 잡으러 왔느냐?"(마 26:55 참고).

이어서 예수님께서는 베드로와 무리들에게 말씀하신 것의 결론을 다시 말씀하시는데 그 내용은 "이렇게 된 것은 다 선지자의 글을 이루려 함이니라"(마 26:56)라는 것입니다. 즉, 예수님 자신이 잡히시는 것이 대제사장 세력들의 순발력(?) 있는 작전에 방어 대비를 못해 속수무책으로 체포당하시는 것이 아니라는 것입니다.

이 모든 상황이 선지자들의 예언대로 즉, 성경대로 가시기 위함이라는 것입니다. 이것이 '율법과 예언의 완성을 위하여' 오신 예수님의 사역입니다.

위에서 예수님께서는 천사들 12군단을 말씀하셨습니다. '군단' 은 로마 군대에서 사용하는 용어입니다. 보통 1군단은 약 6,000명의 병사를 지칭합니다. 로마의 총사령관은 혼자 6개 군단까지 이끌 수 있습니다.

24살에 엄청난 규모의 해적단을 무찔러 '마그누스(위대한) 폼페이우스' 라고 불린 폼페이우스 장군은 총사령관으로 늘 6개 군단을 지휘했습니다.[17] 그런데 이후 율리우스 카이사르가 총사령관이 되어 갈리아 지방을 정복하러 갈 때는 준비가 미흡해 우선 4개 군단만이라도 데리고 출정하라는 명령을 원로원으로부터 받았습니다. 그러자 율리우스 카이사르가 이를 굴욕이라고 생각했는지 빚을 내서 군인들을 모아 2개 군단을 다 채워 기어이 6개 군단을 이끌고 갈리아로 가는 모습을 보여줍니다.[18]

예수님께서 말씀하신 12군단은 로마 총사령관 2명이 한꺼번에 지휘할 수 있는 군대의 수입니다. 다시 말해, 예수님께서는 당장 7만 2천 명의 천사를 부르실 수도 있다는 말씀을 하신 것입니다.

예수님께서 베들레헴 마구간에서 탄생하신 것도 선지자 '미가' 가 예언한 말씀을 이루시기 위함이었습니다.

"이르되 유대 베들레헴이오니 이는 선지자로 이렇게 기록된 바, 또 유대 땅 베들레헴아, 너는 유대 고을 중에서 가장 작지 아니하도다. 네게서한 다스리는 자가 나와서 내 백성 이스라엘의 목자가 되리라"(마 2:5~6).

---

17) 플루타르코스, 『플루타르크 영웅전 II』, 홍시중 옮김(서울: 동서문화사, 2007), p.1130.
18) Ibid., p.1295.

예수님께서 애굽으로 피난하셨다가 돌아오신 것은 호세아 선지자의 예언을 이루려 하신 것입니다.

"헤롯이 죽기까지 거기 있었으니 이는 주께서 선지자를 통하여 말씀하신 바, 애굽으로부터 내 아들을 불렀다 함을 이루려 하심이라"(마 2:15).

또한 예수님이 탄생하실 때에 베들레헴의 두 살 아래의 사내아이들이 헤롯의 손에 모두 죽게 된 것은 예레미야의 예언이었습니다.

"이에 선지자 예레미야를 통하여 말씀하신 바, 라마에서 슬퍼하며 크게 통곡하는 소리가 들리니 라헬이 그 자식을 위하여 애곡하는 것이라. 그가 자식이 없으므로 위로 받기를 거절하였도다 함이 이루어졌느니라"(마 2:17~18).

세례 요한이 옥에 갇혔을 때의 일입니다. 세례 요한이 그의 제자들을 예수님께 보내서 묻습니다.
"당신이 확실히 '메시아' 이십니까?"
당시 세례 요한은 정말 절박한 상황이었기 때문입니다. 그러자 예수님께서는 당신의 활동이 이사야 선지자의 예언대로 행해지고 있다고 말씀하십니다.

"세례 요한이 우리를 보내어 당신께 여쭈어 보라고 하기를 오실 그이가 당신이오니이까, 우리가 다른 이를 기다리오리이까 하더이다."
마침 그때에 예수께서 질병과 고통과 및 악귀 들린 자를 많이 고치시며 또 많은 맹인을 보게 하시고, 대답하여 이르십니다.

"너희가 가서 보고 들은 것을 요한에게 알리되 맹인이 보며 못 걷는 사람이 걸으며 나병환자가 깨끗함을 받으며 귀먹은 사람이 들으며 죽은 자가 살아나며 가난한 자에게 복음이 전파된다 하라. 누구든지 나로 말미암아 실족하지 아니하는 자는 복이 있도다"(눅 7:20~23 참고).

이렇게 예수님은 율법을 완성시키시는 일과, 선지자들을 통해 말씀하신 하나님의 뜻을 이루시는 데 주력하셨습니다. 율법과 선지자는 구약에서 끝난 것이 아닙니다. 율법과 선지자는 예수님에 의해 완성되었고, 그 율법과 선지자로 하신 말씀은 과거에도, 현재에도, 미래에도 중요한 하나님의 말씀입니다.

디아스포라 유대인과 디아스포라 그리스인

'디아스포라'는 '분산', '유배'라는 뜻입니다. '디아스포라 유대인'은 바벨론으로 끌려가서 이방인들 사이에 흩어져 살게 된 유대인들을 일컫습니다. 그들은 페르시아 시대에 많이 귀환했지만, 헬라와 로마 시대까지도 귀환하지 않고 계속 그 나라에서 사는 사람들도 상당수 있었습니다.

로마 시대까지도 유대로 귀환하지 않은 즉, 흩어진 유대인들은 각자 살던 나라에서 회당을 짓고 주로 장사에 종사하며 살았습니다. 그들은 장사에 두각을 나타냈으며, 토요일마다 회당에 모였고, 유월절과 오순절과 장막절과 같은 유대의 3대 명절에는 예루살렘을 방문하며 살고 있었습니다.

디아스포라 유대인들이 명절에 예루살렘을 방문하여 1년분의 십일조를 바치고, 약 1달간씩 머무는 것은 예루살렘 경제를 매우 활성화시켰습니다. 그래서 유대의 가난한 지역과 달리, 예루살렘에 살던 대제사장들과 서기관들과 백성의 장로들이 예루살렘의 활성화된 경제력의 이익을 크게 보았습니다.

"그 때에 경건한 유대인들이 천하 각국으로부터 와서 예루살렘에 머물러 있더니"(행 2:5).

그 당시 경건한 유대인들 즉 디아스포라 유대인들은 전 세계로부터 예루살렘에 막대한 기부금과 성전세를 바쳤습니다. 그리고 토지 수입의 십일조 즉 예루살렘에서 소비해야 하는 법에 따라 명절에 약 한 달 정도씩 머물면서 제2의 십일조를 예루살렘에서 소비했습니다.[19]

대제사장의 집은 베드로가 멀찍이 서서 예수님의 재판을 지켜볼 만큼 그 뜰이 넓었습니다. 영어 성경에 보니, 대제사장의 집을 성채(Castle)라고 기록하고 있습니다. 헤롯이 로마에 어마어마한 금화를 바칠 수 있었던 것도 예루살렘 경제의 특수성 때문이라고 볼 수 있습니다.

예수님을 잡은 자들이 그를 끌고 대제사장 가야바에게로 가니 거기에 서기관과 장로들이 모여 있었습니다. 베드로가 '멀찍이 예수를 따라 대제사장의 집 뜰'에까지 가서 그 결말을 보려고 안에 들어가 하인들과 함께 앉아 있다고 성경은 기록하고 있습니다(마 26:57~58 참고).

디아스포라 유대인과 항상 함께 회자되는 사람들이 있는데, 그들은 바로 디아스포라 그리스인들입니다. 알렉산더(알렉산드로스)가 마케도니아에

19) 요아힘 예레미아스, 『예수시대의 예루살렘』, 한국신학연구소 옮김(서울: 한국신학연구소, 1988), p.47.

서 출정하여 정복 전쟁에 나설 때 수많은 그리스인들이 이집트에 함께 들어갔다고 합니다. 그리스인들은 이집트에서 대부분 경제적으로 크게 성공을 했습니다.

또한 그리스인들은 로마 제국하에서 로마 귀족의 가정 교사로 들어간 경우가 많이 있었습니다. 이렇게 그리스인들도 로마 제국 전체에 흩어져 살면서, '디아스포라 그리스인' 이라는 한 집단을 형성했습니다.

그런데 두 집단 즉, 디아스포라 유대인들과 디아스포라 그리스인들은 모두 장사에서 두각을 크게 나타냈습니다. 그래서 두 집단은 로마에 많은 세금을 바침으로 인해 보호를 받기도 했는데, 그 두 집단이 시장에서 결국 마찰을 일으킬 때도 많게 된 것입니다.

일단 그리스인들은 신도시가 생길 곳을 미리 알아내는 재능이 있었답니다. 그래서 시장이 설 곳을 가장 먼저 알아내고 그곳에 시장을 세우는 것입니다. 그러면서 큰 상권이 형성되는데, 어느 사이에 시장에서 노른자위에 속하는 좋은 곳에는 늘 유대인들이 장사를 하고 있는 것입니다. 그러니 정작 큰돈은 유대인 손에서 왔다 갔다 하고 있다는 것이지요. 이런 일이 자주 발생하니 두 집단 사이에는 마찰이 일어날 수밖에 없었습니다.

두 집단이 마찰을 일으킬 때마다, 대부분 유리한 쪽은 디아스포라 그리스인들이었습니다. 그들은 다신교를 믿기 때문에 30만 개의 신을 가진 나라 로마와 상당 부분 통했습니다.[20] 그러나 유일신을 믿는 유대인들은 그리스인들과 종교와 장사에서 자주 충돌을 일으켰습니다.

디아스포라 그리스인들과 디아스포라 유대인들을 두고 디아스포라 유

20) 폴 존슨, 『유대인의 역사 1』, 김한성 옮김(파주: 살림출판사, 2005), p.234.

대인쪽의 손을 확실하게 들어준 로마의 최고 통치자는 '율리우스 카이사르'였습니다. 그래서 율리우스 카이사르 생전에 디아스포라 유대인들은 가장 안전하고 평화롭게 그들의 생업에 종사할 수 있었습니다. 때문에 B.C.44년 율리우스 카이사르가 암살당하자, 예루살렘에 사는 유대인들까지도 율리우스 카이사르의 죽음을 안타까워했습니다.

두 집단의 충돌 가운데, 특히 로마의 세 번째 황제 칼리굴라 같은 경우는 자신이 스스로 신이 되고 싶어 했기에 더 큰 문제를 일으키기도 했습니다.[21]

칼리굴라는 자신의 동상(흉상)을 많이 만들어 로마 제국 전체에 보내서 동상에 절하게 하며 숭배 받기를 원했습니다. 어쨌든 디아스포라 유대인과 디아스포라 그리스인들에 대한 로마 제국의 입장은 그들이 다툴 때가 많았기 때문에 대부분 골칫거리에 속했습니다.

로마의 3대 황제 칼리굴라를 만난 유대인 필로

디베료(티베리우스)에 이은 로마의 세 번째 황제 칼리굴라(Gaius Caesar Germanicus, 본명: 가이우스, 칼리굴라는 별명이다.)는 A.D.37년에서 41년까지 겨우 4년간 황제의 자리에 있다가 암살당합니다. 4년이라는 짧은 기간 동안 황제의 자리에 있었기에 신약성경에 직접적으로 등장하지도 않고 기록도 많지 않습니다.

『타키투스의 연대기』는 로마의 황제들 중에 티베리우스, 칼리굴라, 클

---

21) 타키투스, 『타키투스의 연대기』, 박광순 옮김(파주: 범우사, 2005), pp.412~413.

라우디우스, 네로 이렇게 4명의 황제
를 다루는 책으로 700쪽이 넘는 방대
한 책인데도 불구하고 칼리굴라는 4쪽
밖에 등장하지 않습니다.[22] 물론 자료
가 소실된 부분도 있지만요. 그러나
겨우 4년 통치에도 불구하고 칼리굴라
는 나라 재정이 파탄에 이를 만큼 엄
청나게 낭비가 심했다는 기록이 남아
있으며,[23] 특히 황제의 자리보다 신의
자리에 있기를 원했습니다.

　그래서 자기의 흉상을 많이 만들어 여러 곳에 세워놓고 숭배(황제 숭배를
강요)하기를 원했는데,[24] 이를 디아스포라 그리스인들이 알렉산드리아에
서 더욱 이용했습니다. 당시 이집트의 알렉산드리아는 로마 다음 가는 규
모의 큰 도시였습니다. 알렉산드리아에는 100만 명 이상의 유대인들이
거주했는데 디아스포라 그리스인들의 공격에 유대인들은 긴장할 수밖에
없었습니다.[25]

　유대인들의 회당에 칼리굴라의 동상을 가져다놓고 유대인들에게 칼리
굴라를 향해 절을 하도록 강요했던 것입니다. 그리고 이것을 로마의 칼리
굴라에게 알려 유대인들이 칼리굴라 황제를 숭배하려 하지 않는다는 보
고를 한 것입니다.

---

22) 타키투스, 『타키투스의 연대기』, 박광순 옮김(파주: 범우사, 2005), pp.410~413.
23) Ibid., p.412.
24) 폴 존슨, 『유대인의 역사 1』, 김한성 옮김(파주: 살림출판사, 2005), p.308.
25) Ibid., p.300.

그러자 칼리굴라는 유대인들을 알렉산드리아와 로마에서 추방하고, 유대에 대군을 거느리고 진격해 하나님의 성전에 자신의 동상을 세우고 모든 경제권을 그리스인들에게 넘기려 했습니다. 이렇게 사태가 심각해지자, 알렉산드리아 출신 유대인 철학자 필로(Philo Judaeus, B.C.20~A.D.50)가 칼리굴라에게 면회를 신청했던 것입니다.[26]

필로는 로마에 도착해서도 오랫동안 칼리굴라를 기다려야 했습니다. 그리스인들과 함께 만나주겠다는 것이 칼리굴라의 대답이었기 때문입니다. 드디어 필로가 칼리굴라를 만났습니다. 그런데 칼리굴라는 계속 돌아다니며 이것저것 기웃거리고 필로의 말을 듣는 둥 마는 둥 했습니다.

그러나 필로가 끝까지 침착하게 유대인들의 뜻을 전하고 변호하자, 칼리굴라도 마지막에는 필로에게 설득당해갑니다. 그러나 칼리굴라는 곧 암살됨으로 이 문제는 덮고 넘어가게 되었습니다.

어쨌든 유대인이 로마 황제를 면담했다는 것은 아마도 사도 바울에게 좋은 예가 되었던 것 같습니다. 벨릭스(펠릭스) 총독이 로마로 돌아가고 후임으로 베스도 총독이 유대에 부임하자, 바울에 대한 재판을 다시 시작합니다. 그때 바울이 로마에 있는 황제 재판을 청구하지요.

"바울이 자기를 변호하며 유대인의 율법이나 성전이나 로마 황제 가이사(카이사르)에게 저는 죄를 짓지 않았습니다"(행 25:8 참고)라고 말하고, 이를 증명하기 위해 "가이사(카이사르)에게 재판을 받겠습니다"(행 25:10 참고)라고 요청합니다. 그러자 베스도가 이를 수락합니다. 로마 시민권자인 바울의

---

26) 플라비우스 요세푸스, 『요세푸스 II: 유대고대사』, 김지찬 옮김(서울: 생명의말씀사, 2010), p.542.

당연한 권리였기 때문입니다(행 25:12 참고).

사도 바울이 기독교를 전하고, 황제를 설득하려고 네로에게 황제 재판을 신청했던 것은 필로의 예를 다시 한 번 시도해 보기 위함이었다고 볼 수 있습니다.

로마의 4대 황제 글라우디오(클라우디우스)에 의해 추방된 브리스길라, 아굴라

글라우디오(클라우디우스)는 칼리굴라 황제(A.D.37년 3월 18일~41년 1월 24일)에 이어 네 번째로 로마의 황제가 된 사람입니다. 클라우디우스의 조카인 칼리굴라는 재위 4년 만에 근위대 대대장과 소수의 근위병들에 의해 살해되었습니다. 그리고 황실의 살해 사건 때문에 두려워 숨어 있던 글라우디오(클라우디우스)가 근위대에 의해 50세에 황제에 옹립되었습니다.[27]

글라우디오(Tiberius Claudius Caesar Augustus Germanicus, A.D.41년 1월 24일~54년 10월 13일)는 곧 다루게 될 텐데, 바울이 가이사랴에서 2년간 연금되어 있을 때, 유대의 총독으로 파견되어 와 있던 벨릭스 총독과 깊은 관련이 있습니다. 글라우디오(클라우디우스)는 50살이 될 때까지 황제가 될 가능성이 전혀 없었습니다. 그저 역사를 공부하는 역사학자였습니다. 역사책도 몇 권 집필했습니다. 그는 어려서 소아마비를 앓았고,[28] 나중에 황제가 되어서는 연설할 때 입에 침을 너무 많이 흘려 거품이 턱 앞으로 가득했었다고 합니다. 그렇지만 그는 최선을 다해 제국을 다스리는 일에 앞장섰다는 평

---

27) 타키투스, 『타키투스의 연대기』, 박광순 옮김(파주: 범우사, 2005), p.414.
28) 프리츠 하이켈하임, 『로마사』, 김덕수 옮김(서울: 현대지성사, 1999), p.639.

가를 받은 황제였습니다.

글라우디오(클라우디우스) 황제는 옥타비아누스의 부인이 된 리비아가 옥타비아누스와의 결혼 전에 첫 번째 남편과의 사이에서 낳은 두 명의 아들 중 둘째 아들, 즉 디베료(티베리우스) 황제의 동생 드루수스의 막내아들입니다. 글라우디오(클라우디우스)의 형(게르마니쿠스: 일찍 전사함)이 낳은 아들 칼리굴라가 로마의 세 번째 황제가 되었던 것입니다.

그러니 네 번째 황제는 좀 복잡하지만, 세 번째 황제의 작은 아버지였습니다. 생각지도 않았던 일이 어느 날 갑자기 일어나 글라우디오(클라우디우스)는 로마 제국의 황제가 되었습니다. 그러나 50세가 될 때까지 아무런 정치적 활동을 하지 않았던 글라우디오(클라우디우스)는 변변히 아는 원로원 의원이 하나도 없었던 것입니다. 그는 황궁으로 가면서 그의 해방 노예 3명을 비서로 데리고 갔습니다. 이들은 모두 그리스인들로서 매우 유능하고 우수한 사람들이었습니다. 이때부터 역사에서는 비서진 정치가 시작되었다고 합니다. 해방 노예 3명의 이름은 나르키소스, 팔라스, 칼리스투스입니다.

글라우디오(클라우디우스) 황제가 유대에 시행한 것은 35년 만에 헤롯 가문에게 유대 통치를 다시 맡긴 일입니다.[29] 그 통치자는 헤롯 가문의 헤롯 아그리파입니다. 그는 어렸을 때 로마에 볼모로 잡혀와서 자랐습니다. 헤

---

29) 플라비우스 요세푸스, 『요세푸스 II: 유대고대사』, 김지찬 옮김(서울: 생명의말씀사, 2010), p.617.

롯 아그리파는 칼리굴라 황제의 친구였고, 글라우디오(클라우디우스)와도 매우 친분이 깊었습니다. 헤롯 아그리파는 글라우디오(클라우디우스) 황제와 개인적으로 친분이 두텁다고 믿었기에 로마와 상의도 없이 마음대로 예루살렘 성벽을 짓기 시작했다가 로마의 명령으로 다시 파괴하기도 했습니다. 그러나 헤롯 아그리파가 유대의 왕이 된 지 3년 만에 병으로 세상을 뜨자, 유대는 다시 총독 체제가 됩니다.

또 한 가지 글라우디오(클라우디우스) 황제 때에 유대에 시행된 중요한 일은 로마 총독과 군단이 머무는 곳을 예루살렘에서 가이사랴로 옮긴 것입니다. 이는 예루살렘에 사는 유대인들을 자극하지 않기 위해서였습니다. 왜냐하면 글라우디오(클라우디우스) 황제의 직전 황제였던 칼리굴라가 스스로 신격화하면서 예루살렘과 알렉산드리아에 있는 유대인들을 매우 탄압했었던 것에 대한 새로운 조치를 취했다는 표시를 내기 위함이었습니다. 글라우디오(클라우디우스) 황제는 가이사랴에 머무는 총독과 군대가 예루살렘을 방문할 때에 어떤 흉상이나 심지어 군대의 깃발까지도 들고 가지 말라는 명령을 내리기까지 했습니다.

그런데 글라우디오(클라우디우스) 황제는 50세에 황제에 즉위하기까지 세 번 결혼했고, 두 번 이혼을 했습니다. 그리고 황제가 된 후 세 번째 이혼을 하게 되었습니다. 그 후 네 번째 결혼이 성경과 연관이 있습니다. 글라우디오(클라우디우스)의 네 번째 결혼은 그의 비서진들에 의해 추진되었는데, 글라우디오(클라우디우스)의 3명의 비서들은 각자 황후 후보들을 추천했고, 그중 나중에 로마의 다섯 번째 황제가 되는 네로의 어머니 아그리피나를 추천한 팔라스를 주목해야 합니다.[30]

---

30) 프리츠 하이켈하임, 『로마사』, 김덕수 옮김(서울: 현대지성사, 1999), p.647.

팔라스는 아그리피나를 추천했는데, 아그리피나는 사실 칼리굴라 황제의 동생이자, 글라우디오(클라우디우스)의 조카입니다. 그리고 그녀는 이미 결혼하여 네로라는 아들을 두었고, 당시에는 남편과 사별한 상태였습니다. 그러나 아그리피나는 팔라스의 강력한 추천으로 황후가 됩니다. 그 후 아그리피나는 팔라스에게 감사를 표하기 위해 팔라스의 동생 펠릭스(성경에는 벨릭스 총독)를 유대의 총독으로 보내줍니다.[31] 이 펠릭스가 가이사랴 감옥에 2년간 연금되어 있던 바울을 자주 만나 바울의 이야기도 듣고, 은연중에 뇌물도 요구했던 그 벨릭스 총독입니다.

이 글라우디오(클라우디우스)가 성경에 등장하는 것은 브리스길라와 아굴라 부부를 로마에서 추방했다는 기록에서입니다.

"그 후에 바울이 아덴을 떠나 고린도에 이르러 아굴라라 하는 본도에서 난 유대인 한 사람을 만나니 글라우디오가 모든 유대인을 명하여 로마에서 떠나라 한 고로 그가 그 아내 브리스길라와 함께 이달리야로부터 새로 온지라. 바울이 그들에게 가매 생업이 같으므로 함께 살며 일을 하니 그 생업은 천막을 만드는 것이더라"(행 18:1~3).

황제의 자리에 오른 지 9년째, 59세가 된 글라우디오(클라우디우스) 황제는 유대 통치에 있어 새로운 시스템을 실시했습니다.

유대를 3등분하여 3분의 1은 아그리파 2세가, 3분의 2는 두 명의 로마 총독을 파견하여 다스리게 한 것입니다. 그리고 얼마 후에는 유대를 양분하여 아그리파 2세와 로마 총독이 나누어서 다스리게 했습니다. 그런데 그때 로마에서 디아스포라 유대인 공동체 내에 분쟁이 일어나자 글라우

---

31) 플라비우스 요세푸스, 『요세푸스 II: 유대고대사』, 김지찬 옮김(서울: 생명의말씀사, 2010), p.643.

디오(클라우디우스) 황제는 급한 대로 디아스포라 유대인들을 일시적으로 로마에서 추방시켰습니다.

그래서 브리스길라와 아굴라 부부가 로마와 가까운 그리스의 고린도(코린트)라는 항구 도시에 와 있었던 것입니다.

그런데 고린도에서 브리스길라와 아굴라 부부가 바울과 만나게 된 것입니다. 그리고 후에 브리스길라와 아굴라 부부가 알렉산드리아에서 온 세례 요한의 세례까지만 알고 있던 아볼로를 예수님 이야기까지 업그레이드시켜 고린도의 목회자가 되게 했습니다.

천 년 도시 예루살렘과 신도시 가이사랴(카이사레아)

세계의 많은 도시들 중에 예루살렘만큼 오랜 명성을 지닌 도시도 드물 것입니다. 예루살렘은 여호수아와 만나세대들도 차지하지 못했던 난공불락의 성이었습니다. 출애굽한 이스라엘이 가나안에 들어가 살면서도 400년간이나 차지하지 못했던 곳이 바로 여부스족이 거주 중이던 예루살렘이었습니다.

그 예루살렘을 다윗이 그의 측근 600명을 데리고 들어가 점령하고, 이스라엘의 수도로 삼은 것이지요(삼하 5:6~10 참고). 그러나 다윗이 그저 예루살렘을 수도로만 삼았다면, 예루살렘은 그렇게까지 중요한 곳이 되지는 못했을 것입니다. 무엇보다도 다윗이 예루살렘에 성전을 지어 '여호와의 이름을 두려고 택한 곳'이 되게 하려한 것이 중요한 일입니다. 하나님께서 다윗의 그 마음을 기뻐하시고, 성전 건축을 다윗의 아들인 솔로몬에게 미루시기는 하셨지만, 다윗의 가문이 계속 왕으로 통치를 이어갈 것이라는 놀라운 약속을 주셨기 때문입니다(삼하 7:15~16 참고).

신약시대 로마 제국하에서도 예루살렘의 중요성은 줄어들지 않았습니다. 그러나 로마 제국의 입장에서는 예루살렘에서의 직접적인 통치가 쉽지 않았습니다. 그래서 바울 때를 보면, 밤중에 천부장이 470명을 동원해 예루살렘에서 100km 위쪽에 있는 가이사랴로 바울을 이송한 것을 기억하실 것입니다. 가이사랴에 총독과 군단이 머물렀다는 것입니다.

그렇다면 가이사랴는 왜 로마 군단과 총독이 머물 만한 곳이 되었을까요? 가이사랴는 바로 헤롯이 세운 신항구도시이기 때문입니다. '가이사랴'라는 말 자체가 '카이사르를 위한 도시' 즉, 로마 황제에게 바친 도시라는 뜻입니다.

예수님께서 태어나실 때 유대의 분봉 왕이었던 대헤롯은 많은 공사를 벌였는데, 특히 큰 규모의 두 가지 공사 가운데 하나는 예루살렘 성전을 재건한 것이고, 다른 하나는 가이사랴라는 신도시를 건설한 것입니다.

헤롯 대왕 때에 지어진 예루살렘 성전은 건축으로만 보면 세 번째 건축이었습니다. 첫 번째 건축은 물론 솔로몬 때 지어진 성전이고, 두 번째는 바벨론 포로에서 돌아와 불타버린 성전 자리에 스룹바벨의 인도로 작은 규모의 성전을 지은 것입니다. 헤롯 대왕이 세 번째 건축으로 46년 공사 기간, 대규모의 성전 공사에 돌입해 유대인들의 환심을 샀던 것입니다. 그러나 헤롯 대왕이 지은 성전은 스룹바벨의 성전을 확장한 것이므로 여전히 두 번째 성전으로 보아야 합니다.

폴 존슨은 요세푸스를 인용해 다음과 같이 헤롯 대왕 성전을 설명했습

니다.[32]

헤롯 성전은 웅장한 효과들을 내기 위해 거대한 축대를 세우고 그 사이에 잡석을 채움으로써 성전 산(Temple Mount) 규모를 두 배로 늘렸다고 합니다. 거대한 바깥뜰 주위에 주랑현관을 세웠고, 다리도 상부 도시와 연결되었다고 하고요. 바깥뜰 끝 부분에 위치한 성전은 솔로몬의 성전을 능가했다고 합니다.

헤롯 대왕이 직접 들어갈 수 없었던 내부에는 장식 비용을 거의 쓰지 않았으나, 외부 장식, 성전문, 내부 시설과 장식에는 금과 은을 입히는 등 막대한 자원이 사용되었다고 합니다. 때문에 이 성전을 보기 위해 수많은 여행자들의 방문이 끊이지 않았다는군요.

헤롯 대왕이 건설한 신도시 가이사랴(카이사레아)는 로마 황제를 크게 만족시켰습니다. 가이사랴(카이사레아)에는 어마어마한 규모의 카이사르 동상까지 세워져 있었습니다. 그곳은 바닷가에 있는 입지가 좋은 조건의 장소로 로마 군단과 총독이 머물기에 아주 적합했던 곳이었습니다.

천 년 도시 예루살렘과 신도시 가이사랴는 이렇게 로마 제국하의 유대 땅에서 각자의 역할을 했었습니다.

바울에게 뇌물을 기대한 로마 총독 벨릭스(펠릭스)

위에 로마의 네 번째 황제 글라우디오(클라우디우스)의 세 번째 결혼 이야기에서 이미 언급한 로마 총독 벨릭스를 살펴보려고 합니다. 벨릭스의 로

---

32) 폴 존슨, 『유대인의 역사 1』, 김한성 옮김(파주: 살림출판사, 2005), p.264.

마 이름은 펠릭스입니다. 펠릭스는 '행운아'라는 뜻입니다. 그는 이미 말했지만, 해방 노예 출신입니다. 그의 형인 팔라스가 글라우디오(클라우디우스) 황제의 비서로 로마 황실에 들어가면서 그 집안이 펴기 시작된 것입니다. 정말 행운이 온 것이지요.

팔라스는 로마의 다섯 번째 황제가 되는 네로의 어머니를 황후로 추천한 결과 그의 동생을 유대의 총독의 자리에까지 올려놓을 수 있었습니다.[33]

바울이 3차에 걸친 전도 여행을 마치고 예루살렘을 방문했다가 과격한 유대인들로부터 목숨이 위태로울 정도가 되자, 예루살렘의 치안을 맡고 있던 천인 대장이 로마의 총독과 군단이 있는 가이사랴로 밤중에 군대를 동원해 바울을 호송했습니다. 바울이 로마 시민권자이었기 때문입니다. 그때 가이사랴의 총독이 바로 벨릭스(펠릭스)였습니다.

로마 천인 대장이 백인 대장 두 명을 불러 예루살렘에서 가이사랴까지 그 밤중에 바울을 이송시키라고 명령을 내립니다.

"밤 제삼 시에 가이사랴까지 갈 보병 이백 명과 기병 칠십 명과 창병 이백 명을 준비하라."

그런데 바울을 호송하기 위한 군인을 무려 470명이나 동원합니다.

이는 첫째, 로마 시민의 지위가 로마 제국 내에서 얼마나 대단했는지를 보여주는 대목입니다. 둘째, 당시 바울을 죽이려고 작정한 유대인들의 폭력성을 드러냈다고 볼 수 있는 증거이기도 합니다. 470명의 군인이 동원되어 바울을 보호해야 가이사랴까지 무사히 천부장이 내린 임무를 수행할

---

33) 프리츠 하이켈하임, 『로마사』, 김덕수 옮김(서울: 현대지성사, 1999), p.647.

수 있었다는 것입니다.

또 바울을 태워 총독 벨릭스에게로 무사히 보내기 위하여 짐승을 준비하라 명하며(행 23:23~24 참고), 밤새 바울을 호송했던 군인들이 다음날 예루살렘으로 돌아갑니다. 예루살렘 치안이 그들의 임무이기 때문입니다. 그리고 예루살렘의 천인 대장이 보낸 편지를 벨릭스(펠릭스) 총독이 읽고 사태를 파악한 것입니다.

벨릭스 총독이 바울에게 "어느 영지 사람이냐 물어 길리기아 사람인 줄 알고, 이르되 너를 고발하는 사람들이 오거든 네 말을 들으리라." 하고 헤롯 궁에 그를 지키라 명하고 지키는 사람들을 세웠습니다(행 23:32~35 참고).

가이사랴로 바울을 이송하자, 예수님을 빌라도에게 고발했던 대제사장 아나니아가 유대의 장로들, 그리고 변호사 더둘로를 대동하고 와서 벨릭스(펠릭스) 총독에게 바울을 정식으로 고발한 것입니다. 바울의 죄는 디아스포라 유대인들에게 예수를 전파함으로 이것이 너무 퍼져 전염병처럼 퍼지게 된다는 것이었습니다.

더둘로가 바울을 고발하여 이릅니다.

"벨릭스 각하여 우리가 당신을 힘입어 태평을 누리고 또 이 민족이 당신의 선견으로 말미암아 여러 가지로 개선된 것을 우리가 어느 모양으로나 어느 곳에서나 크게 감사하나이다. 당신을 더 괴롭게 아니하려 하여 우리가 대강 여짜옵나니 관용하여 들으시기를 원하나이다. 우리가 보니 이 사람은 전염병 같은 자라. 천하에 흩어진 유대인을 다 소요하게 하는 자요, 나사렛 이단의 우두머리라. 그가 또 성전을 더럽게 하려 하므로 우리가 잡았사오니 당신이 친히 그를 심문하시면 우리가 고발하는 이 모든 일을 아실 수 있나이다"(행 24:3~8).

그러자 총독 벨릭스(펠릭스)가 이 사건을 심사합니다. 그리고 바울에게 스스로를 변호해 보라고 합니다.

벨릭스 총독이 바울에게 머리로 표시하여 "말하라."라고 합니다.
바울이 대답합니다.
"당신이 여러 해 전부터 이 민족의 재판장 된 것을 내가 알고 내 사건에 대하여 기꺼이 변명하나이다"(행 24:10).
벨릭스(펠릭스)가 예수 그리스도에 관해서 이미 상당히 알고 있었다고 성경은 증언하고 있습니다. 그리고 바울을 상당히 존중하며, 오히려 도와주기까지 합니다.

벨릭스가 이 도에 관한 것을 더 자세히 아는 고로 연기하여 이릅니다.
"천인 대장 루시아가 내려오거든 너희 일을 처결하리라."
또, 백인 대장에게 명합니다.
"바울을 지키되 자유를 주고 그의 친구들이 그를 돌보아 주는 것을 금하지 말라"(행 24:22~23 참고).
벨릭스 총독이 그의 아내와 함께 기독교에 대해 매우 호의적이었다는 것입니다. 그러나 누가 '누가'의 예리한 눈길을 피할 수 있겠습니까? 역사가이자 의사였던 누가는 사도행전을 통해 벨릭스(펠릭스)가 바울을 통해 예수 그리스도에 대해서 배우고 싶어 하면서도 은근히 바울에게 뇌물도 요구했다고 기록하고 있습니다.

수일 후에 벨릭스가 그 아내 유대 여자 드루실라와 함께 와서 바울을 불러 그리스도 예수 믿는 도를 듣거늘 바울이 의와 절제와 장차 오는 심판을 강론하니 벨릭스가 두려워하여 "지금은 가라. 내가 틈이 있으면 너를 부르리라."라고 대답합니다.

"동시에 또 바울에게서 돈을 받을까 바라는 고로 더 자주 불러 같이 이야기하더라"(행 24:26).

2년이 지난 후 보르기오 베스도가 벨릭스의 소임을 이어받으니 벨릭스가 유대인의 마음을 얻고자 하여 바울을 구류하여 두었다고 누가는 기록하고 있습니다(행 24:24~27 참고).

여기서 추정이 가능하다면, 바울이 예루살렘 교회를 돕기 위해 마케도니아와 그리스에서 거두어 온 기부금의 액수가 생각보다 매우 큰 규모였을 가능성이 있고, 다른 추측은 벨릭스(펠릭스)가 아직도 천한 습성을 버리지 못했다는 증거라고도 볼 수 있을 것입니다. 어쨌든 벨릭스(펠릭스) 총독은 바울에게 뇌물을 기대했었다고 역사가의 펜으로 누가가 기록을 남겼으니, 벨릭스(펠릭스)의 입장에서는 좀 민망할 것 같습니다.

로마 총독 행정과 유대 산헤드린 행정: 가말리엘

로마 제국을 다룬 책들을 보면 '유대 문제' 부분이 상당히 많이, 그리고 자주 등장하는 것을 볼 수 있습니다. 제국 전체에서 유일하게 유일신인 하나님을 섬기는 민족인 유대를 다스리는 것은 매우 어려운 일이었습니다. 그래서 유대에 파견된 총독은 상당한 정치력을 가진 사람만이 할 수 있는 일이었습니다. 물론 예루살렘의 경제력이 워낙 만만치 않았기 때문에 대부분 '돈을 좋아하는 습성을 가진 부류인 총독들'에게는 1순위 부임지였기도 했습니다.

유대는 바벨론에서 귀환한 후에 왕 제도는 이미 없어졌으므로, 종교 지도자들과 백성의 장로들이 나름대로 지배를 행사하는 독특한 형태를 취하고 있었습니다. 페르시아로부터 귀환한 직후는 페르시아의 총독이, 헬라 제국에서는 헬라의 통치자가 정치와 군사, 외교를 장악하고 많은 세금을 거두어 가는 형태였으나, 여전히 종교에 관하여 어떤 제국도 유대를 조정할 수가 없었습니다.

이는 로마 제국에서도 마찬가지였습니다. 어떤 제국에서든 유대의 종교를 간섭하면, 유대는 반드시 폭동을 일으켰기 때문입니다. 때문에 유대의 통치는 매우 조심스럽고, 상당한 기술을 요했다고 볼 수 있습니다.

특히 유대는 로마 제국하에서 나름대로 자치적인 규율을 가지고 유지되었는데 그 중심에 '산헤드린 공회'가 있었습니다.

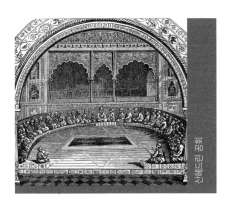

산헤드린 공회는 페르시아에서 출발했습니다. 바벨론 포로로 끌려간 유대의 마지막 왕인 시드기야 이후 유대 공동체는 공식적인 지도부를 가질 수 없었습니다. 그러나 페르시아가 바벨론을 점령하고 관대한 정책을 펼치자, 유대 공동체는 지도부를 만들어 갔습니다. 그 지도부가 바로 산헤드린 공회의 시작입니다.

산헤드린 공회의 주체는 유대 출신 페르시아 총독들(스룹바벨 총독과 느헤미야 총독)과 제사장 가문과 제사장 가문은 아니지만 평민 귀족들이 동맹을 맺음으로 가능하게 된 것입니다.

그들은 페르시아에서 유대로 귀환한 후에 공식적으로 산헤드린 공회를 출범했는데, 71명으로 구성되었으며, 고위 사제들과 율법학자들과 원로들이 대제사장을 통해 주도권을 행사하며 유대의 지도부로 존속했습니다.[34]

산헤드린 공회는 A.D.6년 로마로부터 유대의 최고 대표기구로 인정받았습니다. 더 나아가 산헤드린 공회는 유대의 최고 재판국으로까지 승격되었고, 이러한 산헤드린 공회의 중요성이 강화되면서 전 세계의 모든 디아스포라 유대인들도 모두 산헤드린 공회와 관계를 맺었고, 유대 내에서는 산헤드린 공회와 직무상 연결이 되지 않는 곳이 없었습니다.[35]

예수님께서도 직접 산상수훈을 말씀하시는 가운데 산헤드린 공회를 언급하신 적이 있습니다.

"나는 너희에게 이르노니 형제에게 노하는 자마다 심판을 받게 되고 형제를 대하여 라가라 하는 자는 공회에 잡혀가게 되고 미련한 놈이라 하는 자는 지옥 불에 들어가게 되리라"(마 5:22).

---

34) 요아힘 예레미아스, 『예수시대의 예루살렘』, 한국신학연구소 옮김(서울: 한국신학연구소, 1988), pp.287~288.
35) Ibid., p.107.

형제에게 '라가' 라 하는 자는 공회에 잡히게 된다고 말씀하신 것입니다. 또한 예수님께서 십자가를 지시기 전, 대제사장과 백성의 장로들이 보낸 무리에 의해 밤에 잡혀가셔서 대제사장의 뜰에서 재판 받으셨던 것을 기억하실 것입니다.

"대제사장들과 온 공회가 예수를 죽이려고 그를 칠 거짓 증거를 찾으매"(마 26:59).

당시 유대인들의 재판권이 산헤드린 공회에 있었기 때문입니다. 산헤드린은 예수님께 유죄 · 사형 판결을 내리고, 그를 처형하기 위해 빌라도에게 끌고 갑니다.

"새벽에 모든 대제사장과 백성의 장로들이 예수를 죽이려고 함께 의논하고 결박하여 끌고 가서 총독 빌라도에게 넘겨 주니라"(마 27:1~2).

그리고 예수님께서 십자가에서 죽으신 후 시신을 장사하기 위해 총독 빌라도를 찾아가 시신을 달라고 요구한 아리마대 사람 요셉이 존귀한 산헤드린 공회의 공회원이었습니다.

"아리마대 사람 요셉이 와서 당돌히 빌라도에게 들어가 예수의 시체를 달라 하니 이 사람은 존경 받는 공회원이요, 하나님의 나라를 기다리는 자라"(막 15:43).

또한 사도 바울이 청년 사울 시절에 다메섹으로 예수를 믿는 사람들을 체포하러 가기 전 산헤드린 공회에 공문을 써줄 것을 요구했었습니다.

"다메섹 여러 회당에 가져갈 공문을 청하니 이는 만일 그 도를 따르는 사람을 만나면 남녀를 막론하고 결박하여 예루살렘으로 잡아오려 함이라"(행 9:2).

우리는 바울이 가말리엘의 수제자였다는 사실을 알고 있습니다. 가말리엘은 유대의 3대 율법학자 중에 한 사람입니다. 유대의 3대 율법학자는 에스라, 힐렐, 그리고 힐렐의 손자 가말리엘입니다. 그런데 그 가말리엘이 산헤드린 공회의 의장이었다는 사실에 주목할 필요가 있습니다.[36] 그렇기 때문에 가말리엘의 힘은 유대 안에서 매우 강력했고, 그 수제자인 바울 또한 대단한 기대를 한 몸에 받고 있었던 것으로 보입니다.

사도행전 5장 34절부터 40절까지 보면 가말리엘이 얼마나 대단한 위치에서 당시의 상황을 판단하고 결정했는지 알 수 있습니다.
바리새인 가말리엘은 율법교사로 모든 백성에게 존경을 받는 자였습니다. 공회 중에 일어나 명하여 사도들을 잠깐 밖에 나가게 하고 이렇게 말합니다.

"이스라엘 사람들아, 너희가 이 사람들에게 대하여 어떻게 하려는지 조심하라. 이 전에 드다가 일어나 스스로 선전하매 사람이 약 사백 명이나 따르더니 그가 죽임을 당하매 따르던 모든 사람들이 흩어져 없어졌고 그 후 호적할 때에 갈릴리의 유다가 일어나 백성을 꾀어 따르게 하다가

---

36) 폴 존슨, 『유대인의 역사 1』, 김한성 옮김(파주: 살림출판사, 2005), p.284.

그도 망한즉 따르던 모든 사람들이 흩어졌느니라. 이제 내가 너희에게 말하노니 이 사람들을 상관하지 말고 버려 두라. 이 사상과 이 소행이 사람으로부터 났으면 무너질 것이요, 만일 하나님께로부터 났으면 너희가 그들을 무너뜨릴 수 없겠고 도리어 하나님을 대적하는 자가 될까 하노라."

이 말을 들은 산헤드린 공회는 사도들을 채찍질하며 예수의 이름으로 말하지 말 것을 명령한 후 방면합니다(행 5:34~40 참고).

만약 바울이 예수 그리스도를 만나지 않았고 가장 높은 지위에 올랐다면, 아마 가말리엘의 뒤를 이어 산헤드린 공회의 의장 정도로 그의 삶을 살았을 수도 있었겠다고 상상해 봅니다.

사도 바울께서 한마디 하시네요. "실없는 소리."

로마의 노예 제도와 미국의 링컨 대통령

로마 제국 내의 노예는 약 20%에 가까웠다고 합니다. 노예가 없는 생활을 로마인들은 상상도 해본 적이 없다고 합니다. 우리는 '스파르타쿠스의 난'이라는 할리우드 영화를 통해 노예에 대한 약간의 지식을 가지고 있을 뿐입니다. '벤허'라는 영화에서도 유다 벤허의 집에 아름다운 노예 에스더와 그녀의 아버지가 등장합니다. 이렇게 로마는 법의 민족을 자처했지만, 노예 제도는 당연하게 생각하는 민족이었습니다.

로마의 노예에 관한 글라우디오(클라우디우스) 황제 당시의 기록들을 보면, "어떤 저택에 400명의 노예가 있었다. 그런데 그 노예들의 주인이 암살당하자 주인의 암살을 막지 못했다는 죄목으로 모두 처형당했다." 혹은 "유산으로 3,600마리의 소와 25만 마리의 작은 가축과 4,116명의 노예를 남긴다."라고 쓰여 있습니다.[37]

'스파르타쿠스의 난'이라는 영화를 보면, 마지막에 우리나라로 치면 경부고속도로 같은 아피아 가도(Appian way) 양쪽으로 3,000개씩 6,000개의 십자가에 노예들을 매달아 죽이는 장면이 나옵니다. 노예들이 그들의 운명에 맞서면 어떤 결과를 초래하는지 본보기를 보여준 것입니다.

이렇게 살벌하게 노예 제도를 유지하는 로마에서 사도 바울이 도망 나온 노예를 한 명 만납니다. 바로 오네시모라는 간 큰 노예입니다. 오네시모는 소아시아 지방의 골로새에서 로마까지 도망한 국제 감각까지 갖춘 노예였습니다.

바울은 깜짝 놀랐습니다. 오네시모가 자신의 제자인 빌레몬의 집에서 도망 나온 종이었기 때문입니다. 바울이 아마 속으로 'World is small'이라고 생각했을 것입니다.

이 문제에 대해 바울이 놀라운 결단을 하나 합니다. 주인에게 노예를 친구로 대하라는 것입니다. 이것이 겨우 한 장이지만, 기적의 편지인 '빌레몬서'입니다. 예수를 믿는 바울이 예수를 믿는 빌레몬에게 예수를 믿는 오네시모와 서로 형제가 되자는 내용이지요. 당연한 제도라고 여겼던 노예 제도가 옳지 않다는 것입니다.

이후 세월이 많이 지났음에도 불구하고, 미국에서 피부색을 가지고 인간을 차별하며, 노예 제도를 계속 유지하려는 흐름을 깬 대통령이 출현했

---

37) 에드워드 기번, 『로마 제국 쇠망사』, 황진 옮김(서울: 청미래, 1991), p.70.

습니다. 그가 바로 미국의 16대 대통령 에이브러햄 링컨입니다. 링컨은 초기까지만 해도 노예 제도의 완전한 폐지를 주장하지는 않았다고 합니다. 400만 명에 달하는 흑인 노예들이 자유민이 되어 미국의 정치·사회에 개입할 경우 다양한 문제가 발생할 것이라고 생각했기 때문입니다.

그러나 노예 제도 폐지에 관한 여론이 점차 높아지자, 1863년 링컨은 결심하고 최종적으로 노예 해방령을 발표했습니다.

각 주는 노예를 소유한 주인에게 보상을 하고 노예를 해방시킬 수 있고, 이에 들어가는 비용은 연방정부가 관련 주와 나누어 부담한다고 명시도 했고요. 그러나 가장 중요한 사실은 링컨이 노예 해방을 위해 들고 나온 기본 정신은 성경이었고, 특히 빌레몬서에서 영감을 가장 많이 받았을 것이라 생각됩니다.

세상을 바꿀 수 있는 힘은 성경입니다. 인간은 전지전능하지 않고 영원하지 않습니다. 제국의 근간이라고 믿었던 노예 제도는 사도 바울의 편지 한 장으로 그 제도의 잘못된 점이 드러나고 말았습니다. 예수님께서 산상수훈을 통해 주신 말씀의 핵심은 "남에게 대접을 받고자 하는 대로 남을 대접하라."입니다. 노예로 대접 받고 싶으면 남을 노예로 여기면 됩니다.

그라쿠스 형제의 개혁법과 바울의 황제 재판 청구

가이사랴에 2년간 머물렀던 사도 바울이 로마에 있는 황제에게 재판을 받고 싶다는 황제 재판을 청구합니다. 이는 로마 시민의 당연한 권리였습니다. 로마 제국의 황제라는 말은 엄밀하게 말해서 통치자가 아니라, 제1 시민이라는 뜻이 있습니다. 때문에 로마 시민들의 권익에 앞장서는 것이 황제가 해야 할 가장 중요한 일인 것입니다.

그리스는 철학을, 유대는 종교를, 그리고 로마는 법을 가장 중요하게 내세우는 민족입니다. 그래서 로마는 법을 매우 중요하게 여기며, 원로원은 법을 세우고 발전시키는 데 그들의 존재 이유를 걸 정도였습니다.

로마 제국은 그라쿠스 형제 중 동생 가이우스가 제출한, 그 집안의 이름을 따서 만든 '셈프로니우스 법'(B.C.122)이라는 좋은 법을 가지고 있었습니다.

그라쿠스 형제의 이름을 자세히 쓰면 왜 이 법이 셈프로니우스 법인지 바로 알 수 있습니다. 그라쿠스 형제 중, 형의 이름은 티베리우스 셈프로니우스 그라쿠스(B.C.169/164무렵~133)이고, 동생의 이름은 가이우스 셈프로니우스 그라쿠스(B.C.160/153무렵~121)입니다. 중간에 나오는 셈프로니우스가 바로 집안을 나타내기 때문입니다. 물론 이 법은 그라쿠스 집안에서 입법한 법이기는 했지만, 원로원에서 살그머니 없애서 시행하지 않았던 것을 율리우스 카이사르가 되살려 로마법으로 자리 잡게 한 법입니다.

'셈프로니우스 법'은 '로마 시민 가운데 어떤 죄를 지은 사람도 재판을

카케로의 카틸리나 탄핵 _ 체자레 마카리 作

하지 않고, 항소할 기회도 주지 않은 채 처벌할 수 없다.'는 법입니다.[38]
이 법에 따라 사도 바울은 자신의 무죄를 입증하고, 더 나아가 로마의 황
제를 통해 당시의 유대교와 기독교의 갈등을 법적으로 정리해 놓으려고
계획하지 않았겠느냐는 생각이 듭니다.

　그러니 그라쿠스 형제의 '셈프로니우스 법'은 사도 바울에게 큰 힘이
되었다고 할 수 있습니다. 말이 나온 김에 그라쿠스 형제를 잠깐 소개하
겠습니다. 그라쿠스 형제의 친할아버지는 한니발 장군과의 전쟁에서 전
사한 로마의 장수이고, 외할아버지는 한니발 전쟁을 로마 쪽의 승리로 이
끈 그 유명한 '스키피오 아프리카누스'입니다. 그라쿠스 형제의 어머니는
스키피오 아프리카누스의 딸로 남편을 잃고 난 후 재혼도 하지 않고 혼자
두 아들을 훌륭하게 길러낸 여인입니다.

　당시 로마에서는 아이를 낳은 경험이 있는 여인들이 과부가 되었을 경
우 재혼은 당연했던 일이었고, 오히려 장려되던 시대였습니다. 그라쿠스
형제의 어머니는 애굽의 프톨레미 왕가의 왕에게 청혼을 받았음에도 이
를 거절하고 두 아들의 교육에 전념한 어머니였습니다. 그러니 그라쿠스

---

38) 플루타르코스, 『플루타르크 영웅전 II』, 홍사중 옮김(서울: 동서문화사, 2007), p.1502.

형제의 집안은 로마의 명문 중에 명문 가문에 속하는 대단한 가문이었습니다.[39]

그런데 두 형제가 농민들의 권익을 위해 나섰다가 비참하게 모두 살해당하고 말았습니다. 그라쿠스 형인 티베리우스는 약 7개월간 공직에 있었고 겨우 30세에 죽었으며, 동생 가이우스는 2년 정도 공직에 있었으며 32세에 죽었습니다. 그들은 모두 농민들을 위한, 즉 서민을 위한 '농지법' 정책들을 입안했다가 원로원을 포함한 기득권 세력에게 비참하게 살해당했습니다.

로마 원로원은 두 형제를 죽이면서 집정관이 비상시에는 '원로원 최종권고'라는 법으로 재판도 없이 반역자를 죽이는 법을 실행했습니다. 그라쿠스 형제가 만든 '셈프로니우스 법'을 철저하게 무시했던 것입니다. 위에서도 언급했지만, 율리우스 카이사르가 70년 만에 이 법을 되살려 다시는 로마 시민이 재판 없이 처형당하지 않도록 했습니다.

때문에 로마 시민인 사도 바울은 유대에서 총독 재판을 청구할 수 있었고, 더 나아가 로마에서 황제의 재판도 청구할 수 있었던 것입니다.

가수 황제 네로와 로마 대화재, 그리고 바울의 순교

로마 제국의 다섯 번째 황제가 된 사람은 아마도 역대 로마 황제들 중에서 가장 유명한 황제로 우리 기억에 있는 네로입니다. 네로(Nero Claudius Caesar Augustus Germanicus)는 16살 때인 A.D.54년에서부터 68년까지, 14년

---

39) 플루타르코스, 『플루타르크 영웅전Ⅱ』, 홍사중 옮김(서울: 동서문화사, 2007), p.1479.

동안 로마 제국의 황제였습니다. 16살이면 아직 청소년입니다. 이때 황제의 자리에 올랐으니, 통치에 대한 철학이나 사상이 있었을 리 만무합니다.

네로는 어머니 아그리피나 덕분에 황제의 자리에 오른 인물입니다. 네로의 어머니는 어린 네로를 데리고 자기의 삼촌인 글라우디오 (클라우디우스)에게 시집가서, 글라우디오(클라우디우스)의 자식들과 글라우디오(클라우디우스)를 암살하고 마침내 자기 아들을 황제의 자리에 올린 무서운 여인입니다.[40]

그래서 네로의 어머니는 사사건건 네로의 일에 관여했고, 네로가 황제가 될 수 있었던 것이 어머니 덕분임을 결코 잊을 수 없도록 아들을 들들 볶았습니다. 그러나 그 어머니는 네로가 자기를 닮은 아들이라는 사실을 깨달았어야 했습니다. 그것을 뒤늦게 깨닫게 된 때는 이미 아들이 자기를 바다에 빠뜨려 죽이려 하고, 바다에서 살아나오자 이어서 자객을 보냈을 때였습니다.[41]

네로가 어머니를 살해하고, 기독교를 박해했기 때문에 오늘날까지도 악명이 매우 높습니다. 그러나 네로의 형편을 살펴보면, 네로는 황제가

---

40) 타키투스, 『타키투스의 연대기』, 박광순 옮김(파주: 범우사, 2005), p.525.
41) Ibid., pp.583~589.

아닌, 그저 가수가 되고 싶었던 16살 어린 청소년이었다는 것입니다.

알렉산더(알렉산드로스)가 아버지 덕분에 훌륭한 스승 아리스토텔레스에게 배울 수 있었던 것처럼, 네로도 그의 어머니 덕분에 철학자 세네카에게서 철학을 공부할 수 있었습니다. 그러나 네로는 철학자나 통치자의 재능보다는 예술가의 기질이 훨씬 강했던 것 같습니다.

네로는 어머니를 살해하고 나서는, 예술가로서의 끼를 주체하지 못하고 공개적인 자리에서 마음껏 노래를 하겠다는 의지를 실천에 옮기게 됩니다. 그전까지 10년간은 주로 혼자 노래를 불렀었는데 26세가 된 네로는 남들에게도 자신의 재능을 보여주고 싶어 견딜 수가 없었던 것입니다. 그래도 차마 로마에서는 안 되겠다 싶어 고른 곳이 "나폴리는 그리스 도시이다."라고 핑계를 대고 마침내 나폴리에서 가수로 데뷔를 합니다. 네로의 가수 데뷔 무대는 너무 많은 나폴리 사람들이 몰려들어 극장이 무너졌답니다.[42]

그리고 네로는 바로 그리스로 건너가 전역을 돌면서 그의 아름다운(?) 노래를 많은 사람들에게 들려주기로 결심합니다. 그리스로 건너가 명성을 키운 뒤에 로마에 가서 로마 시민을 자극하고 열광시키겠다는 각오를 불태우면서 말이지요.[43]

우선 네로는 그리스로 건너갔습니다. 그리고 그리스 전역을 돌며 그의 노래를 들려주었습니다. 제국의 황제가 속주국에 와서 노래를 부르니 속주국 국민인 그리스인들은 큰 박수를 보낼 수밖에 없었습니다. 그리스인들의 큰 박수에 감동한 네로는 더 오래 그리스에 머물면서 그의 콘서트를

---

42) 타키투스, 「타키투스의 연대기」, 박광순 옮김(파주: 범우사, 2005), p.666.
43) Ibid., pp.665~666.

계속하고 싶었으나, 때마침 대화재가 로마에 발생함으로 콘서트를 중단해야만 했습니다.

A.D.64년 7월 18일부터 19일까지 이틀에 걸쳐 일어난 로마의 대화재는 짧은 기간임에도 불구하고, 로마에 엄청난 피해를 가져왔습니다. 네로는 나름대로 화재 진압을 진두지휘하며 애를 썼습니다. 그런데 로마가 불타는 동안 네로가 트로이가 불탔던 것을 추억하며 노래를 불렀다는 소문이 퍼져갔습니다. 그리고 더 나아가 네로가 일부러 로마에 불을 질렀다는 소문까지 돌았습니다. 이 소문이 생각보다 너무 빨리 퍼져, 네로는 감당하기 힘들 정도의 비난을 받았습니다.

자신이 노래 잘하는 가수로 백성의 사랑을 받는다고 생각했던 네로는 백성의 비난을 견딜 수가 없었습니다. 그러자 네로는 로마 대화재의 방화 책임을 누군가에게 전가해야만 자신이 화재의 범인에서 벗어날 수가 있다고 여기게 된 것입니다.

그 당시 로마에는 유대인들이 많이 살고 있었는데, 유대교를 믿는 사람들의 숫자는 꽤 많은 편이었고, 기독교도들은 아직 미미한 상태였습니다. 거기에다 당시 기독교가 성찬식을 하면서 사람의 살과 피를 먹는다는 괴소문이 돌고 있을 때였습니다.

그러자 화재의 범인으로 몰기에는 기독교도가 가장 만만하다는 판단을 하게 된 네로가 방화범으로 기독교를 지목하게 됩니다.

이때의 기록들을 보면, 약 200명 내지 300명 정도의 순교자가 나온 것 같습니다. 그런데 사형법이 워낙 잔인하고 선정적이어서 사람들의 이목을 많이 끌었다는 사실이 사건을 더욱 커지게 했습니다. 타키투스의 기록을 보면, "야수의 모피를 뒤집어쓰게 하고 개에게 물려 찢겨 죽이게 했다", "십자가에 붙잡아매고, 혹은 불에 타기 쉽게 만들어 놓고 밤에 등불 대신 불태웠다."[44] 등 그 방법이 너무나도 잔인했음을 알 수 있습니다.

그리고 이때 바울을 비롯한 기독교의 초기 지도자들이 대거 순교를 당했기 때문에 네로의 악명이 더욱 높아지게 된 것입니다.

그러나 그 후 네로는 로마 남자들이 가장 치욕으로 여기는 '기록말살형'에 처해져, 그의 공식적인 역사 기록이 대부분 지워지는 불명예를 맞습니다. 그럼에도 불구하고 지금까지 남아 있는 네로의 대다수 기록들은 『타키투스의 연대기』라는 책과, 대부분 기독교인들이 네로의 잘못을 기록해서 후대에 열심히 알린 것이 그나마 역사에 남게 된 이유입니다.

유대인의 방해와 로마의 박해

사도 바울의 1,2,3차 전도 여행을 보면, 유대인들의 방해 때문에 복음 전파가 얼마나 힘들었는지를 잘 보여줍니다. 그런데 사도 바울은 자기가 예수님을 만나기 전에 그러한 복음의 방해자였다고 고백합니다.

"사울아, 사울아. 네가 어찌하여 나를 박해하느냐?"
바울이 묻습니다.
"주여 누구시니이까?"
그러자 예수님께서 대답하십니다.
"나는 네가 박해하는 예수라" (행 9:4~5 참고).

---

44) 타키투스, 『타키투스의 연대기』, 박광순 옮김(파주: 범우사, 2005), p.676.

가말리엘에게 가장 잘 배운 구약 율법의 천재인 사울이 다메섹으로 가는 길에 예수님을 만나자, 한눈에 구약 전체에서 언급한 메시아가 예수님임을 바로 깨닫습니다. 그 충격으로 사울은 3일간 앞도 보지 못하고, 먹지도 마시지도 못했습니다.

"사울이 땅에서 일어나 눈은 떴으나 아무것도 보지 못하고 사람의 손에 끌려 다메섹으로 들어가서, 사흘 동안 보지 못하고 먹지도 마시지도 아니하니라"(행 9:8~9).

그리고 사울은 복음 전도자가 됩니다. 그 후 과거 친구들 즉, 바울과 같이 선민 의식에 깊이 빠져서 목수의 아들로 십자가에서 죽은 예수님을 메시아로 받아들일 수 없다고 생각하는 유대인들의 극심한 방해를 받습니다.

"여러 날이 지나매 유대인들이 사울 죽이기를 공모하더니 그 계교가 사울에게 알려지니라. 그들이 그를 죽이려고 밤낮으로 성문까지 지키거늘 그의 제자들이 밤에 사울을 광주리에 담아 성벽에서 달아 내리니라"(행 9:23~25).

이렇게 광주리를 타고 도망한 바울이 또 복음을 전하기 위해 비시디아 안디옥에 들어갔다가, 유대인의 방해로 쫓겨나 이고니온으로 옮겨갔다는 기록을 남겼습니다.

"이에 유대인들이 경건한 귀부인들과 그 시내 유력자들을 선동하여 바울과 바나바를 박해하게 하여 그 지역에서 쫓아내니 두 사람이 그들을 향하여 발의 티끌을 떨어 버리고 이고니온으로 가거늘"(행 13:50~51).

바울은 유대인뿐 아니라 이방인들에게도 모욕을 당하고 돌로 맞을 뻔

했다고 기록합니다.

"이방인과 유대인과 그 관리들이 두 사도를 모욕하며 돌로 치려고 달려드니"(행 14:5).

한번은 바울이 유대인들에게 돌에 심하게 맞았는데, 모두 바울이 죽었다고 생각해서 바울을 도시 밖으로 끌어다 버렸다는 사실입니다.

"유대인들이 안디옥과 이고니온에서 와서 무리를 충동하니 그들이 돌로 바울을 쳐서 죽은 줄로 알고 시외로 끌어 내치니라"(행 14:19).

바울의 복음 전도에 대한 유대인들의 방해는 극에 달해, 바울을 죽이기 전에는 먹지도 마시지도 않겠다는 암살단까지 생겨났습니다.

날이 새매 유대인들이 당을 지어 맹세합니다.

"바울을 죽이기 전에는 먹지도 아니하고 마시지도 아니하겠다."

이같이 동맹한 자가 40여 명이었습니다(행 23:12~13 참고).

때문에 로마 천인 대장은 로마 시민권자인 바울을 유대인들에게서 보호하기 위해 로마의 백인 대장 2명과 군인 470명을 동원하기까지 했습니다.

바울이 로마 총독과 군단이 있는 가이사랴로 이송되었음에도 불구하고 유대인들은 바울을 죽이려는 음모를 결코 포기하지 않았습니다. 이들의 방해를 뚫고 바울이 1,2,3차에 걸친 전도 여행을 했다는 생각을 하니 바울에 대해 다시 깊이 생각하게 됩니다.

베스도 총독이 부임한 지 3일 후에 가이사랴에서 예루살렘으로 올라가니, 대제사장들과 유대인 중 높은 사람들이 바울을 고소합니다. 베스도 총독의 호의로 바울을 예루살
렘으로 옮기기를 요청하는데
이는 길에 매복했다가 바울을
죽이고자 함이었습니다.

베스도 총독이 대답하여 바
울이 가이사랴에 구류된 것과 자기도 멀지 않아 떠나갈 것을 말하고, 또
"너희 중 유력한 자들은 나와 함께 내려가서 그 사람에게 만일 옳지 아니
한 일이 있거든 고발하라."(행 25:1~5 참고)라고 이릅니다.

이렇게 바울의 전도 여행에 가장 큰 걸림돌은 동족 유대인들이었습니
다. 디아스포라 유대인들과 예루살렘에서부터 바울을 죽이려고 뒤따른
유대인들은 모두 매우 폭력적이고, 무자비했습니다. 그러나 그때까지는
공식적인 로마 제국의 박해는 없었습니다.

그러나 네로 황제 때에 발생한 로마의 대화재를 기독교인들의 방화로
몰기 시작하면서부터는 유대인의 방해와는 비교도 할 수 없을 정도의 로
마 제국의 박해가 시작되었습니다.

로마 제국의 박해는 A.D.313년 콘스탄티누스 황제가 기독교를 공인할
때까지 무섭게 계속되었습니다. A.D.64년부터 A.D.313년까지 249년간
계속된 로마 제국의 박해에 교회 지도자들은 큰 고통을 당했고, 기독교에
서 유대교로 돌아가려는 성도들도 많이 생겨났습니다. 때문에 공동서신이
라고 하는 '히브리서, 야고보서, 베드로전서, 베드로후서, 요한 1,2,3서,
유다서, 요한계시록' 과 같은 서신서들이 목숨을 건 초기 교회 지도자들에
의해 필사적으로 기록되었습니다.

특히 신약성경의 마지막 책인 요한계시록은 사도 요한이 밧모 섬에 유배 되어서 기록한 책입니다. 요한은 밧모 섬 채석장에서 돌을 캐며 하나님께서 주시는 계시의 말씀을 받아 적었습니다. 로마 제국에서의 채석장 노동은 십자가형 바로 아래에 해당하는 죄인들에게 내려진 무서운 형벌이었습니다. '스파르타쿠스의 난'에서 보면 주인공이 채석장에서의 죽음과 같은 노동을 견디다 못해 탈출하는 장면이 나옵니다. 채석장은 그런 곳이었습니다.

사도 요한을 밧모 섬의 채석장으로 보낸 로마의 황제는 도미티아누스였다고 합니다. A.D.98년 44세의 나이에 암살당한 도미티아누스 황제는 공포 정치를 했다고 기록되어 있는데, 그도 네로와 마찬가지로 후에 '기록말살형'에 처해져 그의 공식 기록은 모두 사라졌습니다.

사도 바울을 죽게 한 네로 황제와 사도 요한을 밧모 섬 채석장으로 보내고 마침내는 순교하게 한 도미티아누스 황제는 모두 공직에 나간 로마 남자들의 불명예인 '기록말살형'에 처해져 그들의 공식 기록은 역사에서 모두 지워졌습니다. 그러나 사도 바울의 13편의 편지들과 사도 요한의 요한복음, 요한 1,2,3서, 그리고 요한계시록은 성경에 기록되어 오늘 21세기를 살아가는 우리에게까지 생생하게 전해지고 있습니다.

로마 제국의 기독교 공인(A.D.313)과 국교화(A.D.392)

A.D.64년부터 313년까지 249년간 계속된 로마 제국의 박해는 콘스탄티누스 황제 직전인 디오클레티아누스 황제 때에 절정을 이루었습니다.

해 뜨기 직전 가장 어두운 때처럼 말입니다. 그런데 어느 날 갑자기 기독교가 로마 제국 내에서 불법 집단으로 탄압받는 종교가 아니라, 공식적으로 믿어도 되는 종교가 된 것입니다.

이는 콘스탄티누스 황제의 결단이었습니다. 기독교를 공인함으로 콘스탄티누스 황제는 기독교인들에 의해 '콘스탄티누스 대제'가 되었습니다.

그렇다면 왜 콘스탄티누스가 황제가 되어서 로마 제국 내에 기독교를 인정하게 되었을까요? 많은 역사가들은 콘스탄티누스가 정치적 출세를 위해 기독교로 개종(A.D.312년경)한 것에서 그 이유를 찾으려 합니다. 그럴 수 있다고 생각합니다. 아울러 그의 어머니에게서 비롯된 측면도 있습니다. 콘스탄티누스의 어머니는 영국 사람으로 선술집 딸이었다고 합니다. 콘스탄티누스의 아버지는 로마의 장군으로 영국(당시의 브리타니아)에 파견되어서 선술집 딸과 사랑에 빠져 아들을 하나 두고, 그 후 로마로 돌아가서는 황제의 사위가 되었답니다.

그러니 콘스탄티누스의 어머니는 섬나라 영국에서 아들 하나를 키우며 외롭게 지냈을 것이고, 그러던 그녀가 그리스도인이 된 것입니다. 공식적인 기록은 없지만, 어린 시절 콘스탄티누스는 어머니가 믿는 예수 그리스도를 아마 알았을 것으로 추정됩니다.

콘스탄티누스의 어머니의 이름은 '헬레나'였는데, 이후 그녀가 유대 땅으로 성지순례를 떠난 최초의 그리스도인이라고 전해지지요.

세월이 지나 성년이 된 콘스탄티누스는 아버지가 계신 로마로 가서 군사면에서 큰 공을 세우고, 마침내 로마의 황제의 자리에 오르게 됩니다.

성경과 5대 제국

콘스탄티누스는 황제가 되기 전까지, 기독교를 몹시 박해하는 디오클레티아누스 황제를 모시면서도 기독교에 대한 어떠한 입장도 내비친 적이 없었다고 합니다.

그리고 콘스탄티누스는 황제의 자리에 오른 후, 동방의 비잔티움을 새롭게 7년간의 대공사를 거친 후에 자기의 이름을 따서 '콘스탄티노플'이라고 불렀습니다. 서로마에 견준 동로마를 세운 것입니다. 그리고 기독교를 공식적으로 인정한다는 발표를 했던 것입니다.

콘스탄티누스는 A.D.313년 기독교를 로마 제국 내에 공인하면서 아프리카 총독에게 지시하여 교회들에게 몰수당한 모든 재산을 돌려주고, 성직자들에게 기금을 제공해 주도록 했습니다.[45]

그 당시는 로마가 제국의 수도로 생명을 거의 다했던 때입니다. 대부분의 황제들은 교통의 요지인 밀라노에서 주로 생활했었고, 기독교의 공인도 밀라노에서 발표되었습니다.

A.D.392년 테오도시우스 황제 때 밀라노에서는 또 한 번 제국을 깜짝 놀라게 한 일이 발표되었는데, 기독교가 로마 제국의 국교로 정해졌다는 소식이었습니다. 이후 1,000년간을 기독교는 황금기라고 부르고, 철학자들과 인문학자들은 암흑기라고 부르는 세월을 보냅니다.

45) 프리츠 하이켈하임, 『로마사』, 김덕수 옮김(서울: 현대지성사, 1999), p.845.

로마 제국의 멸망(A.D.476)

　B.C. 8세기에 시작한 로마는 왕정과 공화정, 그리고 제정을 거치면서 제국으로 성장했습니다. 그 후 여러 황제들을 거치면서 제국의 규모가 너무 방대해지자, 로마는 A.D. 4세기에(A.D.395) 동로마와 서로마로 나뉘었습니다. 그리고 동로마는 A.D.1453년 오스만 투르크의 술탄 메메트 2세의 침략으로 멸망하게 되지만, 그보다 훨씬 먼저 서로마는 A.D.476년 제국의 문을 닫았습니다.

　그런데 서로마 제국의 멸망이 A.D.476년이라고 역사는 기록하고 있지만, 이상하게도 멸망한 달과 일은 아무도 모른답니다. 말 그대로 어느 날 갑자기 망한지도 모르게 망하고만 이상한 케이스입니다. 서로마의 멸망의 원인은 다른 제국에 의해서가 아니기 때문에 학자들마다 다양한 이유를 말합니다.

　야만족의 침입, 국교화된 기독교, 기후 변화와 농업 피폐, 인구 감소, 너무 넓은 영토, 팽창 정책의 한계, 재정 적자의 용병의 원인 등. 그러나 이 모든 것이 복합적이란 것이 옳은 것 같습니다. 어쨌든 로마 제국도 결국 문을 닫았습니다. 모든 제국들은 큰 야망을 가지고 시작했지만, 제국은 반드시 끝이 있습니다.

하나님의 세계경영

　로마 제국 경영 키워드는 '관용'이었습니다. 그러나 이 관용은 노예들을 철저히 배제한 귀족 중심의 관용이라는 한계를 가지고 있었습니다. 로마는 제국 전체에 '관용'을 가장 중요한 슬로건으로 내걸었고, 그들 스스로 매우 관용적이라 생각했습니다.

로마의 많은 황제들은 화폐(금화나 은화 같은 동전)를 만들며 앞면에는 자기 얼굴을 새기고 뒷면에는 '관용'이라는 글자를 새기기를 좋아했습니다. 그러나 화폐에 새긴다고 관용이 생기는 것이 아닙니다.

그러니 제국과 관용은 처음부터 함께할 수 없는 단어입니다. 제국 자체가 이미 속국의 부수어지고 깨진 평화를 전제로 하는데, 거기에 어떻게 관용이 들어갈 수 있겠습니까? 로마가 단지 다른 제국들에 비해 수명이 길었다는 이유로 '관용'의 승리라고 볼 수도 없습니다.

진정한 관용은 십자가의 관용입니다. 하나님의 아들이신 예수 그리스도가 이 땅에 인간으로 내려오신 바로 그 사실이 관용입니다. 예수 그리스도는 로마의 노예들이 도망가면 본보기로 삼는 사형 틀인 십자가에서 인간들의 죄를 용서받게 하시기 위해 죽으심으로 진정한 관용을 보여주셨습니다.

사람이 베푸는 작은 자선과 하나님께서 베푸시는 관용은 하늘과 땅 차이만큼 큽니다. 관용은 제국이 슬로건으로 내놓는다 해서 되는 것이 아닙니다. 로마는 제국의 힘으로 기독교를 박해하다가, 결국 기독교를 공인하고, 국교화하기에 이르렀습니다. 그러나 기독교는 제국 아래 있는 종교가 될 수 없습니다.

통通으로 본
하나님의 세계경영

　성경은 개인적(的)이며, 가정적(的)이고, 민족적(的)이며 동시에 모든 민족적(的)인 책입니다. 성경은 '한 영혼이 천하보다 소중하다' 는 이야기부터 '5대 제국을 포함한 모든 민족' 에 대한 이야기까지 다 담고 있습니다.

　저는 이 책을 통해서 세계 역사와 성경 역사를 통으로, 제사장 나라와 제국 이야기를 통으로, 예언서와 역사서를 통으로 보려고 시도했습니다. 이렇게 통(通)으로 살펴봄으로써 깨닫는 것은 두 가지입니다. 첫째, 한 개인의 가치가 온 천하보다 소중하게 평가된다는 것이며, 둘째, 천하보다 귀하게 평가된 바로 그 개인에게 민족과 국가를 '선물' 로 주셨다는 것입니다.

　그런데 어느 한 개인이 일정 시기 자기 민족으로부터 혈통으로든지 힘으로 든지 통치자로 인정을 받고 국가 지도자가 되면, 어느 순간부터 자신의 민족을 민족주의화(化)하며, 결국 제국주의로 나아가고, 제국을 건설하게 되는 경우를 봅니다.

　그렇게 되면 자기 자신이 천하보다 소중한 존재라는 것을 잊은 채, 제국의 주인이 되었다는 생각에 더 큰 가치를 두게 됩니다. 애굽의 바로(파라오) 왕도, 앗수르의 산헤립 왕도, 바벨론의 느부갓네살 왕도, 페르시아의 고레스(키루스 2세) 왕도, 헬라의 알렉산더(알렉산드로스) 왕도, 그리고 로마의 옥타비아누스 황제도 그랬습니다. 그러나 제국을 통한 소유는 실상 '천하의 부분' 에 불과함에도 불구하고 말입니다.

위의 제국의 왕들과 다윗 왕의 큰 차이를 하나 발견합니다. 다윗은 민족 경영을 잘해서 130만 명을 상비군인화할 수 있는 사람 숫자와 이를 충분히 뒷받침할 경제력을 갖추었습니다. 그러나 다윗은 제국의 주인이 되지 않았습니다. 두 가지 생각 때문이었습니다. 첫째, 그는 자신이 단지 철저하게 인간일 뿐이라는 생각을 했기 때문입니다. 둘째, 다윗은 제사장 나라의 콘셉트를 소유했기 때문입니다.

하나님은 성경을 통해 우리에게 두 가지 생각을 꿈꾸게 하십니다. 한 사람이 천하보다 소중하다는 것과 모든 민족들은 제사장 나라의 사명을 꿈꿀 수 있게 하셨다는 것입니다.

'나'라고 말할 때, 나의 정체성의 범위는 첫째, 나 자신입니다. 둘째, 나의 가족입니다. 셋째, 나의 민족입니다. 넷째, 나의 조국입니다. 그래서 우리는 '나 자신'을, '나의 가족'을, '나의 민족'을, '나의 조국'을 사랑합니다. 우리가 다른 민족을 말할 때에는 '내 민족'이라고 하지 않고 '타민족'이라고 말합니다. 그런데 예수님께서는 '타인', '타민족'을 '네 이웃'이라 말씀하신 후, '네 이웃을 네 몸과 같이 사랑하라'고 이르십니다.

마태는 예수님을 '아브라함과 다윗의 자손'이라고 소개합니다. 아브라함은 민족의 상징입니다. 하나님은 아브라함 '한 사람'을 두고 '한 민족과 모든 민족'을 말하며 제사장 나라의 기반을 말씀하셨습니다. 민족에는 언어, 음식, 음악 등 그 민족만의 독특한 문화가 있습니다.

한때 선민사상에 사로잡혔던 이방인(모든 민족)의 사도가 된 바울은 '할례'를 유대 민족에게 베푸신 하나님의 독특한 축복으로 유대민족화하는데 주저하지 않습니다. 민족적 특성은 그 민족을 위함입니다.

다윗은 국가와 통치자의 대명사입니다. 통치는 법치(法治)기반 위에 두어야 합니다. 다윗이 통치자였을 때 우리아를 죽인 후 나단에 의해 율법의 심판을 받은 적이 있습니다. 그때 그는 자신을 다음과 같이 고백합니다.

"무릇 나는 내 죄과를 아오니 내 죄가 항상 내 앞에 있나이다"(시 51:3).

그 전에도 다윗은 "나는 벌레요 사람이 아니라 사람의 비방거리요 백성의 조롱거리니이다"(시 22:6)라고 자신을 낮춘 적이 있습니다.

이는 그 자신 스스로 단지 연약한 인간일 뿐이라고 선언한 것입니다.

세월이 지난 후, 많은 사람들이 예수님을 다윗의 자손이라고 부르는데, 예수님은 이를 수납하신 후, 자신 스스로를 일컬어 '사람의 아들(The Son of Man)'이라고 낮추셨습니다. 그리고 당신을 더 낮추셔서 하나님의 공의의 심판대(십자가)에 오르십니다. 십자가는 한 개인과 모든 민족을 향한 하나님의 세계경영입니다. 예수님의 십자가는 교육, 숫자, 융합, 그리고 관용 이 모든 것이 담긴 진정한 하나님의 경계인 것입니다.

『성경과 5대 제국』을 통해서 애굽을 비롯해 5대 제국들이 모두 그들의 제국이 영원하기를 꿈꾸었던 것을 살펴보았습니다. 그러나 제국들은 하나같이 멸망한 것을 보았습니다.

자연, 경계, 교육, 숫자, 융합 그리고 관용, 이 모든 것은 인간이 마음대로 주무르며 누군가를 지배하는 데 사용되어질 기재들이 아닙니다. 오히려 이 모든 것은 하나님의 세계경영을 위한 함축된 장치들이었던 것입니다.